CAHIERS PHILOSOPHIQUES

n° 180 / 1er trimestre 2025

CAHIERS PHILOSOPHIQUES
est une publication de la Librairie Philosophique J. Vrin
6, place de la Sorbonne
75005 Paris
www.vrin.fr
contact@vrin.fr

Sites internet
www.vrin.fr/cahiersphilosophiques.htm
http://cahiersphilosophiques.hypotheses.org
www.cairn.info/revue-cahiers-philosophiques.htm

Suivi éditorial
ÉMILIE BRUSSON

Abonnements
FRÉDÉRIC MENDES
Tél. : 01 43 54 03 47 – Fax : 01 43 54 48 18
abonnement@vrin.fr

Vente aux libraires
Tél. : 01 43 54 03 10
comptoir@vrin.fr

La revue reçoit et examine tous les articles, y compris ceux qui sont sans lien avec les thèmes retenus pour les dossiers. Ils peuvent être adressés à : cahiersphilosophiques@vrin.fr. Le calibrage d'un article est de 45 000 caractères, précédé d'un résumé de 700 caractères, espaces comprises.

ISSN 0241-2799
ISSN numérique : 2264-2641
ISBN 978-2-7116-6033-9
Dépôt légal : avril 2025

SOMMAIRE

ÉDITORIAL

DOSSIER
LECTURES DE MIGUEL ABENSOUR

LES INTROUVABLES DES CAHIERS

SITUATIONS

▶

PARUTIONS

ÉDITORIAL

L'insistance sur la fragilité de la politique, sur la menace récurrente de sa disparition parcourt l'œuvre de Miguel Abensour. Si la menace tient à la pression de l'autoritarisme étatique souvent renforcé par l'aspiration à une identité et une unité idéologiques, elle tient aussi à l'« énigmatique » servitude volontaire qui offre aux chefs le pouvoir d'exercer une domination dont il serait néanmoins possible de s'affranchir. Les individus comme le peuple sont étrangement enclins à travailler à leur asservissement comme s'il s'agissait de leur liberté.

Le *Discours de la servitude volontaire* de La Boétie a une place éminente dans la réflexion et les écrits de Miguel Abensour, il est l'occasion d'un « dialogue sans cesse renouvelé »[1]. La publication récente du recueil *De l'épineuse servitude volontaire* s'en fait l'écho[2], qui rassemble l'ensemble des textes qu'il a consacrés à cette question. Reconnaître le penchant à la servitude – individuel et collectif – et sa coexistence paradoxale avec un désir de liberté est indispensable pour espérer comprendre le surgissement historique de certaines configurations politiques, en particulier les totalitarismes du XXe siècle. Cette reconnaissance implique aussi une mise en question des fondements de la philosophie politique moderne, exprimée dans le manifeste de la collection « Critique de la politique »[3]. Il n'est pas question de renoncer à la philosophie politique mais celle-ci doit faire l'objet d'une critique radicale qui en souligne les points aveugles et mette en évidence les racines de la domination en se donnant les moyens théoriques de la penser. Alors même qu'il partage la définition arendtienne de la politique, Abensour porte un jugement sévère sur l'analyse du totalitarisme par Arendt, incapable à ses yeux de rendre compte de la soumission des masses, sinon en invoquant le fanatisme ou le conformisme. Arendt reste « prélaboétienne » en ce qu'elle « se refuse à considérer la possibilité que la servitude résulte en partie d'une activité des dominés »[4].

Au prisme de la servitude volontaire, la critique de la philosophie politique moderne est nécessaire car la genèse contractualiste qui conçoit l'État comme une conséquence du désir individuel de conservation de soi n'est pas recevable. Et ce d'autant moins qu'elle aboutit, dans le *Léviathan*[5] en particulier, à la justification d'une souveraineté étatique absolue. Au rebours de cette approche, il faut comprendre et accepter que l'obéissance au souverain et à la loi ne résulte pas d'un intérêt bien compris et que le bénéfice de l'État pour les citoyens est loin d'aller de soi. Le lien social et le lien politique doivent être pensés selon un tout autre schéma.

C'est ainsi que Miguel Abensour lit Pierre Clastres, « parce que penseur de la liberté, il repose la question de la servitude volontaire en rapport avec

1. *Cf.* S. Marcotte-Chenard, « Abensour, La Boétie et l'impensé de la philosophie politique », p. 26.
2. Claire Pagès propose une recension de cet ouvrage – paru en 2024 chez Sens et Tonka –, p. 143-146.
3. *Cf.* M. Abensour, « Manifeste de la collection "Critique de la politique" », p. 107.
4. *Cf.* S. Marcotte-Chenard, « Abensour, La Boétie et l'impensé de la philosophie politique », p. 32.
5. Hobbes, *Léviathan*, « Folio Essais », Paris, Gallimard, 2000.

la question du malencontre et celle de l'État… »[6]. La lecture des travaux de l'anthropologue condense plusieurs éléments essentiels à la pensée de Miguel Abensour. « Copernic et les sauvages », premier chapitre de *La société contre l'État*[7] entend opérer une « révolution copernicienne » dans le domaine de l'ethnologie, révolution aux amples conséquences qui renouvelle la manière d'envisager les rapports entre la politique et l'État. La politique est présente dans les sociétés dites « primitives » qui sont aussi des sociétés non structurées par un État, ce qui n'est pas la manifestation d'un manque ou d'un développement inachevé mais le signe d'une « maturité politique caractérisée par un refus de l'État »[8], le refus d'une société reposant sur des relations hiérarchiques de commandement et d'obéissance. Abensour s'accorde également avec Clastres sur le rejet d'un « économisme » : l'organisation politique des sociétés n'est pas la simple conséquence d'une infrastructure économique.

Sans qu'il s'agisse d'imiter un quelconque modèle, l'horizon politique d'un « contre l'État » peut devenir une perspective vivifiante pour les sociétés contemporaines, ce que Miguel Abensour n'a eu de cesse d'explorer en contribuant, dans un même mouvement, au renouvellement de la pensée utopique. « Pierre Leroux ou du «style barbare» en philosophie »[9], texte issu du séminaire donné en 1985 au Collège International de Philosophie montre que ce renouvellement de la pensée politique doit aussi faire une place au « mode de philosopher qui inclut aussi bien la question de la posture philosophique que celle du style et du ton en philosophie ». P. Leroux fait paraître en 1839 une *Réfutation de l'éclectisme* où il expose ses divergences politiques et philosophiques avec Victor Cousin. L'éclectisme, qui touche autant la France que l'Allemagne « phare » de la philosophie en Europe, c'est « l'institutionnalisation de la philosophie à l'ombre de l'État par la médiation de l'Université »[10] dont Hegel « le fataliste de Berlin » a exposé la rationalité en soi et pour soi. Abensour s'intéresse à « l'originalité du philosopher » chez Leroux qui se réclame d'une tout autre pratique de la philosophie et d'une relation à l'universel qui ne passe pas par l'État, celles d'un « philosophe de l'humanité ». Les textes de Leroux sont aussi mis en regard d'autres figures de philosophes anti-hégéliens, notamment Feuerbach et Marx. À travers la lecture de ces différents auteurs, il s'agit de penser une institution du social non étatique et qui lui reconnaisse des principes propres. Ce qui s'accompagne d'une réaffirmation de l'« autonomie relative du politique »[11] par rapport à l'économie et d'une distinction entre « exploitation » et « domination », essentielle à la critique de la politique. La démarche de la sociologie politique qui « refoule les questions critiques énoncées par la philosophie politique » et celle de la prétendue « science politique » doivent être tenues à distance. Il s'agit aussi d'extraire de ces lectures – Leroux, Feuerbach, Marx et tant d'autres – un engagement quant à l'émancipation de l'humanité. La collection

6. *Cf.* C. Pagès, « Miguel Abensour – Contre l'État », p. 43.
7. P. Clastres, *La société contre l'État*, Paris, Minuit, 2011.
8. *Cf.* C. Pagès, « Miguel Abensour – Contre l'État », p. 44.
9. *Cf.* M. Abensour, « Philosophie politique et socialisme. Pierre Leroux ou du «style barbare» en philosophie », p. 110-122.
10. *Ibid.*, p. 111.
11. *Ibid.*, p. 107.

« Critique de la politique » sera ainsi « attentive à dénoncer les entreprises qui, instaurant une confusion entre la subversion de la société et la transformation ou la modernisation de l'État, barrent, sous le couvert de l'émancipation politique, la voie de l'émancipation humaine[12] ».

« Ni M. Abensour ni H. Tonka ne savent qu'ils marchent de concert dans le grand interdit. Sans se connaître ils battent les mêmes contrées, l'un avec la philosophie, l'autre avec l'urbain, l'un comme l'autre avec des rêves et des matières. Ils se savaient dans un lieu inconvenant avec tous les risques de mésinterprétations et leurs conséquences d'isolement. Ni l'un ni l'autre n'ignorait la pression de l'idéologie marxiste – bien loin des conceptions de Karl Marx… ». Ainsi s'exprime Hubert Tonka dans le récit qu'il livre de son amitié indéfectible avec Miguel Abensour[13]. Les « lectures de Miguel Abensour » découvrent à ceux qui acceptent de les accueillir, une autre pratique et une autre visée de la lecture : se rapporter aux auteurs et à leurs œuvres en les dégageant d'une certaine gangue d'académisme et d'idéologies, parier sur la disponibilité du lecteur aux textes, y compris ceux d'auteurs peu connus et sur la liberté qui en découle. Abensour « procède à un sauvetage de textes méconnus ou oubliés […] avec comme finalité non pas d'imposer une lecture orthodoxe de ces textes, mais de permettre au lecteur émancipé d'effectuer sa propre lecture… »[14].

Sa lecture de Marx le rapproche des « marxistes "hétérodoxes", ceux de Socialisme ou Barbarie ou de la théorie critique » car ils sont les mieux à même de « porter la dimension utopique de la politique, qui consiste à arracher les hommes à l'ordre établi en brisant les liens de l'ordre existant »[15]. La démocratie est « contre l'État », elle a vocation à être « insurgeante » non pour aboutir à une destruction pure et simple de l'État, mais pour défaire les dominations qui ne cessent de réapparaître sous diverses formes – celle d'un Parti aussi bien que celle d'un État colonial, policier, sexiste, etc. – et lutter sans relâche pour l'émancipation.

Miguel Abensour se tourne vers l'œuvre de Levinas à la fin des années 1980. Il partage avec ce dernier le respect pour le livre, qui définit – selon une formule de Levinas – une « modalité de notre être »[16]. Cette philosophie déploie une autre critique de la communauté politique unifiée, qu'elle le soit sous la forme de l'État ou d'une unité idéologique, en même temps qu'elle affirme « l'utopie de l'humain »[17]. Loin de véhiculer la banalité selon laquelle « chez Levinas tout serait éthique »[18], Abensour s'efforce de donner un sens politique à la « transcendance ». Dans *La communauté politique des « tous uns »*, Levinas, parce qu'il tourne le dos à l'idée hobbesienne que le fondement de la politique est la limitation de la violence, joue pour Miguel Abensour le rôle d'un « libérateur de l'imagination » qui donne une place à l'utopie, comme « affirmation de la primauté politique du désir imaginatif sur

12. *Ibid.*, p. 108.
13. *Cf.* Entretien avec Hubert Tonka, p. 126 *sq.*
14. *Cf.* P. Vermeren, « Abensour éditeur : politique de la lecture ou production du lecteur émancipé », p. 141, qui rapporte ici les propos d'Horacio Gonzalez, directeur de la Bibliothèque nationale argentine.
15. *Cf.* C. Pagès, « Miguel Abensour – Contre l'État », p. 56.
16. *Cf.* P. Vermeren, « Abensour éditeur… », p. 141.
17. *Cf.* A. Kupiec, « De la collection "Critique de la politique" à la bibliothèque de Miguel Abensour », p. 105.
18. *Cf.* M. Olivier, « Difficile lecture politique de Levinas avec Miguel Abensour », p. 73.

l'analyse froide, étriquée et défaitiste de l'histoire » mais interdit que celle-ci ne se transforme en un « système de certitudes »[19].

Si la politique doit rester dissociée d'un savoir fermé, si sa modalité doit demeurer imaginative dans un horizon utopique, comment se représenter l'action politique ? Quelles peuvent être ses ambitions et attentes et par quels moyens y parvenir ? On ne peut répondre à ces questions sans faire appel non pas tant à la « notion » de lien qu'à l'analyse des pratiques qui les font advenir. Il est des liens qui permettent de résister et d'imaginer ensemble les futurs politiques, liens amicaux, liens associés à des communautés non fusionnelles, non soumises à une domination verticale, articulées à des pratiques partagées, de la lecture, de l'édition sous diverses formes, de la participation active à un « Collège International de Philosophie » sans oublier la conversation et la discussion…[20]. Comme le rappelle l'éditeur et ami Hubert Tonka, à propos de l'activité d'édition et de revuiste, « Pour nous sortir de la situation des années soixante-dix, il nous fallait discuter, interroger, chercher ce que l'on ne voyait pas, ce que l'on nous avait caché, pire masqué… La dissimulation est la force des idéologies, le presque-vrai ! La seule solution était […] de fabriquer des haut-parleurs, publier donc pour pouvoir discuter, c'était là notre façon de vaincre les idéologies totalitaires et convaincre de nos idées »[21].

Les œuvres de Stendhal se trouvent en bonne place dans la bibliothèque de Miguel Abensour[22]. Dans le personnage de Julien Sorel, il voit un « héros né de la période révolutionnaire », le rapproche de Saint-Just et s'interroge sur une possible « aporie de l'héroïsme » dont on ne sait s'il constitue ou non, une « sortie du politique ». Son essai, *La lumière et la boue : «* Le Rouge et le Noir *» à l'ombre de 1793*[23], montre comment la politique est parfois amenée à se situer sur une « autre scène ». Miguel Abensour lit cette œuvre comme « un roman de la révolte héroïque ». Il redonne ainsi à Julien Sorel « sa puissance d'insoumission » qui le démarque du « type de l'ambitieux »[24]. En affirmant que « la référence révolutionnaire est active dans le *Rouge* » et qu'elle est « transposée en une autre scène amoureuse », Abensour peut soutenir que « le repli sur la sphère privée n'exclut pas l'héroïsme… »[25]. Stendhal rejoindrait Baudelaire, théoricien de « l'héroïsme de la vie moderne ». « Le choix du petit »[26], un des textes qu'Abensour consacre à la lecture d'Adorno, établit justement que « le questionnement utopique est presque systématiquement relié à une réflexion sur les conditions vitales de la vie sociale et politique » et insiste sur la possibilité du « retournement de ce qui, même minuscule, est exposé à la violence et se refuse à être écrasé par les rouages »[27].

Nathalie Chouchan

19. *Cf.* M. Olivier, « Difficile lecture politique de Levinas avec Miguel Abensour »,p. 77.
20. La transmission par Miguel Abensour de la direction de la collection « Critique de la politique » à Michèle Cohen-Halimi participe de ces liens philosophiques et amicaux.
21. *Cf.* Entretien avec Hubert Tonka, p. 128.
22. *Cf.* A. Kupiec, « De la collection « Critique de la politique » à la bibliothèque de Miguel Abensour », p. 100.
23. M. Abensour, *La lumière et la boue : «* Le Rouge et le Noir *» à l'ombre de 1793*, Paris, Sens & Tonka, 2019.
24. *Cf.* X. Bourdenet, « L'autre scène. Miguel Abensour lecteur de Stendhal », p. 62 *sq.*
25. *Ibid.*, p. 70.
26. M. Abensour, « Le choix du petit », postface à T. W. Adorno, *Minima moralia. Réflexions sur la vie mutilée*, Paris, Payot, 2001.
27. *Cf.* K. Genel, « Critique de la domination, émancipation, utopie. Miguel Abensour, lecteur d'Adorno », p. 20-21.

DOSSIER

Lectures de Miguel Abensour

PRÉSENTATION

Marc Goldschmit, Vincent Jacques et Claire Pagès

Après la disparition de Miguel Abensour en avril 2017, le Collège international de philosophie (CIPh) avait décidé collégialement d'organiser une journée d'hommage au mois d'octobre de la même année et de publier ensuite un numéro de revue consacré à celui qui fut président de l'assemblée collégiale de cette institution si singulière (de 1985 à 1987). Dans le cadre de ce projet de publication, Claire Pagès et Vincent Jacques (alors tous les deux vice-présidents du CIPh) avaient retrouvé un texte inédit d'Abensour paru initialement dans les *Cahiers du Collège* (l'ancêtre de la revue du CIPh, *Rue Descartes*) qui devait être inséré dans le futur numéro. Le projet n'a pas pu être mené à bien, à cette époque. Avec Marc Goldschmit, nouveau président du CIPh, Vincent Jacques et Claire Pagès ont proposé, au printemps 2021, de remettre sur le métier le projet d'un numéro « Abensour ». Celui-ci paraît aujourd'hui dans les *Cahiers philosophiques*, grâce à l'aide et au soutien précieux de Michèle Cohen-Halimi.

En même temps qu'il permet de revenir sur ce que doit être, pour Abensour, une philosophie politique qui s'appuie sur les propositions de La Boétie et sur celles d'Adorno, ce dossier propose de mettre en lumière des aspects moins connus de son œuvre, qui n'ont pas été l'objet de travaux récents (son livre sur Stendhal, sur Levinas, son travail sur Clastres). La bibliothèque de M. Abensour est évoquée pour la première fois et le rapport de celle-ci avec la collection qu'il a fondée en 1974 chez Payot et où il publiera une centaine d'ouvrages est interrogé. « Lectures de Miguel Abensour » nous donne à lire le texte de 1985 « Philosophie politique et socialisme, Pierre Leroux ou du “style barbare” en philosophie », dans lequel Abensour fait état de son séminaire tenu au Collège international la même année et destiné à être publié dans le premier du numéro du *Cahier*. Le présent dossier propose aussi un entretien avec Hubert Tonka, ami de longue date du philosophe et éditeur de plusieurs de ses œuvres chez Sens & Tonka dans la « Collection Miguel Abensour ».

DOSSIER

Lectures de Miguel Abensour

CRITIQUE DE LA DOMINATION, ÉMANCIPATION, UTOPIE

Miguel Abensour, lecteur d'Adorno[1]

Katia Genel

L'article dégage deux dimensions de la pensée politique d'Adorno identifiées par Abensour à partir du négativisme adornien : la pensée de l'émancipation qui définit, par-delà la critique de la domination, les conditions d'une société démocratique, et l'utopie, en tension entre idéal et catastrophe, où le « petit » devient figure de résistance à la terreur. Pour Adorno, la politique s'enracine dans l'expérience des individus confrontés au monde administré, depuis laquelle s'ouvre négativement la possibilité d'une société sans détresse et libérée du productivisme. Sa pensée politique interroge les conditions vitales de la société démocratique et les conditions sociales de la vie bonne.

Miguel Abensour a été un véritable passeur d'Adorno en France, par ses écrits comme par son travail d'édition dans la magnifique collection « Critique de la politique » chez Payot[2]. S'il est manifeste qu'Adorno est un auteur très important pour Abensour, celui-ci n'aura finalement que peu écrit directement sur le philosophe de Francfort : il l'a édité, médité, mais il ne lui a pas consacré de monographie comme il l'a fait pour d'autres philosophes, Marx, bien sûr, mais aussi Benjamin, Arendt ou encore Levinas[3]. Et quand il l'aborde dans ses textes, c'est, pourrait-on dire, de biais. Dans « La théorie critique : une pensée de l'exil », c'est au sein de cette constellation que représente l'École de Francfort, ce « cercle » ou ce « mouvement » constitué « à partir d'affinités

1. Cet article est la version française légèrement remaniée d'un texte publié dans le volume M. Leibovici et J. P. Yañez (eds.), *Miguel Abensour*, Buenos Aires-Madrid, Katz Editores-Eudeba, à paraître en 2025. Je remercie Claudia Hilb et Matías Sirczuk pour leur aimable autorisation.
2. Collection désormais accueillie chez Klincksieck et actuellement dirigée par Michèle Cohen-Halimi.
3. M. Abensour, *La démocratie contre l'État : Marx et le moment machiavélien*, Paris, Puf, 1997 ; *L'utopie de Thomas More à Walter Benjamin*, Paris, Sens & Tonka, 2000 ; *Hannah Arendt contre la philosophie politique ?*, Paris, Sens & Tonka, 2006 ; *Emmanuel Levinas, l'intrigue de l'humain*, Paris, Hermann, 2012 (avec D. Cohen-Levinas).

électives, de rencontres, de recherches communes »[4], qu'Adorno est envisagé. Dans « Le choix du petit », c'est à travers Kafka et surtout Benjamin, à travers l'expérience du petit, du corps fragile et minuscule, que la méthode adornienne est appréhendée. Nous souhaiterions revenir sur cette lecture abensourienne d'Adorno qui est, pour reprendre les termes qu'Abensour emploie lui-même à propos de *Minima moralia*, un questionnement « oblique et sinueux »[5]. Cette lecture passe par des rapprochements et des détours – des détours repoussoirs par la figure de Horkheimer, qui se borne à une critique de la domination, ou par les lectures de Marx qui oublient « la contingence de l'antagonisme »[6], mais aussi des détours par des figures « miroirs » comme celle de Benjamin. Ce faisant, Abensour circonscrit une question qui ne se présente pas immédiatement comme une question adornienne, celle de la politique. Dans cet article, nous souhaitons interroger l'élaboration de cette question de la politique qu'on pouvait croire introuvable chez Adorno, mais à laquelle Abensour a donné la forme d'une double interrogation : une interrogation sur l'émancipation, autrement dit sur l'instauration d'un espace collectif de liberté hors de toute domination, et une interrogation sur l'utopie qui, elle, est indissociablement abensourienne et adornienne. « La sommation de l'utopie »[7] depuis la catastrophe, tel est l'un des principes qui sous-tend les textes d'Abensour, peut-être même une de leurs clés d'interprétation : c'est une question qu'il adresse aussi à Adorno. Nous nous proposons ici de montrer que la lecture abensourienne d'Adorno est la rencontre entre une perspective politique radicale et une théorie critique de la société que l'on tient trop souvent pour non politique.

Adorno et la question politique : critique de la domination et émancipation

Comme il l'explique dans son texte « Malheureux comme Adorno en France ? »[8], Abensour s'est précisément attaché à rendre justice au théoricien de la société qu'est Adorno, et non pas seulement au théoricien de l'art et de la musique qui avait déjà une certaine place dans la réception française. De la théorie critique de la société, Abensour interroge les enjeux politiques. Il pose cette question centrale chez lui – c'est celle qu'il place par exemple

4. M. Abensour, « La théorie critique : une pensée de l'exil ? », *Archives de Philosophie* 45, 1982, p. 180.

5. Abensour évoque, à propos des *Minima moralia*, un « parcours sinueux, oblique, brisé » (M. Abensour, « Le choix du petit », dans T. W. Adorno, *Minima moralia. Réflexions sur la vie mutilée*, trad. fr. É. Kaufholz et J.-R. Ladmiral, Paris, Payot, 2001, p. 278).

6. Du nom donné dans la traduction française à un paragraphe de *Dialectique négative*, cité par Abensour dans son ouvrage sur Marx (« Est-il vrai que Marx, *brevitatis causa*, ait tendu à recouvrir le politique par le social, qu'il ait fait dériver le politique de l'économique ou qu'il se soit enfermé dans un quiétisme dès qu'il s'agissait de la fin de la domination ? Dans *Dialectique négative*, Adorno écrit : "L'économie aurait le primat sur la domination qui ne devrait être dérivée de rien d'autre que de l'économie. [...] La révolution que Marx et lui (Engels) appelaient de leurs vœux était celle des rapports économiques de la société dans sa totalité [...] et non la transformation des règles du jeu de la domination, de sa forme politique." Mais n'est-ce pas plutôt dans le registre de l'inquiétude et de l'interrogation que se pense la vraie démocratie ? » (M. Abensour, *La démocratie contre l'État, op. cit.*, p. X).

7. Expression de M. Abensour, « Philosophie politique, critique et émancipation ? », *Lignes* 23-24, 2007, p. 117, ou encore « L'homme est un animal utopique. Entretien avec Miguel Abensour », art. cit., p. 77 et p. 84-85, qui a donné son titre à l'hommage rendu par la revue *Lignes* : « Miguel Abensour. La sommation utopique », *Lignes* 56, 2018.

8. M. Abensour, « Malheureux comme Adorno en France ? », *Variations* 6, 2005.

au cœur de son livre sur Arendt[9] – en cheminant de façon indirecte afin d'éviter l'écueil de la philosophie politique, c'est-à-dire d'une discipline académique qui revient sur le devant de la scène, réhabilitant le droit et la morale mais évacuant la question de la domination totalitaire et ratant donc « les choses politiques ». Contre la philosophie politique, ou encore : « pour une philosophie politique critique ».

Pour traiter de cette question « avec Adorno », Abensour mobilise, dans une série de textes consacrés à l'École de Francfort[10], le concept d'émancipation. Ce concept d'émancipation est le cœur de ce qu'Abensour entend par politique, dans la mesure où il va *au-delà* de la critique de la domination et permet d'imaginer, précisément, une expérience de la liberté. La réflexion sur l'émancipation serait, selon l'interprétation d'Abensour, l'apport spécifique d'Adorno, la teneur proprement politique de sa pensée, par rapport à Horkheimer dont les écrits incarnent selon lui la critique de la domination. Chez Abensour, le concept d'émancipation renvoie tantôt à une sortie de la domination et une entrée dans le champ politique – il est en ce sens équivalent à celui de liberté –, et tantôt prend la forme d'une sortie de la politique en général, qui conduit non seulement à la question de la liberté mais aussi à celle du bonheur.

Dans « Pour une philosophie politique critique ? », Abensour renvoie dos à dos un paradigme politique qui tend à oublier les rapports de domination et un paradigme de la critique de la domination dont l'unilatéralité consiste dans l'ignorance de « la consistance du politique », du « lien consubstantiel de la politique à la liberté »[11]. La spécificité du lien politique est pour Abensour l'institution d'un rapport de pluralité entre les hommes. Le concept est manifestement arendtien, par la référence à la manière dont la pluralité apparaît et à une relation qui peut « lier et séparer tout à la fois », mais on peut se souvenir de la « réalisation de l'universel dans la réconciliation des différences » évoquée par Adorno dans *Minima moralia*[12]. Chez Adorno, comme chez Arendt, l'idée de différence est centrale, contre toute dissolution de l'individu dans le collectif et contre toute unification forcée, identitaire. Il faut éviter qu'un seul des deux paradigmes ne prédomine : l'absolutisation du paradigme de la critique de la domination conduit au catastrophisme dans lequel on n'envisage plus d'alternative ni d'état libre, tandis que la dérive du paradigme politique est l'irénisme, l'oubli de l'enchevêtrement « de la question politique et du fait de la domination ». Contre cette dérive, Abensour rappelle la menace perpétuelle de dégradation du « *tous uns* » en « *tous Un* », du « pouvoir *avec* les hommes en pouvoir *sur* les hommes » ; il rappelle en somme la « fragilité des choses politiques »[13].

La question de la politique ainsi formulée – celle de la liberté de tous – est d'abord celle d'Abensour, avant d'orienter la lecture qu'il fait d'Adorno.

9. M. Abensour, *Hannah Arendt contre la philosophie politique ?, op. cit.*

10. Voir M. Abensour, « Pour une philosophie politique critique ? », *Tumultes* 17-18, 2001/2-2002/1, p. 207-258 ; voir aussi M. Abensour, « Philosophie politique, critique et émancipation ? », art. cit. Voir enfin M. Abensour, « La radicalité contre le progressisme », *Prismes. Théorie critique* 1, 2018.

11. M. Abensour, « Pour une philosophie politique critique ? », art. cit., p. 248-249.

12. T. W. Adorno, *Minima moralia, op. cit.*, § 66, p. 112.

13. M. Abensour, « Pour une philosophie politique critique ? », art. cit., p. 252.

C'est précisément la volonté d'articuler la question politique et le fait de la domination qui met Abensour « sur la voie d'une philosophie politique critique »[14] à l'aune de laquelle la pensée adornienne est appréciée. C'est de l'idée même selon laquelle « la forme politique – démocratie ou république – peut être menacée *de l'intérieur* par la résurgence du fait de la domination » (dont Abensour note qu'il « ne serait pas nécessairement totalitaire »), et selon laquelle une dégénérescence des formes politiques est toujours possible, qu'Abensour déduit la définition même de la démocratie, ou de la république[15]. La démocratie tire son principe de la lutte contre la domination. Il faut d'un côté penser la domination, mais de l'autre pouvoir envisager sa suppression, et Adorno est l'un des penseurs qui y parvient. Il a, plus que d'autres, articulé émancipation et critique de la domination.

Parfois, Abensour mobilise d'autres penseurs de la Théorie critique, et en particulier Neumann et Kirchheimer, qui nous donnent les moyens de penser cette dégénérescence interne à la démocratie : lisant chez Neumann une distinction entre État totalitaire (non-État), État autoritaire et État démocratique, Abensour montre que si le totalitarisme est analysé dans *Béhémoth* comme un non-État[16], l'État autoritaire se présente comme un troisième terme extérieur à l'opposition démocratie/totalitarisme et permet de saisir une dégénérescence interne à la démocratie ayant recours à l'appareil d'État. Pour Abensour, Adorno est également, quoiqu'en un autre sens, un penseur de cette dégénérescence interne. Dans l'article « Adorno » de l'*Encyclopedia Universalis*[17], il analyse notamment la notion de « personnalité autoritaire » comme une manière de saisir une potentialité fasciste menaçant la démocratie, ce qui constitue un autre versant du principe de dégénérescence interne à la démocratie. En étudiant l'autoritarisme, Adorno sait que « toute forme de liberté est exposée à se corrompre, à dégénérer », sinon en domination totale, du moins en autoritarisme[18]. Dans ce contexte, penser la politique, c'est porter attention à de rares espaces de liberté au sein de rapports sociaux de domination, toujours menacés de dégénérer.

Le regard abensourien sur Adorno nous conduit sur la ligne de crête entre l'analyse de rapports de domination qui sont presque systématiques dans la totalité sociale « fausse » d'un côté, et la possibilité de la politique conçue comme émancipation, comme autre de la domination et comme liberté, de l'autre. Face au diagnostic de la prédominance de la domination – de la rationalité instrumentale par exemple –, la question politique devient celle de la possibilité de s'arracher à la réalité existante au sein même d'une pensée qui est nécessairement prise dans ces rapports sociaux de domination. Le caractère politique de la pensée d'Adorno, contre toutes les lectures qui en font un penseur de l'impuissance politique ou du repli hors du politique, c'est

14. M. Abensour, « Pour une philosophie politique critique ? », art. cit., p. 253.
15. *Ibid.*
16. F. L. Neumann, *Béhémoth. Structure et pratique du national-socialisme* 1933-1944, trad. fr. G. Dauvé, J.-L. Boireau, Paris, Payot, 1987.
17. M. Abensour, « Theodor Wiesengrund Adorno (1903-1969) », *Encyclopædia Universalis* [en ligne], consulté le 1er septembre 2020. URL : http://www.universalis.fr/encyclopedie/theodor-wiesengrund-adorno/.
18. M. Abensour, « Pour une philosophie politique critique ? », art. cit., p. 258. On trouve une formule semblable dans « Philosophie politique, critique et émancipation ? », art. cit., p. 117.

dès lors cette capacité à penser des écarts, des différences, avec l'existant, au sens d'une capacité à différencier entre les formes de domination et d'une capacité à se soucier de la singularité – jusqu'au saut hors de l'existant qu'est le saut de l'émancipation. Examinons maintenant l'autre formulation de cette « question » politique, celle qui ne se formule pas dans les termes de la *domination* et de *l'émancipation* mais qui passe par *l'utopie*, logée dans un réel marqué par la déraison.

Dialectique de l'utopie : âge d'or, enfer et catastrophe

La question de l'utopie est pour Abensour la question politique centrale. Préserver la démocratie, cela suppose de se tourner vers « l'esprit de l'utopie » :

> [C'est] en répondant à la sommation utopique qui émerge de la césure, que [la démocratie] peut grâce à la *vis utopica* – le principe espérance – se concevoir comme « démocratie radicale », ou « démocratie sauvage », ou démocratie contre l'État – démocratie insurgeante – et, du même coup, lutter efficacement contre l'entropie qui ne cesse de la mettre en péril[19].

Ainsi se fait jour une deuxième forme prise par la question politique, celle de l'esprit de l'utopie ou encore de la « sommation » utopique, principe qui sous-tend la pensée et qui lui permet de se rapporter à une société autre.

Or sur cette question à laquelle il consacre de nombreux textes, et notamment son ouvrage *L'utopie de Thomas More à Walter Benjamin*[20], Abensour ne recourt pas de façon manifeste à Adorno, il ne lui consacre pas de chapitre. Mais la référence à Adorno revient dans les textes de façon insistante et l'objection adornienne à Benjamin sur le caractère non dialectique des « thèmes de la théorie de l'image dialectique »[21], lorsqu'il commente « L'exposé de 1935 » de Walter Benjamin issu du livre des *Passages*, demeure le pivot de l'analyse. Adorno critique la « relation entre "l'archaïque" et l'utopie »[22] chez Benjamin. Abensour examine les objections d'Adorno et notamment ce qui reste de juste dans la sévère critique adornienne (sévérité qui ne sera pas notre objet ici), une fois mis en lumière les aspects du texte benjaminien qui y répondent déjà selon lui. Pour Abensour, la trajectoire critique accomplie par Benjamin dans son texte, qui le conduit à une rectification de la phrase de Michelet (« Chaque époque, en effet, ne rêve pas seulement de la prochaine et cherche au contraire dans son rêve, à s'arracher au sommeil »[23]), semble avoir échappé à Adorno. Mais ce qu'Abensour souligne est la nécessité, qu'Adorno fait valoir

19. M. Abensour, « Philosophie politique, critique et émancipation ? », art. cit., p. 117-118.

20. M. Abensour, *L'utopie de Thomas More à Walter Benjamin*, Paris, Sens & Tonka, 2000.

21. *Ibid.*, p. 136.

22. *Ibid.*, p. 134. Abensour dégage quatre aspects de la critique adornienne : la critique de l'épigraphe de Michelet (« Chaque époque rêve la suivante. Avenir ! Avenir ! »), qui cristallise la non dialecticité de la thèse benjaminienne, car Adorno la saisit comme une succession « époque/rêve/nouvelle époque » qui « reproduirait le schéma de Karl Mannheim, topos/utopie/nouveau topos ». Le deuxième aspect est que Benjamin ne ferait, selon Adorno, qu'enregistrer des contenus de conscience sans les « interpréter ». Le troisième aspect est la représentation trop univoque de l'âge d'or. Le quatrième est le rapport non dialectique entre ancien et nouveau. Ce quatrième aspect inclut une critique de la conscience collective. Abensour souligne la dimension sévère voire injuste de la critique, dans la mesure où l'entreprise benjaminienne ne consiste nullement en la réactivation d'un passé positif.

23. W. Benjamin, « L'exposé de 1935 », *Paris, capitale du XIXe siècle – Le Livre des Passages*, Paris, Cerf, 2006, p. 46, cité par Abensour, p. 148.

à Benjamin, d'une dialectique de l'utopie, selon laquelle l'âge d'or « doit être entendu comme Arcadie et comme enfer, c'est-à-dire comme le monde des puissances souterraines, du mythe et de la terreur »[24]. Seule l'image de l'enfer pourrait ainsi « mettre à sa juste place l'image de "l'âge d'or" », écrit Adorno à Benjamin en 1935[25]. Ceci seul garantirait, commente Abensour, de concevoir l'âge d'or sous le signe de *l'ambiguïté*[26]. « Procéder à une complication » de l'âge d'or « en sachant y reconnaître une part d'enfer », implique aussi de « compliquer », donc de dialectiser, l'analyse du règne de la marchandise, l'enfer n'étant pas seulement une régression mais contenant la possibilité de son dépassement. Ce mouvement dialectique est aussi celui de la critique telle qu'elle doit être pratiquée, destructrice et cathartique, salvatrice. Abensour le rapproche d'une idée issue des *Trois études sur Hegel* d'Adorno : « saisir les marques de déraison inscrites dans la raison, mais également appréhender les traces de la raison que présente la déraison »[27].

Dans la même perspective, ce qui intéresse Abensour chez Benjamin est la trace de cet âge d'or comme catastrophe. Il examine ainsi, dans l'exposé de 1939, la manière dont Benjamin convoque l'utopie contre la catastrophe, l'utopie n'étant pas seulement pensée du côté des images oniriques mais aussi « du côté de l'énergie qui pousse au réveil »[28]. Abensour résume ailleurs sa position : « Pour ma part, je préfère insister sur le rapport de Walter Benjamin à l'utopie, sur le travail qu'il entend exercer sur l'utopie – image de rêve, encore sous l'emprise du mythe – pour la transformer, selon une technique du réveil, en image dialectique, en une constellation saturée de tensions d'où peut surgir un pouvoir à la fois destructeur et libérateur »[29].

Ce qu'Abensour circonscrit d'essentiel chez Adorno, à la lumière de son dialogue avec Benjamin, c'est la dialectique (pourtant bien présente chez Benjamin, plus qu'il n'y paraît dans la correspondance) et ce qu'on peut appeler un travail du négatif. Le lien entre l'analyse de l'*émancipation*, qui répondait à l'exigence de marquer des écarts entre les formes de domination et avec la liberté, d'une part, et l'analyse de l'*utopie*, dont il faut souligner l'ambiguïté, d'autre part, est en effet une certaine forme de négativisme. Abensour le résume ainsi, en évoquant le projet d'Adorno dans *Dialectique négative* : il consiste à « repérer les points aveugles de la théorie susceptible d'avoir exercé des effets désastreux sur la pratique de l'émancipation »[30]. L'un de ces points aveugles est l'interprétation marxiste d'un primat de l'économie sur la domination, auquel Abensour oppose, ailleurs, l'idée adornienne de « contingence de

24. M. Abensour, *L'utopie de Thomas More à Walter Benjamin*, *op. cit.*, p. 138.

25. W. Benjamin, *Correspondance* 1929-1940, trad. fr. G. Petitdemange, Paris, Aubier-Montaigne, 1979, p. 172. Comme le souligne Abensour, la catastrophe selon Adorno est irréductible à l'enfer (même s'il peut être une figure de la catastrophe). La catastrophe est en effet la persistance de l'archaïque dans le moderne, dont Adorno donne différents exemples, parmi lesquels le mode opératoire du fascisme. M. Abensour, *L'utopie de Thomas More à Walter Benjamin*, *op. cit.*, p. 162 *sq.*

26. M. Abensour, *L'utopie de Thomas More à Walter Benjamin*, *op. cit.*, p. 137-138.

27. T. W. Adorno, *Trois études sur Hegel*, trad. fr. par le Groupe du Collège international de philosophie, Paris, Payot, 1979, p. 84, cité par Abensour, *L'utopie de Thomas More à Walter Benjamin*, *op. cit.*, p. 116-117.

28. *Ibid.*, p. 166.

29. « L'homme est un animal utopique. Entretien avec Miguel Abensour », art. cit., p. 80. Pour une réflexion sur l'art de l'écriture chez Abensour à partir de ce rapprochement entre More et Benjamin, voir G. Moutot, « L'indirect libre. À partir de *L'utopie de Thomas More à Walter Benjamin* », *Lignes* 56, 2018, p. 79-90.

30. M. Abensour, *L'utopie de Thomas More à Walter Benjamin*, *op. cit.*, p. 163.

l'antagonisme ». Abensour a toujours souligné que l'apport spécifique de la Théorie critique est d'élaborer une problématique de la domination et non de la seule exploitation ; il ne faut donc pas se laisser piéger par l'idée d'une nécessité de l'antagonisme, à laquelle Adorno substitue celle d'un antagonisme contingent, renvoyant à « d'éventuels actes arbitraires de pouvoir »[31]. Ainsi, « l'accès à une histoire *autonome* de la domination – de la fronde à la bombe atomique selon T. W. Adorno – pousse à sortir du quiétisme marxiste et à penser l'histoire des hommes sous le signe d'une inquiétude insurmontable au point de se nourrir sans cesse de l'énigme de l'histoire destinée, non à être résolue, mais à rester telle »[32]. Ouvrir l'utopie, c'est donc réfuter certains schémas qui l'empêchent d'émerger, et savoir séjourner dans l'inquiétude. La méthode adornienne est négativiste en ce sens, et Abensour s'intéresse tout particulièrement à cette dimension de sa philosophie parce qu'il la pratique aussi, nous semble-t-il.

On trouve un échantillon de ce négativisme, par lequel Adorno ouvre des pistes utopiques au sein de la totalité sociale là même où elle semble close, dans son ouvrage *Minima moralia*, texte auquel Abensour consacre une postface[33]. Il est clair pour Abensour que la négativité adornienne rend possible l'utopie. Il indiquera par la suite que Walter Benjamin et Theodor W. Adorno l'ont « aidé à comprendre que l'autoréflexion critique » avait « pour visée de combattre la rechute toujours possible de l'utopie dans le mythe »[34]. Il faut donc que la question de l'idéal soit laissée ouverte, et c'est bien le cas dans *Minima moralia* :

> Mais aucune définition de la liberté n'est donnée, aucune nouvelle vision positive de l'universalité ou de la réconciliation n'est proposée ; anti-roman d'éducation dans un champ de ruines, *Minima moralia* laisse délibérément le lecteur sur sa faim[35].

Cette voie modeste, inachevée, permet de « ne pas trahir l'image fragile de ce que serait une existence non réglementée »[36]. Néanmoins, l'ouvrage d'Adorno nous renseigne négativement, indirectement, sur cette existence possible.

C'est là qu'Abensour cherche, une nouvelle fois, la question politique chez Adorno. Le fragment « Sur l'eau », qui est l'un des moments clés de la réflexion adornienne sur l'utopie, donne une réponse possible – quoiqu'énigmatique – à la question « inévitable et illégitime » de ce que serait une société bonne. « La vraie tendresse serait dans la plus brutale des réponses : que nul n'ait plus jamais faim »[37]. Adorno critique dans ce texte « les finalités que l'on prête à la société émancipée », et renverse la perspective : ce que l'on tient

31. M. Abensour, « Philosophie politique, critique et émancipation ? », art. cit., p. 96.
32. *Ibid.*, p. 97. Nous soulignons.
33. M. Abensour, « Le choix du petit », art. cit. Il s'agit d'un texte publié antérieurement, qu'Abensour a republié comme postface à *Minima moralia*.
34. « L'homme est un animal utopique. Entretien avec Miguel Abensour », art. cit., p. 80. « L'utopie ne peut prendre son envol qu'en rompant avec le mythe, avec ses origines mythiques, rupture d'autant plus nécessaire que le retour du mythe la menace toujours ».
35. M. Abensour, « Le choix du petit », art. cit., p. 278-279.
36. *Ibid.*, p. 279.
37. T. W. Adorno, *Minima moralia*, *op. cit.*, p. 167.

pour la réalisation de soi (« épanouissement des possibilités humaines ou richesse de la vie ») n'est finalement qu'une plus forte aliénation aux fins de la société marchande. La recherche de cette réalisation de soi passe par un comportement « calqué sur le modèle de la production », qui est précisément ce avec quoi il faut rompre. Abensour commente :

> Il appartient à Adorno de dénoncer ce qui se cache sous l'idéal social-démocrate de l'épanouissement des possibilités humaines ou de la richesse de la vie. Ces finalités, loin *d'ouvrir un écart*, une *différence qualitative*, ne font que reproduire la logique de la société marchande soumise au modèle de la production et à la visée d'une totalité dominée par la quantification. Or ce n'est que dans la rupture avec une telle totalité que peut se concevoir une émancipation qui n'a rien de commun avec l'accroissement de la productivité. Un impératif catégorique : que nul n'ait plus jamais faim »[38].

Abensour avait évoqué cette dimension vitale de l'analyse adornienne dans son ouvrage sur *L'utopie de Thomas More à Walter Benjamin*. En écho au « principe de l'espérance » de Thomas More selon lequel il faut que « personne ne manque plus jamais du nécessaire », que personne ne puisse plus « être mendiant ou indigent », ou encore selon lequel un homme « est sûr de ne pas manquer du nécessaire pourvu que les greniers publics soient bien remplis »[39], Abensour avait cité cette phrase de « Sur l'eau ». Il la rapproche de la référence hégélienne à la sentence biblique : « recherchez tout d'abord la nourriture et les vêtements, et ainsi le royaume de Dieu vous échoira de lui-même »[40]. Cette idée – et la référence à Levinas qu'il ajoute y insiste – est celle d'une suppression de la faim de l'autre homme comme critère de l'utopie[41].

Réorganiser la société à partir des besoins et non de la logique de la production, ne plus être dans la détresse, cela permet une autre réalisation de soi, une autre jouissance, disjointe de toute forme d'activisme. Mais cela suppose de rompre avec le concept bourgeois de nature, de penser la nature autrement, en cessant de chercher à échapper à la nécessité puisque cette recherche ne fait que nous y reconduire. La nature est figurée dans le titre – celui d'une nouvelle de Maupassant, mais aussi de son journal de bord publié en 1888[42] – et à la fin du texte d'Adorno par la figure de l'eau :

38. M. Abensour, « L'homme est un animal utopique », art. cit., p. 81, nous soulignons.
39. T. More, *L'Utopie*, Bruxelles, La renaissance du livre, p. 82 et 147.
40. G. W. F. Hegel, Lettre au major Knebel du 30 août 1807, citée par Abensour, *L'utopie de Thomas More à Walter Benjamin, op. cit.*, p. 100.
41. « La faim d'autrui réveille les hommes de leur assoupissement de repus et les dégrise de leur suffisance », E. Levinas, « Sécularisation et faim », *Archivio di Filosofia* 2/3, 1976, p. 109.
42. Dans ce journal (qui commence par ces mots : « En somme, j'ai vu de l'eau, du soleil, des nuages et des roches – je ne puis raconter autre chose – et j'ai pensé simplement, comme on pense quand le flot vous berce, vous engourdit et vous promène »), on trouve ce passage : « Certes, en certains jours, j'éprouve l'horreur de ce qui est jusqu'à désirer la mort. Je sens jusqu'à la souffrance suraiguë la monotonie invariable des paysages, des figures et des pensées. La médiocrité de l'univers m'étonne et me révolte, la petitesse de toutes choses m'emplit de dégoût, la pauvreté des êtres humains m'anéantit. En certains autres, au contraire, *je jouis de tout à la façon d'un animal*. [...] Mon corps de bête se grise de toutes les ivresses de la vie. [...] J'aime d'un amour bestial et profond, méprisable et sacré, tout ce qui vit, tout ce qui pousse, tout ce qu'on voit, car tout cela, laissant calme mon esprit, trouble mes yeux et mon cœur, tout : les jours, les nuits, les fleuves, les mers, les tempêtes, les bois, les aurores, le regard et la chair des femmes. [...] La joie qui m'envahit, quand je me sens poussé par le vent et porté par la vague, naît de ce que je me livre aux forces brutales et naturelles du monde, de ce que je retourne à la vie primitive », G. de Maupassant, *Sur l'eau*, Paris, Edition Marpon et Flammarion, 1888, p. 86-86, nous soulignons.

Rien faire comme une bête, se laisser aller au fil de l'eau et regarder tranquillement le ciel, « être, rien de plus, sans autre détermination ni désir d'accomplissement », voilà qui pourrait remplacer l'action, l'accomplissement et remplir effectivement la promesse de la logique dialectique : la réactivation de ses propres origines.[43]

La question de l'utopie est pour Abensour la question politique centrale.

L'image est complexe et l'on ne se risquera pas ici à en proposer une interprétation complète. Bornons-nous à noter qu'on a « glissé » au cours du paragraphe vers ce que Hans Ulrich Gumbrecht nomme une « confession hédoniste »[44] d'Adorno. La satisfaction des besoins est la condition fondamentale de la démocratie, mais l'aphorisme va au-delà en évoquant une vie heureuse qui, si elle a à voir avec l'animal, n'est pas un retour à une naturalité animale préservée, mais plutôt une figure de ce qui échappe et résiste à la fonctionnalité d'un ordre social que les activités ou l'affairement peuvent favoriser. Cette figure de plénitude passive vise à révéler autant qu'à enrayer cet ordre. De ce point de vue, la réactivation des origines ne peut renvoyer qu'à un rapport à la vie autre que celui, perverti, de la domination. Ce passage est selon Abensour une de ces lignes de fuite « aussi immatérielles que les effets de miroir, de réfraction sur l'eau, des moments fugaces, éphémères de bonheur qui tiennent à distance aussi bien la recherche de la plénitude que l'avidité prédatrice ». Abensour conclut : « Ce n'est certainement pas par hasard que William Morris a situé son utopie sur la rivière, comme pour prêter à l'utopie les caractères de l'eau en tant qu'élément, la fluidité, le caractère insaisissable, le miroitement à l'infini, la fragilité »[45]. Ajoutons néanmoins que sous la surface de la rivière, et c'est sensible dans la nouvelle de Maupassant, se déroulent des choses qui peuvent sembler effrayantes, puisqu'on y trouve un cadavre[46]. La société réorganisée autour des besoins des êtres humains, contre la « collectivité devenue déchaînement aveugle de l'activité »[47], est aussi une société capable de réfléchir son propre enfer.

43. T. W. Adorno, *Minima moralia, op. cit.*, p. 168.

44. A. Bernard, U. Raulff (eds.), *Theodor W. Adorno « Minima Moralia » neu gelesen*, Frankfurt/Main, Suhrkamp, 2003, p. 92.

45. M. Abensour, « L'homme est un animal utopique », art. cit., p. 81.

46. Dans la nouvelle « Sur l'eau » de Maupassant, quelque chose au fond de la rivière empêche le canotier de lever l'ancre, et l'épouvante. Lorsqu'il peut tenter à nouveau de partir, le brouillard étant levé, ayant été apaisé par le spectacle de la nature, il découvre, avec deux pêcheurs qui remuent son ancre, le cadavre d'une vieille femme ayant une pierre au cou. G. de Maupassant, « Sur l'eau », dans *La maison Tellier*, P. Ollendorff, 1891, p. 87-99. De même, dans la citation tirée du journal de bord éponyme, sont évoqués l'horreur et le désespoir.

47. T. W. Adorno, *Minima moralia, op. cit.*, p. 168.

Utopies minimes – Abensour, lecteur de *Minima Moralia*

Concluons cet article en précisant ce qu'il en est de ce négativisme adornien qui apparaît, au prisme de la lecture d'Abensour, comme le mode de position par excellence de la question politique – négativisme qui dépasse les oppositions classiques entre perspective sociale et perspective politique, entre théorie de la démocratie et théorie de la société, qui pouvaient sembler si béantes au départ. Ce négativisme, qui vient indirectement ouvrir utopie et émancipation, passe par l'individu et plus précisément par le petit, boussole avec laquelle Miguel Abensour chemine dans *Minima moralia*. Ce « choix du petit » permet d'établir que le questionnement utopique est presque systématiquement relié à une réflexion sur les conditions vitales de la vie sociale et politique.

Dans « Le choix du petit », Abensour s'attache en effet à montrer en quelques pages que *Minima moralia* est une méditation sur un monde de terreur menée « depuis »[48] la figure de celui qui est pris en elle, le particulier, l'individu, le « petit » et finalement le corps minuscule, fragile, souffrant. Abensour parle d'un « refus venu du corps », qui permet « l'essai d'une autre expérience du monde »[49]. Le « choix du petit » désigne l'idée adornienne selon laquelle la résistance qui est opposée au monde de la terreur par celui qui y est pris passe fondamentalement par le petit, le retournement de ce qui, même minuscule, est exposé à la violence et se refuse à être écrasé par les rouages. C'est pourquoi le texte abensourien considère le petit, si l'on ose dire, en un sens large (en le faisant varier de l'individu ou du singulier au non identique, selon les conceptualités qui l'appréhendent, hégélienne, benjaminienne, kafkaïenne, canettienne, adornienne, etc.) et rapproche le petit corps fragile pris dans le champ de forces d'explosions auquel Benjamin se réfère dans « Expérience et pauvreté » de l'idée de la *Dialectique négative* selon laquelle « le sujet doit donner au non-identique réparation de la violence qu'il lui a faite »[50].

Pour évoquer ce monde de terreur apparenté au « monde administré », Abensour fait aussi un détour par Jünger et par la « grande catastrophe qu'est la mobilisation totale ». Celle-ci renvoie à la logique de la guerre en tant qu'elle dépasse le sens militaire, une logique de « réquisition radicale de toutes les énergies, même les plus ténues, infimes, destinées à être intégrées dans un processus de travail »[51]. L'existence est convertie en énergie de telle sorte que l'individualité, ramenée à la disponibilité à être mobilisé, ne subsiste que pour autant qu'elle est transformée en rouage de l'État. L'hypothèse d'Abensour est que face à cette réquisition radicale, est apparue « une figure de résistance originale : le choix du petit ». Il est le vecteur

48. Selon le sous-titre de *Minima moralia*, ce sont des réflexions « depuis » la vie mutilée, même si la traduction française ne l'indique pas.

49. M. Abensour, « Le choix du petit », art. cit., p. 271.

50. Pour une réflexion sur la variation dans le choix du petit, voir A. Birnbaum, « D'un choix du petit à l'autre. Walter Benjamin, Theodor W. Adorno, Miguel Abensour », *Lignes* 56, 2018, p. 63-77.

51. M. Abensour, « Le choix du petit », art. cit., p. 271.

d'un regard immanent sur la terreur. Il ne propose pas de retour à l'état antérieur, mais « un regard qui pour briser l'aveuglement tente d'affronter la catastrophe, comme point de non-retour, sans pour autant se confondre avec elle, s'y abîmer sans la moindre concession aux valeurs guerrières »[52]. Le « petit » est ainsi une figure – issue de Benjamin mais aussi de Kafka – de la résistance à l'organisation; Abensour convoque encore Canetti et le risque de dissolution de l'individu dans la masse. On pourrait prolonger en évoquant le « rebut » du monde phénoménal de Freud qu'Adorno cite à maintes reprises. Le petit est un prisme pour saisir la totalité « brisée et non vraie »[53] et ses effets sur les hommes. En indiquant qu'il « s'agit de réparer le tort infligé à ce qu'oublie la praxis de la destruction », Abensour utilise aussi Benjamin comme un antidote à Jünger : la guerre pour Benjamin ne signifie pas l'émergence d'énergies nouvelles mais une menace de destruction totale. La thèse à laquelle parvient Abensour est ainsi fondamentalement celle d'une correspondance entre *petit* et *individu*, qu'il étaye en citant la dédicace de *Minima moralia* : « c'est à l'individu qu'est revenue une bonne part du potentiel protestataire », « quelque chose des possibilités libératrices de la société a reflué pour un temps dans la sphère de l'individuel »[54]. Toute la question que « Le choix du petit » s'attache à poser est celle de savoir ce que peut l'individu dans le contexte social[55].

L'angle d'approche abensourien, qui éclaire la critique adornienne du monde de terreur à la lumière de la réflexion benjaminienne sur le choc de la Première Guerre mondiale, moment dramatique de l'opposition entre chair et mécanisation, entre corps fragile et corps métallique, permet de tracer un fil dans *Minima moralia* : celui de la fragilisation de la vie, indissociablement biologique, éthique et psychique. Abensour évoque, à partir de Benjamin, l'effacement de la chair, l'oubli ou le déni de la fragilité de la vie, et cela éclaire en retour le texte adornien. On lit dès lors le thème adornien de la « fin de l'individu » sous un autre angle : Abensour parle de « négation de l'individu plutôt que de déclin », de « déni du corps, de la corporéité dans sa vulnérabilité »[56]. La désincorporation est « suivie d'une incorporation voire d'une fusion à la masse, à un complexe machinique »[57], cette intégration étant pour Adorno la forme de la domination.

Notons au passage qu'Abensour met du même coup en lumière la prégnance du thème de la mort dans *Minima moralia* et en fait sentir la centralité : « Les masses ont accès à la démocratisation de la mort, ont accès à la mort. La naissance est entrée dans un destin pour la mort »[58]. La transformation

52. *Ibid.*, p. 271.
53. *Ibid.*, p. 278.
54. T. W. Adorno, *Minima moralia*, *op. cit.*, p. 12-13.
55. On retrouve ce thème dans un autre texte important d'Abensour sur la Théorie critique : « La théorie critique : une pensée de l'exil ? », art. cit.
56. M. Abensour, « Le choix du petit », art. cit., p. 273.
57. *Ibid.*, p. 273.
58. *Ibid.*, p. 269. On pense aussi aux considérations d'Abensour dans son *Hannah Arendt contre la philosophie politique* ? dont le chapitre IV est intitulé « Substituer la natalité à la mortalité, ou penser autrement la question politique ». Le geste critique arendtien par rapport à Heidegger est un refus de l'importance de l'être pour la mort, qui conduit non seulement à une dépréciation du domaine des affaires humaines, mais aussi à une valorisation de la solitude. Abensour fait avec Arendt l'hypothèse d'un lien intrinsèque entre natalité et

de la mort a évidemment à voir avec Auschwitz, c'est même le principe de la critique adornienne de la métaphysique, et c'est à partir d'elle qu'il faut appréhender l'émancipation et l'utopie à nouveaux frais. Abensour rappelle que c'est face à la mort qu'explose aux yeux de Rosenzweig le caractère mensonger de la totalité. Le rapport à la mort réoriente le regard sur la totalité sociale conçue dans sa fausseté, et sur la possibilité d'y mener une vie bonne. L'utopie d'une société sans détresse est aussi l'une des modalités du refus de la mort qu'Abensour évoque dans un entretien : « Qu'en est-il de l'utopie après Auschwitz, après la Shoah prise dans son unicité et les génocides qui ont suivi ? La catastrophe n'a-t-elle pas mis à tout jamais fin à l'utopie, n'a-t-elle pas ruiné la *vis utopica* ? Il semblerait que non. Car de la catastrophe surgirait une nouvelle sommation utopique, comme si la catastrophe dévoilait *a contrario* la nécessité de l'utopie. [...] La persistance de la souffrance contraint l'utopie non réalisée à ne pas se saborder, malgré les invitations qui lui en sont faites. [...] Si Auschwitz est l'emprise du maître absolu qu'est la mort, la sommation utopique post-génocidaire n'a-t-elle pas pour caractère de réveiller la quintessence de l'utopie, à savoir, le refus de la mort ? »[59].

L'éclairage benjaminien conduit à la question de savoir si, chez Adorno, une voie utopique peut être recherchée du côté de la puissance de la vie. Si Abensour évoque à propos de Benjamin « l'image du corps guéri, ou en voie de guérison, comme celui qui apparaîtrait dans les révoltes qui ont suivi la guerre et contre elle, l'image d'un nouveau corps vivant collectif »[60], on trouve davantage de scepticisme quant à la puissance vitale chez Adorno. Lorsqu'il souligne l'importance de la question de la maladie et de la santé dans le texte d'Adorno, et en particulier en commentant le paragraphe « Comme tout ce qui devient a l'air malade », Abensour précise qu'Adorno n'a pas recouvré la santé[61]. Dans *Minima moralia*, la possibilité de la santé – physique, psychique ou morale – dans un monde faux et fou est interrogée. On ne peut penser la santé et la maladie des individus qu'en référence à la maladie du tout social qui tend à écraser leur individualité. Les individus sont affectés par la maladie – la folie ? – du tout, même s'ils ne sont eux-mêmes ni malades ni fous : ce n'est pas leur folie qui explique celle du tout mais l'inverse. Ce motif traverse *Minima moralia* : la maladie individuelle, parfois issue de normes sociales violentes, peut recéler une certaine vérité et être un signe de santé. Mais elle n'est qu'un symptôme et ne saurait constituer le dernier mot de la théorie sociale adornienne.

Ainsi, il n'est pas question de vitalisme ou d'apologie de la vie, mais d'une réflexion sur l'importance de la vie et de la mort comme lieu où se joue l'être politique de l'homme ou la dissolution de cet être politique. C'est l'ensemble

politique (Abensour, *Hannah Arendt contre la philosophie politique ?, op. cit.*, p. 122-123). La naissance et la mort ne sont pas des phénomènes naturels mais sont liées à un monde dans lequel apparaissent et d'où s'en vont des individus, selon les termes d'Arendt. Ainsi arrimée au monde, commente Abensour, « la vie cesse d'obéir à un mouvement cyclique naturel et devient vie spécifiquement humaine » (p. 128).

59. S. Dayan-Herzbrun, A. Kupiec, N. Murard « L'homme est un animal utopique. Entretien avec Miguel Abensour », *Mouvements* 45-46, 2006, p. 84.

60. M. Abensour, « Le choix du petit », art. cit., p. 275, en référence au texte de Benjamin « Vers le planétarium ».

61. M. Abensour, « Le choix du petit », art. cit., p. 277.

des conditions politiques renfermées dans le rapport à la vie et à la mort qui retient l'attention d'Abensour dans *Minima moralia*, rapport qui est aussi une question éthique. Abensour précise : « ni anachronique, ni périmée n'est la réouverture du domaine propre de la philosophie : la question du bien vivre »[62]. Abensour parle de « réintroduire avec obstination la "doctrine de la juste vie » pour « réparer l'oubli ». La santé et la maladie sont des formes vitales au sein desquelles les questions éthiques et indissociablement sociales se jouent pour les individus. Il fallait passer par les expériences vitales les plus minimes et les plus singulières pour construire, avec Adorno, une pensée politique de la résistance d'expériences de liberté au monde administré.

L'émancipation et l'utopie sont les objets des deux détours par lesquels nous avons cherché, en suivant la lecture abensourienne, la question politique chez Adorno : ce sont en quelque sorte les deux traductions de la question politique que l'on trouve posée chez Adorno. Abensour propose un parcours de sa bibliothèque adornienne, composée de textes pivots sur la critique de la domination et l'émancipation, la « contingence de l'antagonisme », la souffrance des corps; ce parcours conduit à faire le portrait d'un Adorno sinon penseur politique, du moins penseur de l'émancipation, de la liberté dans les marges des rapports de domination, de l'utopie. Telles sont à chaque fois les perspectives ouvertes à partir de l'expérience négative des individus. En outre, les rapports de domination mettent en permanence la vie elle-même en jeu : tel est le fil plus discret qui émerge des lectures abensouriennes et qui nous semble esquisser une théorie critique des conditions sociales de la vie autant que des conditions vitales de la société démocratique.

Katia Genel
Professeure à l'Université Paris Nanterre (Sophiapol)

62. *Ibid.*, p. 277-278.

DOSSIER

Lectures de Miguel Abensour

ABENSOUR, LA BOÉTIE ET L'IMPENSÉ DE LA PHILOSOPHIE POLITIQUE

Sophie Marcotte-Chénard

La redéfinition des tâches de la philosophie politique se déploie dans la pensée de Miguel Abensour à partir d'un dialogue renouvelé avec l'œuvre d'É. de La Boétie. Nous montrons dans cet article que la compréhension de ce que doit être la philosophie politique, de ses interrogations et de son mouvement fondamental, requiert de faire retour sur cet auteur oublié de la tradition. Faire droit à « l'épineuse » hypothèse de La Boétie signifie repenser les prémisses de la théorie classique de la domination, les limites du « retour » de la philosophie politique au lendemain de l'expérience totalitaire et les fondements du rationalisme politique moderne. En tant que figure de résistance, La Boétie agit dans la pensée abensourienne comme référent critique et comme garant d'une nouvelle vision de la philosophie politique.

Dans son ouvrage consacré à Hannah Arendt, Miguel Abensour soulève une question qui gêne les interprètes de son œuvre, souvent prompts à en faire une figure centrale de la philosophie politique au XXe siècle : Arendt serait-elle contre la philosophie politique[1] ? La question pourrait être reprise et appliquée au cas d'Abensour lui-même : qu'en est-il de sa propre relation à cette discipline que l'on nomme « philosophie politique » ?

La réponse à cette question peut sembler au premier abord assez simple : il proclame haut et fort sa volonté de développer une véritable philosophie politique critique, qui ferait tenir ensemble la critique de la domination et la pensée de l'émancipation, préservant l'autonomie et la spécificité des choses politiques par rapport aux phénomènes d'ordre sociaux-historiques[2].

1. Voir M. Abensour, *Hannah Arendt contre la philosophie politique* ? Paris, Sens & Tonka, 2006.
2. Voir M. Abensour, « Pour une philosophie politique critique ? » (2002) dans *Pour une philosophie politique critique*, Paris, Sens & Tonka, 2009, p. 266-267.

Ses nombreux ouvrages et son rôle en tant qu'éditeur confirment le travail incessant qu'il a mené en vue d'une « réactivation »[3] – et non d'une restauration – de la philosophie politique, réactivation qui se déploie en tenant compte des tragiques leçons du XXe siècle, et au premier chef de l'expérience de la domination totalitaire.

Pourtant, M. Abensour se fait également critique de la philosophie politique, comprise sous diverses acceptions : comme approche philosophique du politique qui ignore la centralité de l'action, comme discipline institutionnalisée qui résulte en une philosophie universitaire éloignée des choses politiques aux XIXe et XXe siècles, comme « retour » dans les années 1980 qui se présente sous le signe de l'oubli de la critique de la domination, ou encore comme étude des choses politiques qui repose sur un rationalisme trop étroit et qui fait fi de l'importance de l'esprit utopique. Le rapport complexe de M. Abensour à la philosophie politique se traduit donc à la fois par une méfiance à l'égard de sa tradition et de l'institutionnalisation de la discipline, mais également par une volonté de sauvetage et par un désir de pratiquer la philosophie, quoique dans un rapport « inventif à la non-philosophie »[4].

Celui qui se décrit parfois comme « théoricien critique » ou encore comme « guetteur »[5] ne va toutefois pas jusqu'au geste de refus arendtien de la philosophie politique, puisqu'il persiste à en défendre l'appellation plutôt que de choisir celle de « théorie politique » (H. Arendt), de « théorie critique » (école de Francfort) ou encore de « pensée de la politique » (C. Lefort). On pourrait croire que la désignation « théorie politique » serait plus apte à décrire son entreprise, puisqu'elle accommode une variété d'objets sans entretenir une forte tendance « canonique ». Pourtant, en dépit de sa posture critique, M. Abensour insiste pour conserver le nom de *philosophie politique*. Puisqu'il est toujours attentif à la question du langage et de son pouvoir, il importe de savoir ce qu'il cherche à préserver par ce nom. Qu'y a-t-il à sauver dans la philosophie politique, et à quelles conditions ce sauvetage est-il possible et souhaitable ?

On peut dire que M. Abensour pense avec la philosophie politique contre la philosophie politique[6]. Le résultat est l'institution d'un déplacement ou encore d'un ébranlement des catégories à partir desquelles on pense cette discipline et activité. Ce bouleversement est nourri tout au long du parcours intellectuel de M. Abensour par la référence constante à une figure intempestive, oubliée de la tradition et qui vient chambouler les registres établis, à savoir Étienne de La Boétie. Des années 1970 jusqu'à son décès en 2017, Abensour s'engage dans un dialogue sans cesse renouvelé avec l'œuvre laboétienne. Nous montrerons que c'est sous l'égide de la persistance de l'interrogation de La Boétie sur la servitude volontaire que l'on peut comprendre la réactivation abensourienne de la philosophie politique dans toute sa complexité.

3. M. Abensour, *La communauté politique des « tous uns ». Entretien avec Michel Enaudeau*, Paris, Les Belles Lettres, 2014, p. 23, 362.
4. M. Abensour, « Entretien avec Miguel Abensour. Préparé et réalisé par Jean-Claude Poizat », *Le Philosophoire* 44, 2015, p. 17.
5. *Ibid.*, p. 15.
6. Voir G. Labelle et D. Tanguay (dir.), « Le retour de la philosophie politique en France », *Politique & Sociétés* 22, n° 3, 2003, p. 7.

Le spectre de La Boétie hante l'œuvre d'Abensour[7] ; spectre bienveillant, s'il en est, guetteur qui s'assure que n'est pas oubliée cette « scandaleuse question », celle du désir d'assujettissement ou de servitude qui vient compliquer les aventures de la liberté. Selon Abensour, la vérité sur l'œuvre de La Boétie *intéresse ici et maintenant* la vérité sur la politique, pour reprendre l'expression que Claude Lefort emploie à propos de Machiavel[8].

Dès lors, la compréhension de ce que doit être la philosophie politique, de ses interrogations et de son mouvement fondamental, requiert de faire retour sur ce qui fut pendant longtemps – et demeure encore aujourd'hui – un texte oublié de la tradition. Comme nous le montrerons dans les sections suivantes, faire droit à « l'épineuse » hypothèse de La Boétie signifie repenser les prémisses de la théorie classique de la domination, les fondements du rationalisme politique moderne et les limites du « retour » de la philosophie politique au lendemain de l'expérience totalitaire. En tant que figure de résistance, La Boétie agit dans la pensée abensourienne comme référent critique et comme garant d'une nouvelle vision de la philosophie politique.

Oubli et redécouverte
Le destin de l'œuvre de La Boétie

La figure de La Boétie est souvent connue de façon superficielle par l'intermédiaire de son amitié avec Montaigne, devenue célèbre par la description qu'en fait ce dernier dans le chapitre consacré à ce thème dans les *Essais*[9]. Mais les écrits laboétiens demeurent le plus souvent inconnus, ignorés, ou encore attribués à Montaigne lui-même. Aucune œuvre de La Boétie ne fut publiée de son vivant; et le destin posthume de ses écrits ne suit pas un tracé linéaire.

La production et la diffusion du *Discours de la servitude volontaire* contribuent à alimenter l'énigme du texte. Écrit en 1546 ou 1548 – les indications de Montaigne sont contradictoires sur ce point[10] – le texte est au départ destiné à une circulation privée dans des cercles intellectuels humanistes. Le texte ne porte pas de titre spécifique et ne recevra une désignation définitive que de manière posthume. Comme le soulignent Balsamo et Knop, « les variations du titre de l'œuvre sont à l'image de l'instabilité du texte tout entier »[11]. Le manuscrit de Henri de Mesmes est sans titre. Certains font mention, de manière posthume d'un *De la servitude volontaire*. Montaigne renvoie au texte en usant du terme de *Discours*, introduisant par là le titre sous lequel on connaît maintenant l'opus. Mais plusieurs versions font usage d'autres

7. Les références au *Discours de la servitude volontaire* sont nombreuses dans les écrits abensouriens, qu'il s'agisse de ses textes sur Arendt, Clastres, Lefort, Spinoza, ou encore les nombreuses mentions dans les entretiens qu'il a accordés.

8. Voir C. Lefort, *Le travail de l'œuvre Machiavel*, Paris, Gallimard, 2008 [1972], p. 776.

9. Voir Michel de Montaigne, *Essais*, éd. P. Villey et V. L. Saulnier, Paris, Puf, 1965, p. 71.

10. Afin d'éviter l'association du *Discours* de La Boétie avec la révolte de la gabelle en Guyenne, Montaigne rectifie son affirmation initiale voulant que La Boétie ait écrit le texte à l'âge de 18 ans. D'autres indications permettent de penser que le texte fut écrit vers 1552. Sur ce point, voir J. Balsamo and D. Knop, « Un texte et son histoire », dans *De la servitude volontaire. Rhétorique et politique en France sous les derniers Valois*, Mont Saint-Aignan, Presses universitaires de Rouen et du Havre, 2014, p. 27-60.

11. *Ibid.*, p. 29.

titres, dont *Vive description de la Tyrannie, et des Tyrans* (1577) ou encore *Contre la tyrannie et les tyrans* (1605)[12].

Lorsque Montaigne décide de publier les écrits de son ami après son décès en 1563, il omet volontairement le *Discours de la servitude volontaire*, convaincu que le texte sera récupéré et utilisé à des fins partisanes, notamment dans un contexte de tensions grandissantes à la suite de guerres de religions. Voulant sauver la réputation posthume de son ami, Montaigne fut toutefois bousculé dans ses plans par la publication anonyme de deux extraits du texte de La Boétie dans *Le Réveille-Matin des Français et de leurs voisins* en 1574. Trois ans plus tard, en 1577, l'œuvre fut publiée dans sa totalité, à partir d'une copie établie entre 1560 et 1570. La visée est politique : le texte est utilisé par les minorités calvinistes en France pour dénoncer la tyrannie du régime en place et défendre la cause de la liberté religieuse.

L'ambiguïté de la réaction de Montaigne à l'égard de l'opus et son apparent inconfort face à son contenu témoignent de la difficulté d'établir l'intention fondamentale de La Boétie. D'un côté, Montaigne affirme qu'il s'agit d'un écrit de jeunesse, d'un simple exercice. De l'autre, il soutient qu'il ne fait nul doute « qu'il ne creust ce qu'il escrivoit : car il estoit assez conscientieux, pour ne mentir pas mesmes en se jouant »[13]. Montaigne présente le texte comme une défense de la liberté contre la tyrannie, évoquant même la préférence républicaine de La Boétie. Il insiste toutefois sur la fidélité de ce dernier aux lois de son pays, ce qui ne l'empêche pas de reconnaître que son esprit était « moulé au patron d'autres siecles que ceux-cy »[14]. Pierre Leroux, dans sa discussion du « contr'un » de La Boétie, montre tout l'embarras de Montaigne, qui souhaite éviter que l'œuvre serve à troubler l'ordre établi mais qui reconnaît simultanément son pouvoir agitateur[15].

La réception du *Discours* de la Boétie est donc teintée d'ambiguïté dès le XVIe siècle. Que faire de ce texte que Montaigne juge trop scandaleux pour l'intégrer à ses *Essais*, trop scandaleux même pour que le nom de son ami y soit associé, même après sa mort ? Car Montaigne avait en partie raison de mesurer le caractère dangereux du *Discours*, alors intégré au *Mémoire de l'État de France* qui fut classé comme écrit subversif devant être brûlé selon le décret du Parlement de Bordeaux le 9 mai 1579[16]. Le discours laboétien est donc dès le moment de sa création un texte intempestif, qui ne se place dans aucune tradition établie ou école de pensée spécifique, qui devance ses contemporains et se voit trop moderne dans son siècle même[17].

Son caractère inactuel explique d'ailleurs en partie sa réception discontinue. Après sa publication initiale, le texte tombe dans l'oubli jusque vers la fin du XVIIIe siècle, où il est utilisé à quelques reprises à des fins partisanes (en 1789

12. La dénomination *Contr'Un* est également posthume et de nature arbitraire, ne reposant sur aucun socle textuel et n'étant pas systématiquement utilisée dans les versions parues au XVIe siècle.
13. Montaigne, *Essais*, I, 27, p. 201, cité dans J. Balsamo et D. Knop, « Un texte et son histoire ».
14. *Ibid.*, p. 201.
15. P. Leroux, « Le contr'un d'Étienne de La Boétie » (1847), dans *Le discours de la servitude volontaire*, Paris, Payot, 1976, p. 43.
16. J. Balsamo et D. Knop, « Un texte et son histoire », dans *De la servitude volontaire. op. cit.*, p. 39.
17. Abensour et Gauchet évoquent « cette étrange modernité » de La Boétie dans son siècle (« Présentation. Les leçons de la servitude et leur destin », dans É. La Boétie, *Discours de la servitude volontaire*, Paris, Payot, 1976, p. XIX).

et 1791)[18]. Ce n'est qu'au cours du dix-neuvième siècle que certains penseurs anarchistes et socialistes renouent avec l'œuvre de La Boétie, le plus souvent comme arme critique. Ce faisant, la recherche du sens de l'œuvre est reléguée au second plan afin de servir des fins politiques. Les écrits d'Abensour sur La Boétie montrent qu'il s'est donné pour tâche de redonner ses lettres de noblesse philosophiques au *Discours* en le détachant de ses usages partisans pour en comprendre la profondeur et les nuances. Mais il y a plus : le texte de La Boétie semble contenir en germe l'ensemble du projet de philosophie politique critique d'Abensour. Il ne s'agit donc pas principalement d'évaluer l'interprétation abensourienne de La Boétie – dont certains éléments peuvent être contestés – mais de voir ce qu'il *fait* avec le *Discours*.

Son intérêt provient précisément du fait que l'on ne sait quoi faire de ce texte qui vient par son propos interroger les prémisses à la fois de l'ordre politique et de la philosophie politique. Dans sa collection « Critique de la politique » fondée en 1974, Abensour avait l'intention de faire du *Discours de la servitude volontaire* la publication inauguratrice de la série. En raison de délais, c'est *L'éclipse de la raison* de Max Horkheimer qui jouera finalement ce rôle[19]. La publication du texte de La Boétie n'a toutefois pas tardé ; deux ans plus tard voit le jour une édition critique du *Discours* qui rassemble, outre une préface écrite par Abensour et Gauchet, de nombreux commentaires sur l'œuvre qui deviennent inséparables de son destin et de sa réception à travers les siècles. L'édition et la publication du texte répondent à l'une des exigences fondamentales établies par Abensour dans le manifeste de la collection, c'est-à-dire examiner l'interrogation « génialement formulée par La Boétie : pourquoi la majorité des dominés ne se révolte-t-elle pas ? »[20]. Abensour, dans ce manifeste, ajoute que l'une des visées est de conduire à une « critique de la raison politique », c'est-à-dire un examen des grands textes oubliés qui permettent de s'interroger sur les « points aveugles de la pensée occidentale du politique » de même que sur les « racines théoriques de la domination ». L'œuvre de La Boétie répond à toutes ces exigences.

Que signifie, pour la philosophie politique, de considérer l'hypothèse du *Discours* ? Quels en sont les effets ? Il ne s'agit pas uniquement pour Abensour de réhabiliter un texte oublié, mais de montrer comment l'expérience de la lecture du texte de la Boétie vient radicalement modifier notre rapport à la tradition de la philosophie politique elle-même. Les ruptures instituées par la « révolution copernicienne » de La Boétie sont multiples : un renversement, d'abord, de la théorie traditionnelle de la domination ; une révolte, ensuite, contre les prémisses du rationalisme, révolte qui aura en dernière analyse un effet central sur la compréhension du phénomène totalitaire au vingtième siècle.

18. Voir *ibid.*, p. XI.

19. Sur ce point, voir A. Birnbaum, « Abensour, collectionneur et utopiste », dans A. Kupiec et E. Tassin (dir.), *Critique de la politique autour de Miguel Abensour*, Paris, Sens & Tonka, 2006, p. 603.

20. M. Abensour, présentation de la collection « Critique de la politique », Payot, 1974.

La complication laboétienne
Le *Discours* et la théorie traditionnelle de la domination

Le *Discours de la servitude volontaire* intéresse d'abord Abensour parce qu'il se pose en rupture « avec la pensée héritée »[21]. À ses yeux, le texte introduit une brèche en pensant et tentant de nommer l'inconcevable, à savoir le renversement de la liberté en son contraire par un travail des dominés ; ce que La Boétie appellera, dans une formule paradoxale, étonnante et même révoltante, la servitude volontaire. Abensour s'étonne d'abord non pas de l'hypothèse elle-même, mais de son oubli ou de sa négation dans la tradition de la philosophie politique moderne. Il est lui-même venu à la rencontre de ce texte un peu par accident, par l'entremise d'une lecture de l'ouvrage *Les chaînes de l'esclavage* de Jean-Paul Marat, accusé d'avoir plagié La Boétie. En voulant revenir à la source plagiée, Abensour décrit « un choc et un éblouissement » : « Comment un tel texte avait-il pu ne pas émerger de la littérature politique, sauf pour quelques lecteurs anarchistes ? Il m'est apparu immédiatement dans sa génialité »[22]. Ce texte est « génial », aux dires d'Abensour, parce qu'il formule une proposition inédite au sein de la philosophie politique occidentale.

Sous un premier rapport, le discours laboétien se pose en opposition directe avec la tradition de la philosophie politique classique, puisqu'il relègue au second rang la classification traditionnelle des régimes politiques. Dès les premières pages, La Boétie annonce qu'il laissera de côté cette question tant discutée des mérites respectifs des différents régimes et plus précisément celle de savoir où se situe la monarchie[23]. Il est possible qu'il ait eu en tête de vouloir dissimuler sa préférence pour une forme républicaine de gouvernement afin d'éviter toute persécution. Il est également possible, comme le suggère Abensour, que La Boétie considère que l'interrogation classique sur le meilleur régime ne parvient pas à rendre compte d'une question antécédente et décisive, à savoir celle des sources mêmes de toute domination. Lefort insiste également sur cette dimension de rupture : « Avec une audace qui, pensons-nous, n'a d'autre précédent que celle de Machiavel, il tient pour secondaires les oppositions jugées essentielles par la pensée classique »[24]. Tout comme Lefort, Abensour considère que la façon classique de poser la question du meilleur régime suggère une distinction entre le monarque et le tyran, distinction que vient brouiller La Boétie en dénonçant tout assujettissement au pouvoir d'un seul[25]. Le texte de La Boétie permet donc d'interroger l'impensé de la classification traditionnelle des régimes, à savoir le fait de la domination comme inséparable du gouvernement d'un seul ou de quelques-uns (ce qui exclurait par conséquent une version « positive » de la monarchie ou de l'aristocratie).

21. M. Abensour, *La communauté politique des « tous uns »*, *op. cit.*, p. 34.
22. *Ibid.*, p. 102.
23. É. de La Boétie, *Discours de la servitude volontaire*, p. 104 (manuscrit de Mesmes).
24. C. Lefort, « Le nom d'Un », dans É. de la Boétie, *Discours de la servitude volontaire*, *op. cit.*, p. 258 ; voir également p. 277.
25. É. de La Boétie, *Discours de la servitude volontaire*, *op. cit.*, p. 104 (manuscrit de Teste).

Il y a bien entendu dans la pensée classique grecque et romaine une attention portée à la question de la domination politique qui prend la forme d'une réflexion sur la tyrannie. Dans *La Boétie, prophète de la liberté*, Abensour signale toutefois un contraste marqué entre la théorie de la domination telle qu'elle se voit formulée dans la pensée grecque et la proposition laboétienne, puisque La Boétie encourage à se détourner de la figure du tyran pour observer la situation du point de vue des opprimés. Abensour présente cette nouveauté comme la naissance d'un nouveau paradigme, celui de la servitude « désirante ». Non pas seulement le phénomène d'acceptation tacite de l'asservissement, mais la réalité des opprimés qui le « pourchassent »[26], ou encore qui « combattent pour la servitude comme s'il s'agissait de leur salut », écrira plus tard Spinoza[27]. Hypothèse, donc, qui agit comme rupture épistémologique avec ce qu'Abensour désigne comme la science « normale » de la tyrannie ou encore la théorie classique des « arcanes de la domination »[28]. La conception traditionnelle de la domination se concentre sur les stratagèmes que met en œuvre le tyran afin d'assurer la pérennité de son assise. L'argument conventionnel mobilisé est celui de la tromperie des masses. La persistance du pouvoir exercé sur les dominés procède donc d'en haut.

Le texte de La Boétie opère un renversement de la problématique classique. Selon Abensour, le *Discours* montre que la servitude « se révèle être le fruit d'une activité des dominés qui travaillent à s'asservir eux-mêmes »[29]. La proposition est si neuve, ajoute-t-il, que l'on peine à prendre mesure de la « révolution copernicienne » qu'elle opère. D'où la mésinterprétation de La Boétie par les siècles suivants, par les commentateurs de l'œuvre qui tendent à ramener l'hypothèse de la servitude volontaire à une théorie conventionnelle de la tyrannie[30]. Selon l'hypothèse laboétienne, il ne s'agit plus de poser une cause extérieure à la domination, mais de voir ses rouages internes dans le « don de soi » qui rend possible l'asservissement de tout un peuple. La Boétie formule ainsi son interrogation : « Pour ce coup je ne voudrois sinon entendre comm'il se peut faire que tant d'hommes, tant de bourgs, tant de villes, tant de nations endurent quelque fois un tyran seul, qui n'a puissance que celle qu'ils luy donnent; qui n'a pouvoir de leure nuire, sinon tant qu'ils ont vouloir de l'endurer; qui ne scauroit leur faire mal aucun, sinon qu'ils aiment mieulx le souffrir que lui contredire »[31].

Si donc la philosophie politique doit exister, elle doit faire droit à cet « innommable » de la politique, à savoir la possibilité d'un asservissement qui soit désiré plutôt que subi. Il s'agit là de l'impensé de la réflexion sur les origines de la domination, que ce soit dans la pensée classique comme dans la théorie contemporaine. Par exemple, en dépit de sa sympathie affichée pour

26. *Ibid.*, p. 179.
27. Voir M. Abensour, « Spinoza et l'épineuse question de la servitude volontaire », *Astérion. Philosophie, histoire des idées, pensée politique* 13, 2015.
28. Voir *ibid.*, § 9.
29. M. Abensour, « Hannah Arendt : la critique du totalitarisme et la servitude volontaire ? », dans *Pour une philosophie politique critique*, *op. cit.*, p. 141.
30. Voir sur ce point, l'opposition d'Abensour à l'interprétation de Janover, ou encore à celle, plus récente, d'Olivier Remaud (M. Abensour, *La Boétie, prophète de la liberté*, Paris, Sens & Tonka, 2018, p. 16, 27).
31. É. de La Boétie, *Discours de la servitude volontaire*, *op. cit.*, p. 104-105 (manuscrit de Mesmes).

Hannah Arendt, Abensour porte un jugement assez sévère sur l'incapacité de cette dernière à rendre compte de la soumission des masses sous les régimes totalitaires soviétique et allemand autrement que par un recours à des notions conventionnelles telles que le fanatisme ou le conformisme[32]. Contrairement à la réflexion lefortienne, qui réunit l'expérience de la domination totalitaire et l'énigme de la servitude volontaire[33], Arendt demeure au seuil de cette possibilité. Elle reste, aux dires d'Abensour, « pré-laboétienne » dans sa critique du totalitarisme[34]. En d'autres termes, elle ignore ou se refuse à considérer la possibilité que la servitude résulte en partie d'une activité des dominés.

Il y a certes une réflexion sur le désintéressement des masses[35], mais celle-ci demeure dans l'horizon de la perspective traditionnelle sur la domination, à savoir l'idéologie et la manipulation comme armes principales de la logique totalitaire. On ne trouve pas dans l'œuvre arendtienne l'idée que les victimes pourraient être leurs propres bourreaux[36]. Ce n'est pas seulement par l'absence de fréquentation de l'œuvre de La Boétie que l'on peut expliquer le refus arendtien de considérer l'hypothèse de la servitude volontaire. Abensour semble suggérer qu'elle aurait délibérément rejeté cette explication au titre que la liberté ou que le désir de liberté ne se détruit jamais entièrement et parvient à subsister même dans les tréfonds de la domination totale[37].

Pourtant, un bon usage de cette hypothèse aurait servi l'entreprise arendtienne, affirme Abensour. Cela aurait permis de rendre compte du phénomène « déconcertant » de l'adhésion à des mouvements totalitaires qui va jusqu'à l'auto-accusation et l'autodestruction[38]. On ne peut qu'être surpris qu'elle ne considère pas cette possibilité lorsqu'il s'agit de comprendre les procès de Moscou et les membres du parti qui, loin de se révolter, confessent leurs « crimes » et accueillent des peines injustifiées. Arendt a plutôt recours aux concepts de sentiment fort d'appartenance, de fanatisme. Ce faisant, elle échoue à véritablement nommer ce qui est en jeu. Abensour écrit : « Tandis que la servitude volontaire ne peut s'énoncer que sous forme d'énigme, à la limite du pensable, plongeant celui qui en fait l'hypothèse dans un état proche du vertige, les catégories auxquelles a recours Arendt réduisent aussitôt l'étonnement, voire l'effroi qu'avait fait naître l'observation »[39]. En ignorant ce « monstre » ou ce « vice » innommable qu'est la servitude volontaire, Arendt contribue à faire perdurer la tradition classique de la philosophie politique plaçant les opprimés au pôle passif des victimes de la domination. Abensour critique ainsi cette dernière pour ne pas avoir fourni de « réflexion de fond sur l'être asservi »[40].

32. Voir, par exemple, H. Arendt, *The Origins of Totalitarianism*, London, Harcourt Brace & Company, 1973, p. 307-308, p. 348.
33. Voir C. Lefort « Le nom d'Un », dans É. de la Boétie, *Discours de la servitude volontaire, op. cit.*
34. M. Abensour, « Hannah Arendt : la critique du totalitarisme et la servitude volontaire ? », dans *Pour une philosophie politique critique, op. cit.*, p. 149
35. Voir notamment H. Arendt, *The Origins of Totalitarianism, op. cit.*, chap. X, p. 13.
36. Voir M. Abensour, « Hannah Arendt : la critique du totalitarisme et la servitude volontaire ? », dans *Pour une philosophie politique critique, op. cit.*, p. 147.
37. *Ibid.*, 150.
38. *Ibid.*, p. 151.
39. *Ibid.*, p. 153.
40. J. M. Rey, cité dans *ibid.*, p. 142.

Le charme du « nom d'Un » : La Boétie, prophète de l'expérience totalitaire

La « réactivation » de la philosophie politique contemporaine doit donc être avant tout une réactivation de l'énigme laboétienne. M. Abensour défend une conception de la philosophie politique qui placerait en son centre cette « épineuse question », à savoir pourquoi des êtres-pour-la-liberté consentent à leur servitude. À ses yeux, on ne peut ignorer, à l'ombre de l'expérience de la domination totale, cette question qu'il considère, avec Deleuze, comme l'une des plus fondamentales de la philosophie politique.

Le texte de La Boétie, M. Abensour le rappelle à multiples reprises, cause un scandale. Qu'y a-t-il de scandaleux ou encore d'inconcevable dans ce qu'avance La Boétie ? Pourquoi Abensour affirme-t-il que c'est à partir d'un « étonnement effrayé »[41] qu'émerge la philosophie politique critique de La Boétie ? Étonnamment, d'abord, puisque le fait de la soumission du grand nombre devrait selon La Boétie nous surprendre. Ce dernier insiste à de multiples reprises au cours du *Discours* sur le caractère singulier du spectacle de la domination d'un seul. Évoquant les affrontements des Grecs et des Perses, les victoires de la liberté et l'affranchissement de l'esclavage, il suggère que l'on comprend intuitivement les motifs et rouages de ces combats[42]. Si l'on se tourne devant l'asservissement de millions d'individus sous le pouvoir d'un seul, ce phénomène semble défier l'entendement : « qui pourrait le croire, si cela n'était qu'un ouï-dire et n'arrivait pas à chaque instant et sous nos propres yeux ? »[43].

Forme d'effroi, ensuite, parce qu'il semble que le spectacle de cette sujétion collective se dérobe à toutes les explications convenues, pour ne laisser subsister que celle d'une servitude « désirante » qui serait entremêlée au désir de liberté[44]. La Boétie écrit : « Mais, ô grand Dieu ! qu'est-ce donc cela ? Comment appellerons-nous ce vice, cet horrible vice ? N'est-ce pas honteux de voir un nombre infini d'hommes, non seulement obéir, mais ramper, non pas être gouvernés, mais tyrannisés [...] ? »[45]. À la question de savoir comment nommer cette réalité, La Boétie examine et évacue différentes réponses possibles. Il rejette d'emblée l'hypothèse du manque de courage :

> Appellerons-nous vils et couards les hommes soumis à un tel joug ? Si deux, si trois, si quatre cèdent à un seul ; c'est étrange, mais toutefois possible ; peut-être avec raison, pourrait-on dire : c'est faute de cœur. Mais si cent, si mille se laissent opprimer par un seul, dira-t-on encore que c'est de la couardise [...] ?[46]

Selon La Boétie, l'hypothèse du manque de courage doit être écartée lorsqu'elle porte sur un aussi grand nombre. Plus encore, elle est contredite par le fait

41. M. Abensour, *La Boétie, prophète de la liberté, op. cit.*, p. 44.
42. Voir É. de La Boétie, *Discours de la servitude volontaire, op. cit.*, p. 178-179 (manuscrit de Teste).
43. *Ibid.*, p. 179.
44. Pour une réflexion approfondie sur la notion de liberté chez La Boétie, voir M. Abensour, *La Boétie, prophète de la liberté, op. cit.*
45. *Ibid.*, p. 176.
46. *Ibid.*, p. 176-177.

qu'on peut observer de vaillants et courageux guerriers qui acceptent pourtant de sacrifier leur vie sous l'autorité d'un seul.

Il n'est pas question non plus de faille dans la nature humaine, puisque cette forme de servitude est présentée comme un « malencontre » – le résultat d'un accident historique – et non comme un fait de nature. C'est ce qui conduit La Boétie à se demander « quel malencontre a esté cela, qui a peu tant dénaturer l'homme, seul né de vrai pour vivre franchement; et lui faire perdre la souvenance de son premier estre, et le désir de le reprendre »[47]. Le texte n'affirme jamais que la servitude est un invariant de la condition humaine. La Boétie cherche plutôt à dénaturaliser l'obéissance, montrant que la liberté est le véritable penchant naturel humain[48]. Si le discours du tyran tente de présenter la servitude comme un fait naturel, c'est précisément parce qu'elle ne l'est pas au départ[49].

M. Abensour rejette également l'idée que la servitude volontaire serait une stratégie des puissants pour insister sur la complicité des opprimés. Selon cette perspective, la servitude serait une intériorisation involontaire de la domination qui ferait paraître l'assujettissement comme le résultat d'un assentiment. Abensour croit que c'est là réduire l'énigme que pose l'œuvre de La Boétie en lui retirant son épaisseur herméneutique. L'explication psychologisante est elle aussi écartée, puisqu'il ne s'agit pas seulement de quelques individus aux prises avec un désir de servir ou de se soumettre, mais bien de sociétés tout entières[50]. Par ailleurs, la possibilité que la servitude soit le résultat de la coutume n'épuise pas l'énigme, puisque l'accoutumance n'est qu'un symptôme ultérieur – en quelque sorte la calcification du malencontre – mais non la cause.

Si La Boétie ne résout pas entièrement l'énigme qu'il pose quant à la source de la servitude volontaire, il propose néanmoins une piste de réponse qui porte non pas sur des facteurs matériels, mais sur la dimension symbolique qui en constitue le soubassement. Selon l'interprétation abensourienne, il faut porter notre attention sur l'effet de langage produit par ce que La Boétie appelle le pouvoir du « nom d'Un »[51]. Le spectacle étrange que décrit La Boétie, c'est celui de « millions d'hommes », non pas contraints à obéir, mais « enchantés et charmés par le nom seul d'un »[52]. L'envoûtement que crée le « nom d'Un » est au cœur de la lecture abensourienne, qui fait écho à celle de Lefort et à l'association entre l'image du corps et le phénomène de la domination totale.

Pour Lefort comme pour Abensour, la clé de lecture réside dans une approche phénoménologique qui insiste sur la représentation symbolique du lieu du pouvoir. Le charme du « nom d'Un » renvoie à l'expérience du recouvrement de la singularité et de la pluralité humaines dans la représentation d'une totalité politique unifiée. Le « nom d'Un » ne réfère pas à un maître en

47. É. de La Boétie, *Discours de la servitude volontaire, op. cit.*, p. 122 (manuscrit de Mesmes).
48. Voir P. Zawadzki, « Le *Discours de la servitude volontaire* d'un siècle à l'autre. Verticalité, horizontalité, intersubjectivité », *Revue du MAUSS* 48, 2, 2016, p. 34.
49. Voir É. de La Boétie, *Discours de la servitude volontaire, op. cit.*, p. 184 (manuscrit de Teste).
50. Voir P. Zawadzki, « Le *Discours de la servitude volontaire* d'un siècle à l'autre », art. cit., p. 32; M. Abensour et M. Gauchet, « Présentation », *op. cit.*, p. XIX.
51. É. de La Boétie, *Discours de la servitude volontaire, op. cit.*, p. 105 (manuscrit de Mesmes).
52. *Ibid.*, p. 105.

particulier, mais à toute forme de promesse d'un Tout social sans aspérité. S'il y a ensorcellement ou charme, c'est qu'il peut y avoir de la part des dominés un désir de servitude qui les rend sensibles à une certaine forme politique, un désir à partir duquel émerge la figure du maître. Sur ce point, Lefort insiste sur le renversement laboétien de la logique de la sujétion, puisque l'émergence de la figure du pouvoir tyrannique serait l'effet du désir de servitude[53]. La référence au fantasme du corps politique, élaborée dans plusieurs des écrits lefortiens[54], est centrale ici. Il y a en effet une double image du tyran ou du maître : le corps visible, celui qui ressemble à tous ceux qu'il domine d'une part, et le corps symbolique, tout puissant, unifié, qui « ne laisserait rien subsister hors de soi » d'autre part. La Boétie insiste pour démystifier le corps du maître : « Ce maître n'a pourtant que deux yeux, deux mains, un corps et rien de plus que n'a le dernier des habitants du *nombre infini* de nos villes ». Il ajoute : « Ce qu'il a de plus que vous, ce sont les moyens que vous lui fournissez pour vous détruire »[55]. Ces moyens, rappelle Abensour, sont *donnés* au tyran. Le langage emprunté est celui du don de soi, interprétation confirmée par les passages où La Boétie suggère que l'arrêt du don de soi conduirait à l'effondrement du pouvoir du « nom d'Un »[56].

Lefort et Abensour insistent tous deux sur le caractère désirant de la servitude, non pas entendu en un sens psychologisant, mais plutôt en un sens politique. Abensour remplace délibérément « servitude volontaire » par « servitude désirante » afin de mettre en lumière la proximité entre le désir de liberté qu'évoque La Boétie dans son *Discours* et le désir de servitude. L'idée de désir suggère un pôle d'activité, mais également la réponse à un besoin, celui d'une « image de la société toute rassemblée et possédant une seule et même identité organique »[57]. Qu'il s'agisse de la communauté imaginée par Platon dans *La République* ou encore de la vision du peuple chez Rousseau, il y a cette idée qu'une communauté politique puisse désirer « faire corps » et trouver dans l'image de l'Un l'extériorité nécessaire pour procéder à une clôture sur soi de la société.

Dans cette perspective, il faut également insister sur la puissance langagière que le texte de La Boétie met en valeur ; il ne s'agit pas de « l'Un » (au sens quasi-divin), mais du *nom* de l'Un. Comme le souligne Lefort en traçant un parallèle avec Machiavel : « le Prince a prêté son corps au nom qui charme le nombre »[58]. Par là, Lefort indique le danger de toute représentation du corps politique qui insiste sur l'unité, que ce soit à travers la figure du monarque, du « peuple » ou du « Parti ». Revenant à la thèse qu'il défend à partir de Machiavel, le charme du nom d'Un masque la division sociale et camoufle la nature de la domination en la rendant volontaire[59]. Dans

53. Voir C. Lefort, « Le nom d'Un », dans É. de la Boétie, *Discours de la servitude volontaire*, *op. cit.*, p. 265.
54. Voir notamment C. Lefort, « L'image du corps et le totalitarisme », dans *L'invention démocratique*, Paris, Fayard, 1994, p. 159-176.
55. É. de La Boétie, *Discours de la servitude volontaire*, *op. cit.*, p. 181 (manuscrit de Teste).
56. *Ibid.*, p. 183.
57. C. Lefort, « Le nom d'un », dans É. de la Boétie, *Discours de la servitude volontaire*, *op. cit.*, p. 267.
58. *Ibid.*, p. 256.
59. Sur ce point, voir la thèse que développe C. Lefort sur la division originaire du social à partir d'une lecture originale de passages spécifiques du *Prince* et des *Discours*.

une formule percutante, Lefort écrit : « Son nom aimé devient celui auquel tous restent suspendus sous peine de n'être rien »[60]. Dans le sillage de cette interprétation, Abensour suggère que la nomination du maître crée une relation de dépendance, et que le sujet politique (militant ou autre) peut donc marquer son appartenance par un dérivé du nom d'Un en se faisant disciple (qu'il s'agisse d'hégéliens, marxistes, léninistes, maoïstes)[61]. Abensour emploie le vocabulaire de la « coagulation » qui crée une figure de la totalité à partir du don de soi des opprimés.

La figure de La Boétie devient le socle d'un renouvellement de la philosophie politique.

Il convient de noter que la réinterprétation du texte de La Boétie entretient un rapport étroit avec la compréhension du phénomène totalitaire. Le contexte de sa redécouverte dans la période de l'après-guerre se déploie en effet à l'ombre de l'expérience tragique de la domination totale. Alors qu'Abensour accuse l'école de Francfort d'avoir négligé de penser la politique en tenant compte du totalitarisme, La Boétie demeure anachroniquement un référent utile dans la mesure où il permet de rendre compte de la dimension symbolique centrale de ce phénomène inédit dans l'histoire humaine. En permettant de penser la proximité entre le désir de liberté et de celui de la servitude, La Boétie fait en sorte que l'on doit parler de « difficile liberté ». Cette difficile liberté ne se donne jamais comme entière et seule, mais est toujours « impure », entremêlée d'un désir d'unification sociale qui risque de mettre en cause la pluralité au profit d'une unité qui anéantit la politique. C'est à ce titre qu'Abensour présente La Boétie en prophète de la liberté. Par définition un prophète porte un message, est annonciateur de quelque chose à venir. La Boétie est prophète d'une difficile liberté, c'est-à-dire annonciateur de sa fragilité et de la possibilité constante de son renversement. La « menace de l'enchantement »[62] d'une seule voix plane toujours, puisque des individus libres peuvent collectivement porter leur liberté vers ce tout qui les annihilerait en un même mouvement.

La figure de La Boétie devient ainsi le socle d'un renouvellement de la philosophie politique, puisqu'elle peut être mobilisée pour penser la politique à la fois dans son rapport trouble avec la liberté et la domination, mais aussi dans l'association entre politique et émancipation. L'hypothèse de la servitude volontaire, rappelle Abensour, n'est pas liberticide. Bien au contraire : en donnant au peuple ce rôle actif dans leur servitude, La Boétie en fait également un pôle d'émancipation. Comme le note Abensour, « il ne tient donc qu'à lui de mettre un terme au don de soi, d'arrêter cette hémorragie, cette activité autodestructrice pour que s'ouvre la possibilité de la liberté »[63].

Sur ce point, Abensour, à la suite de Lefort, entrevoit le *Discours* comme levier pour dénoncer l'illusion – souvent véhiculée par ceux qui gouvernent – qu'une bonne société est une société entièrement unifiée. La Boétie élabore,

60. C. Lefort, « Le nom d'Un », dans É. de la Boétie, *Discours de la servitude volontaire*, *op. cit.*, p. 274.
61. Voir M. Abensour, *La Boétie, prophète de la liberté*, *op. cit.*, p. 49-50.
62. C. Lefort, « Le nom d'Un », dans É. de la Boétie, *Discours de la servitude volontaire*, *op. cit.*, p. 272.
63. M. Abensour, *La Boétie, prophète de la liberté*, *op. cit.*, p. 24.

à l'instar de Machiavel, une nouvelle pensée du lien qui accommoderait la pluralité humaine plutôt que de la masquer. L'opposition apparaît distinctement lorsque La Boétie suggère que la nature « a monstré en toutes choses qu'elle ne vouloit pas tant nous faire *tous unis que tous uns* »[64]. Le « tous uns », expression qui revient à de nombreuses reprises dans les écrits abensouriens, désigne une forme de « séparation liante », une façon de tenir ensemble la pluralité et le lien politique qui s'oppose au fantasme du « tous unis ».

Ce « tous uns » est toutefois de nature moins conflictuelle que la division instaurée par Machiavel entre les « Grands » et le peuple[65]. Abensour se tourne vers La Boétie comme « l'autre » de Machiavel, précisément parce qu'il a recours, de façon plutôt surprenante, non pas au conflit mais à l'amitié comme expérience politique première[66]. La Boétie signale la proximité entre la liberté, l'entre-connaissance et l'amitié[67]. Sur ce point, La Boétie devient encore une fois une figure instauratrice d'une vision alternative de la philosophie politique. Bien qu'il ne s'agisse pas à proprement parler d'une pensée utopique, la réflexion laboétienne permet d'entrevoir la possibilité d'un autre type de lien politique, fondé sur la pluralité et l'amitié conçue au sens non pas individuel mais collectif et politique. Substituant le « pouvoir sur » pour un « pouvoir entre », La Boétie suggère que l'amitié ne peut naître qu'entre égaux, et donc qu'une société libre en est une où fleurit la reconnaissance d'autrui comme semblable. Proposant une lecture arendtienne de La Boétie, Abensour insiste sur la condition ontologique de pluralité, qui rend possible l'entre-connaissance médiée par le langage, « ce présent de la voix et de la parole » qu'évoque La Boétie. Le thème de la pluralité – à ne pas confondre avec le thème libéral du pluralisme – est selon Abensour très peu discuté en philosophie politique[68] ; et si Arendt est peut-être la seule à avoir placé cette notion au centre de sa pensée, on trouve chez La Boétie une théorisation précoce de cette même condition, exprimée à partir de la formule du « tous uns ».

Le *Discours de la servitude volontaire* échappe donc à la double critique abensourienne de la philosophie politique contemporaine, soit de négliger la spécificité du paradigme politique (ce dont est accusée la Théorie critique) d'une part, ou bien d'écarter la spécificité du paradigme de la critique de la domination (ce dont est accusé le « renouveau » de la philosophie politique en France) d'autre part. La Boétie semble être aux yeux d'Abensour l'un des rares penseurs de la tradition – peut-être le seul – qui fait tenir ensemble ces deux paradigmes. En ce sens, la figure de La Boétie agit comme pôle d'autorité épistémique, comme mesure et comme référent permettant de juger la philosophie politique contemporaine.

64. É. de La Boétie, *Discours de la servitude volontaire*, *op. cit.*, p. 119 (manuscrit de Mesmes).
65. Voir Machiavel, *Le Prince*, chapitre IX ; *Discours sur la première décade de Tite-Live*, Livre I, chapitre IV.
66. Sur le débat sur l'amitié comme expérience politique, voir R. Sparling, « Sunlight is the best disinfectant ? É. de La Boétie on corruption and transparency », *European Journal of Political Theory* 12, 4, 2013, p. 483-509 et P. Mazzochi, « » Desire, Friendship, and the Politics of Refusal : The Utopian Afterlives of La Boétieart. cit.s Discourse on Voluntary Servitude », *Utopian Studies* 29, 2, 2018, p. 248-266.
67. Voir É. de La Boétie, *Discours de la servitude volontaire*, *op. cit.*, p. 119 (manuscrit de Mesmes).
68. Voir M. Abensour, *La communauté politique des « tous uns »*, *op. cit.*, p. 109-110.

La critique du rationalisme politique moderne

Il est un autre aspect par lequel la référence à l'œuvre de La Boétie conduit à une réévaluation critique de l'histoire de la philosophie politique. Comme nous l'avons vu, La Boétie ouvre la voie à un scandale de nature politique dans la mesure où il invite à considérer les opprimés comme agents actifs de leur servitude. Mais cette proposition implique également un scandale pour le rationalisme politique développé à partir de Hobbes. À cet égard, le double mouvement de critique et de sauvetage de la philosophie politique se présente dans son ampleur. Abensour pense avec ou *à partir* de certaines figures, mais pense également *contre*. En particulier, il identifie chez plusieurs penseurs des figures du « contre-Hobbes » : Pierre Clastres, par exemple, tout comme Emmanuel Levinas, sont lus à partir d'une opposition au surgissement moderne de l'État, dont les prémisses seraient élaborées de la façon la plus détaillée dans le *Leviathan*[69]. Dans cette perspective, on pourrait affirmer que La Boétie fait figure de « pré-contre-Hobbes »; ou bien, pour reprendre la formule de Gilles Labelle, la pensée hobbésienne donne toutes les apparences d'être « contre-La Boétie »[70].

Abensour définit un « contre-Hobbes » comme « une attaque frontale lancée contre les présupposés de la philosophie politique »[71]. Quels sont ces présupposés? Proposant une lecture à certains égards simplifiée de Hobbes, Abensour renvoie aux passions qui fondent l'état de nature, à savoir la poursuite égoïste de l'intérêts individuel et la peur de la mort violente. Se concentrant sur le chapitre XIII du *Leviathan* où Hobbes expose l'idée d'une guerre de tous contre tous (*war of all against all*) et décrit un antagonisme radical entre les individus[72], Abensour insiste sur cette condition « lupine » qui appelle la création d'un être artificiel capable de garantir la sécurité, étant entendu que le présupposé fondamental est la conservation de soi par tous les moyens possibles.

Comme le souligne Abensour, « toute position d'antagonisme à Hobbes est susceptible de conduire à un nouveau paradigme pour penser la politique »[73]. C'est bien ce que permet le texte laboétien; on ne peut plus considérer le rationalisme moderne de la même façon si l'on tient compte de l'hypothèse avancée dans le *Discours*. L'hypothèse dangereuse de la servitude volontaire que La Boétie met au jour vient défier les prémisses du rationalisme moderne. En effet, La Boétie semble suggérer que le « charme du nom d'Un », le désir d'appartenance à un « Tout » politique unifié, peut prendre le pas sur l'instinct de conservation, au point de conduire à l'autodestruction.

Simone Weil saisit bien l'étonnant renversement que La Boétie donne à voir. Proposant une interprétation arithmétique de la logique de la servitude volontaire, elle montre l'apparent paradoxe de l'inversion politique de la loi

69. Voir M. Abensour « Le Contre Hobbes de Pierre Clastres », dans M. Abensour (dir.), *L'esprit des lois sauvages*, Paris, Seuil, 1987; « Le contre-Hobbes d'Emmanuel Levinas », dans J. Halpérin et N. Hanson (dir.), *Difficile justice. Actes du XXXVIe colloque des intellectuels juifs de langue française*, Paris, Albin Michel, 1998.
70. G. Labelle, *L'écart absolu : Miguel Abensour*, Paris, Sens & Tonka, 2018, p. 368.
71. M. Abensour, *La communauté politique des « tous uns »*, *op. cit.*, p. 71.
72. Hobbes, *Leviathan*, Oxford, Oxford University Press, 1988, p. 82-86.
73. M. Abensour, *La communauté politique des « tous uns »*, *op. cit.*, p. 92.

du nombre. Elle écrit : « Nous voyons, dans la nature, les poids les plus lourds l'emporter sur les moins lourds »[74]. Et pourtant, tout se passe comme si « dans la balance sociale, le gramme l'emportait sur le kilo »[75]. Renouant avec la radicalité de l'interrogation laboétienne, elle relance l'énigme – qu'elle nomme « le miracle de l'obéissance » – en posant le problème en termes encore plus explicites : « Lorsque l'obéissance comporte au moins autant de risques que la rébellion, comment se maintient-elle ? »[76]. Contre d'autres lectures qui font cesser le mouvement interrogatif de l'œuvre, Weil met au jour la complication laboétienne dans toute son ampleur. Elle met également en cause les principes d'un rationalisme qui voudrait que l'obéissance soit le résultat d'un calcul d'intérêt. Elle insiste, tout comme La Boétie, sur le fait que le grand nombre se laisse asservir jusqu'à « se laisser imposer la souffrance et la mort »[77]. En ce sens, les êtres humains ne seraient pas principalement ou uniquement des êtres-pour-la-conservation, mais pourraient être mus par une volonté d'appartenance à un « tout » politique unifié au point de sacrifier leur existence.

La proposition laboétienne introduit donc une tension au sein du rationalisme politique. Le « contre-Hobbes » de La Boétie devient également un contre-Hegel avant la lettre. Dans sa justification de la monarchie constitutionnelle, Hegel soulève la question de savoir comment rendre compte du fait que les monarques parviennent à acquérir et préserver l'obéissance du grand nombre[78]. En posant la question, Hegel, aux dires d'Abensour, a considéré l'hypothèse de la servitude volontaire, mais l'a rejetée. Les raisons que Hegel invoque sont de deux ordres. D'une part, il y a une limite à la stupidité humaine; Hegel écrit, dans l'addendum au paragraphe 281 des *Principes de la philosophie du droit* : « C'est une absurdité de dire que les hommes se laissent gouverner à l'encontre de leurs intérêts, de leurs buts, de leurs projets, car les hommes ne sont pas stupides à ce point »[79]. D'autre part, l'assentiment à l'autorité du monarque proviendrait d'une reconnaissance du caractère rationnel de l'État monarchique[80].

À rebours de cette perspective, Abensour évoque la possibilité bien réelle que le principe de conservation de soi – la prémisse même du rationalisme hobbésien – n'agisse pas comme rempart à la servitude volontaire. C'est ici qu'intervient à nouveau la notion d'un affect humain qui conduit le grand nombre à être fasciné ou envoûté par le « charme du nom d'Un ». En maintenant la possibilité de l'irruption de la servitude volontaire chez des « êtres-pour-la-liberté », l'interprétation abensourienne démontre ainsi le rôle subversif de La Boétie dans la tradition de la philosophie politique. Si l'idée générale de servitude volontaire n'est pas entièrement nouvelle (Abensour en identifie les traces chez Sénèque et dans la Bible), La Boétie serait le

74. S. Weil, « Méditation sur l'obéissance et la liberté », dans É. de La Boétie, *Discours de la servitude volontaire*, *op. cit.*, p. 87.
75. *Ibid.*, p. 87.
76. S. Weil, « Méditation sur l'obéissance et la liberté », *op. cit.*, p. 88.
77. *Ibid*, p. 90.
78. Sur ce point, voir la discussion d'Abensour dans *La Boétie, prophète de la liberté*, *op. cit.*, p. 34; voir également Hegel, *Principes de la philosophie du droit*, Paris, Gallimard, 1940, p. 315-317.
79. Cité dans M. Abensour, *La Boétie, prophète de la liberté*, *op. cit.*, p. 32.
80. *Ibid*, p. 35.

premier à exprimer de manière explicitement *politique* cet « innommable » de la pensée[81]. Il s'agit en effet d'une idée inconfortable, voire dangereuse pour les fondements de la philosophie politique moderne puisque cela revient à affirmer que la conservation de soi ne serait pas au bout du compte un principe infaillible ou premier.

Repenser la philosophie politique au prisme de l'écrit laboétien signifie donc faire droit à un « rationalisme élargi »[82]. Ce nouveau rationalisme est également un rationalisme « inquiet », puisque la potentialité mortifère du désir de liberté et la contingence du « malencontre » viennent faire planer un doute constant sur les aventures de ce qu'Abensour nomme la difficile liberté. La figure laboétienne fait donc figure d'autorité interrogatrice qui permet d'éprouver la résistance des philosophes politiques en évaluant leur position à l'aune de l'ignorance ou de la reconnaissance de ce problème fondamental.

Conclusion : Abensour et l'institution de la philosophie politique

En se concentrant sur les multiples impensés du discours de La Boétie et sur les façons dont son texte « remet le penser à l'œuvre »[83] – pour reprendre une expression de C. Lefort –, Abensour donne à voir les leçons restées ensevelies ou incomprises dans le *Discours*. La Boétie devient ainsi la figure instigatrice d'un mouvement qui consiste à alerter de la présence du problème fondamental de la servitude désirante contre la philosophie politique classique et moderne. Il n'est pas anodin qu'Abensour ait choisi de désigner La Boétie comme un « prophète » : s'il annonce quelque chose à propos de la liberté, son message peut ne pas être entendu, être oublié ou encore être mal interprété. Dans cette optique, le rôle que se donne Abensour est d'interroger à nouveaux frais l'entrecroisement du désir de liberté et du désir de servitude, notamment à l'épreuve d'un siècle marqué par l'expérience de la domination totalitaire. Si Abensour évite de parler de « retour » de la philosophie politique, il y a néanmoins dans sa pensée *institution* au sens merleau-pontien d'une pratique de la philosophie politique à partir du référent laboétien, qui agit comme mesure et garant.

Il faut toutefois mentionner certaines limites de son entreprise, qui ont à voir avec l'interprétation qu'il propose de La Boétie. Par exemple, Abensour associe-t-il trop rapidement servitude et obéissance, alors que La Boétie lui-même semble les distinguer[84] ? En voulant faire de La Boétie une figure du refus, manque-t-il certaines ambiguïtés de l'œuvre ? Par exemple, que convient-il de faire de l'écrit tardif de La Boétie sur l'Édit de Janvier[85] ? En

81. M. Abensour, *La Boétie, prophète de la liberté*, *op. cit.*, p. 24.
82. Voir M. Abensour, *La communauté politique des « tous uns »*, *op. cit.*, p. 110.
83. C. Lefort, *Le travail de l'œuvre Machiavel*, *op. cit.*, p. 736.
84. Sur ce point, voir la critique de P. Zawadzki dans « Le *Discours de la servitude volontaire* d'un siècle à l'autre », art. cit., p. 40-41.
85. Le Mémoire touchant l'Édit de janvier 1562, composé en août ou septembre 1562, est un rapport que La Boétie élabore pour le Parlement de Bordeaux et dans lequel il argumente contre la diversité des religions et adopte la perspective de la raison d'État. Sur ce point, Abensour et Gauchet ajoutent en note de bas de page à leur présentation du texte que la publication tardive sur l'Édit de Janvier, de même que le travail de parlementaire de La Boétie, le rapprochent de la figure machiavélienne (voir M. Abensour et M. Gauchet, « Présentation », p. XXIX).

dépit de ces limitations, nous avons montré que le destin de l'interprétation du *Discours* est intimement lié au destin de la philosophie politique critique d'Abensour. En insistant sur la complication qu'introduit La Boétie, ce dernier montre quel doit être le rôle du philosophe politique : à distance de toute pensée systématique, rouvrir l'abîme du questionnement philosophique, renouer avec le *thaumazein*, l'étonnement que demande à raviver Arendt. Toutefois, à la différence de cette dernière, Abensour ne cherche pas à penser la politique avec des « yeux purs de toute philosophie »[86]. S'il suit Arendt dans son mouvement de désacralisation de la philosophie politique occidentale, il invite à reconcevoir la philosophie plutôt qu'à la rejeter.

La persistance de l'interrogation sur les choses politiques inclut une forme d'étonnement qui est à l'origine même de la philosophie comme activité. En ce sens, préserver l'appellation de « philosophie politique » signifie vouloir conserver cette dimension interrogative. La nouvelle philosophie politique critique qu'Abensour envisage est donc simultanément, et peut-être paradoxalement, un « retour » aux racines traditionnelles de la philosophie comme *thaumazein*[87].

Sophie Marcotte-Chénard
Professeure agrégée, Département de science politique
Carleton University (Ottawa, Canada)

86. Voir M. Abensour, *Hannah Arendt contre la philosophie politique ?, op. cit.*
87. Sur ce point, voir M. Abensour, *La communauté politique des « tous uns », op. cit.*, p. 363.

DOSSIER

Lectures de Miguel Abensour

MIGUEL ABENSOUR – CONTRE L'ÉTAT

Claire Pagès

Cet article propose de faire émerger l'importance du motif du « contre l'État » dans la pensée politique de Miguel Abensour, motif qui semble traverser toute l'œuvre, de l'hypothèse de la servitude volontaire à la lecture de Clastres, de la critique de Hegel à l'interprétation de Marx et de son *Manuscrit de Kreuznach*, de la critique de la bureaucratie à la réflexion sur la démocratie. Il décline différentes figures de la lutte contre l'État, tout en soulignant certaines ambiguïtés de lecture de cette perspective anti-étatiste qui confère à la « question du politique » une tournure résolument oppositive.

Tenir la « question politique » fut l'un des efforts constants de Miguel Abensour, effort pour « découvrir le politique comme le lieu même de l'interrogation des hommes sur leur destin »[1]. Tenir cette question exige à ses yeux, comme on sait, d'affronter l'énigme formulée par La Boétie dans son *Discours*, celle de la servitude volontaire, l'énigme non seulement du consentement des dominés à leur servitude mais celle de leur participation active à leur état de domination. Assumer cette énigme, ne pas l'occulter, impose pour Abensour une méditation sur l'État et surtout sur le contre l'État. D'abord, parce que l'énigme est contemporaine de la naissance d'une figure inédite de la domination, d'un type d'État, qu'il convient d'analyser, et que La Boétie constitue une figure de la modernité politique[2]. Ensuite, parce que prendre la question politique par « en bas », depuis le mystère de la servitude volontaire des dominés, engage à réélaborer les voies de l'émancipation, réélaboration dont participe la réflexion sur le contre d'État. Dans cette perspective, l'apport de Clastres est très grand : « Parce que penseur de la liberté, il repose la question de la servitude volontaire en rapport avec la question du malencontre et celle de l'État […] »[3].

1. M. Abensour, *De l'épineuse servitude volontaire*, Paris, Sens & Tonka, 2024, p. 23.
2. *Ibid.*, p. 40.
3. *Ibid.*, p. 171.

Nous proposons ici les linéaments d'une réflexion sur le « contre l'État » dans la pensée de Miguel Abensour. Il nous semble que ce motif, issu de sa fréquentation ininterrompue de l'œuvre de Pierre Clastres, traverse en réalité bien des analyses qu'il consacre tant à Marx, qu'au « nouvel esprit utopique » ou à Claude Lefort. S'il nous paraît un bon fil pour parcourir l'œuvre, c'est aussi qu'il permet d'éclairer autrement l'idée d'institution du social, chère à Abensour, qui constitue dans son travail une cible privilégiée de la critique. Si l'on comprend bien que le social se dresse contre l'État, on sera, nous semble-t-il, mieux à même de saisir positivement son processus d'institution sans y lire l'occasion d'un mépris. Il ne s'agit là que d'une hypothèse de lecture, formulée par nous depuis une très grande admiration pour le travail de Miguel Abensour mais adressée en nous aux réticences liées justement à la tournure oppositive de cette pensée.

Clastres et la révolution copernicienne

Après avoir découvert « Copernic et les sauvages », qu'il présente comme « un événement de [sa] vie intellectuelle »[4], Miguel Abensour n'a cessé de travailler sur l'œuvre de Pierre Clastres. Il est l'un de ceux qui a porté la plus grande attention à la « révolution copernicienne » opérée par P. Clastres dans le domaine de l'ethnologie, aux côtés de Gilles Deleuze, Nicole Loraux mais aussi Claude Lefort ou Marc Richir et ce, en raison de l'« ébranlement philosophique » que celle-ci représente[5]. Sa fréquentation de la pensée de Clastres fut sans doute moins solitaire que celle de l'œuvre d'Adorno dans les années 1970 dont il peinait à faire partager l'intérêt, mais elle reste caractéristique d'un esprit capable d'entendre des propos à contre-courant. Si l'importance de Clastres, en dépit des critiques adressées à son travail, est maintenant bien attestée, tous n'ont pas immédiatement pris la mesure du changement de perspective, du bouleversement qu'induit sa pensée, même chez les lecteurs les plus intéressés. À plusieurs reprises, Abensour signale plus spécialement chez Félix Guattari, en dépit de la référence à Clastres qui marque *Mille Plateaux* (sections 12 et 13), un « refus de la révolution copernicienne », et la tendance à identifier partout des marques, des signes de l'étatique[6]. De même qu'il pressentait chez les penseurs français des années 1950 à 1970 un fond de résistance (certes mêlé à une lecture critique) à l'égard de la théorie critique d'Adorno[7], Abensour présente les intellectuels français, contrairement aux sud-américains, comme également rétifs à la révolution copernicienne et à la nouvelle anthropologie politique de Clastres[8], développant à son égard justement « ce que la psychanalyse nomme

4. M. Abensour, *La communauté politique des « tous uns ». Entretien avec Michel Énaudeau*, Paris, Les Belles Lettres, 2014, p. 28.

5. M. Abensour, « Présentation », dans M. Abensour (dir.), *L'esprit des lois sauvages. Pierre Clastres ou une nouvelle anthropologie politique*, Paris, Seuil, 1987, p. 12-13.

6. M. Abensour, *La communauté politique des « tous uns »*..., *op. cit.*, p. 46-47. Voir aussi « Lire Pierre Clastres à la lumière de Nietzsche ? », dans M. Abensour et A. Kupiec (dir.), *Pierre Clastres*, Paris, Sens & Tonka, 2011, p. 266 sur le caractère ambivalent de l'hommage à Clastres présent dans *Mille plateaux*.

7. Voir M. Abensour, « Malheureux comme Adorno en France ? », *Variations* 6 (*La Théorie critique. Héritages hérétiques*), 2005, p. 17-30.

8. M. Abensour, « Pierre Clastres et nous. La révolution copernicienne et la question de l'État », Avant-propos, dans *Pierre Clastres*, *op. cit.*, p. 12.

résistance »[9]. Résumons à grands traits les ressorts de cette révolution avant d'en considérer les implications philosophiques.

Ordonnent cette révolution plusieurs principes que nous nous permettons de rappeler ici. Tout d'abord, l'universalité du politique ou de l'institution politique du social, en vertu de quoi les sociétés politiques ne peuvent être tenues pour a-politiques mais dont l'existence politique doit être prise au sérieux. Autrement dit, Clastres récuse tant l'existence d'une animalité sociale, « policie » ou « politeïa » primitive identifiée à un prétendu état de nature que celle d'une socialité spontanée originaire étrangère au politique, s'opposant ainsi à Kropotkine. Clastres aurait permis de montrer qu'il y a des lois dans les sociétés sauvages, justifiant l'existence d'une véritable politique ayant sa consistance propre.

Ensuite, le caractère régional ou local de la forme politique occidentale qu'est l'État, qui cesse, ce faisant, d'en constituer l'accomplissement. D'où l'impossibilité de caractériser – du moins d'un point de vue normatif car c'est factuellement incontestable que l'État ne s'y montre pas – les sociétés primitives comme sociétés « sans État » et l'exigence corrélative de saisir la modalité d'existence du politique qui les caractérise.

Encore, la contestation de l'existence d'un étagement continu des sociétés dans l'histoire qui conduit à appréhender les sociétés anciennes comme des préalables très imparfaits aux sociétés occidentales en devenir. S'impose au contraire un espace politique et historique discontinu.

Il faut donc changer la façon dont on interprète l'absence d'État dans les sociétés primitives. Celle-ci ne correspond à aucun manque, défaut ou état d'enfance mais à une maturité politique caractérisée par le refus de l'État – d'où la définition partielle de la « conversion héliocentrique » clastrienne par « le passage du sans au contre »[10]. Par conséquent, l'opposition pertinente à mobiliser n'est plus celle de la présence ou de l'absence d'État, mais celle entre société à pouvoir coercitif et société à pouvoir non coercitif, société ne reposant pas sur une relation hiérarchique de commandement et d'obéissance. En effet, le chef de la société primitive nous confronte à l'énigme d'un prestige tout à fait dépourvu de puissance[11].

L'ensemble de ce dispositif implique de reconsidérer le rapport entre guerre et État, et oblige à reconnaître que la guerre change de sens dans les sociétés sans État où elle en vient à constituer le foyer de l'institution politique du social. Clastres insiste sur le fait que la guerre est une dimension permanente de la société primitive, tout en n'ayant rien à voir avec une guerre de tous contre tous telle que conçue par Hobbes, en vertu de l'indivision de la société primitive. Enfin, la guerre est comprise par Clastres comme moyen de lutte contre l'Un, comme une puissance de fragmentation centrifuge, spécialement sous forme d'unification d'un pouvoir étatique (« la société-pour-la-guerre

9. P. Clastres, « Le retour des Lumières », *Revue française de sciences politiques* 27, 1, 1977, p. 22-29.

10. M. Abensour, « Lire Pierre Clastres à la lumière de Nietzsche ? », dans M. Abensour et A. Kupiec (dir.), *Pierre Clastres, op. cit.*, p. 255.

11. Voir C. Pagès, *Pierre Clastres. Les sociétés contre l'État*, « L'émancipation en question », Paris, Éditions Amsterdam, chap. III.

est société contre l'État »[12]), quand Hobbes envisageait à l'inverse l'action unificatrice et pacificatrice de l'État. La lecture de Clastres participe chez Abensour d'une méditation sur le rapport entre guerre et liberté qui n'alimente aucun éloge de la guerre mais une discussion initiée avec la fréquentation de Machiavel, Spinoza, Rousseau et Montesquieu sur l'intrication de la paix et de la servitude et une critique systématique des projets de consensus[13].

Il y a plus, néanmoins, chez Clastres qu'une pensée discontinuiste du politique ou la dénonciation d'une conception à la fois évolutionniste et ethnocentrique du politique, dénonciation, à la manière de Nietzsche, du fait de tenir l'homme actuel et ses pratiques politiques pour « *aeterna veritas* »[14]. On y trouve une véritable « révolution copernicienne » ayant pour objet principal l'État[15], comparable à la conversion héliocentrique et qui invite à « faire tourner désormais les sociétés à État autour des sociétés contre l'État », brisant ainsi « leur narcissisme centripète »[16] et faisant valoir l'inventivité de la politique sauvage. L'altérité complète de cette dernière et le caractère mélancolique de l'ethnologie rendent bien sûr vain tout projet de retour à la société sauvage dont nous sommes séparés par un fossé irrémédiable qui institue nos sociétés comme des sociétés d'après « le malencontre » ou le « clinamen social »[17] défini par l'instauration d'un pouvoir politique séparé coercitif[18]. Pourtant, sans qu'il soit question de les imiter – Clastres se défend d'envier les sociétés primitives contrairement, selon lui à Robert Jaulin et ses proches[19] – il y a une « bonne nouvelle » dans les sociétés sauvages, celle qu'a existé une lutte contre l'État, qui encourage désormais à « faire graviter les sociétés à État autour des sociétés sauvages » millénaires ou à « comprendre les sociétés à État à partir des sociétés contre l'État »[20].

Ni structuralisme ni économisme

Ce dispositif révolutionnaire à même de renouveler l'intelligence du politique constitue aux yeux d'Abensour la double récusation de l'économisme, d'une part, et de l'anthropologie structuraliste, d'autre part. Selon Clastres, en dépit du geste décisif de Claude Lévi-Strauss qui fait de l'ethnologie une science mélancolique et qui dote les sociétés sauvages d'une rationalité propre, d'une pensée qui, loin de la déraison, se révèle rompue à tous les exercices de la spéculation, le structuralisme serait, dans l'ensemble, passé à côté de la

12. C. Pagès, *Pierre Clastres. Les sociétés contre l'État, op. cit.*, p. 266.
13. M. Abensour, « Le Contre Hobbes de Pierre Clastres », dans M. Abensour (dir.), *L'esprit des lois sauvages, op. cit.*, p. 115-144, *L'esprit des lois sauvages…, op. cit.*, p. 141. Sur la fonction politique du dissensus, on peut se référer également à J.-F. Lyotard et J.-L. Thébaud, *Au juste*, Paris, Christian Bourgois éditeur, 1979.
14. Voir M. Abensour, « Lire Pierre Clastres à la lumière de Nietzsche ? », dans M. Abensour et A. Kupiec (dir.), *Pierre Clastres, op. cit.*, p. 252-255.
15. M. Abensour, « Pierre Clastres et nous. La révolution copernicienne et la question de l'État », dans *Pierre Clastres, op. cit.*, p. 11.
16. M. Abensour, « Le Contre Hobbes de Pierre Clastres », dans M. Abensour (dir.), *L'esprit des lois sauvages, op. cit.*, p. 118.
17. P. Clastres, « Le retour des Lumières », art. cit., p. 25.
18. Voir P. Clastres, *Recherches d'anthropologie politique*, Paris, Seuil, 1980, chap. « Liberté, Malencontre, Innommable ».
19. P. Clastres, « Le retour des Lumières », art. cit., p. 22.
20. M. Abensour, « Pierre Clastres et nous. La révolution copernicienne et la question de l'État », dans *Pierre Clastres, op. cit.*, p. 11.

forme spécifique d'institution du social que constitue une société primitive, en se concentrant, d'un côté, exclusivement sur les mythes et les structures de la parenté et, de l'autre, principalement sur l'échange. Clastres reproche ainsi à Lévi-Strauss de ne penser la guerre, dans les sociétés sauvages, que dans la dépendance de l'échange, relation qu'il conviendrait d'inverser. Par ailleurs, Clastres plaide pour une interprétation politique, et pas simplement économique, des faits d'échange dans les sociétés primitives, en particulier ceux d'échange des femmes[21].

Aux yeux de Clastres, l'anthropologie marxiste, qu'il distingue soigneusement de l'œuvre de Marx[22], échoue à saisir la singularité des sociétés primitives – définies négativement comme sociétés « sans histoire » – en raison d'une théorie générale continuiste de l'histoire. Baudrillard le formulait également : « [...] à partir de l'économique et de la production comme instance déterminante, on n'éclairera jamais les autres types d'organisation qu'en fonction de ce modèle, et non dans leur spécificité ou même, comme c'est le cas, nous l'avons vu, *dans les sociétés primitives, dans leur irréductibilité à la production* »[23]. Aussi, « [...] l'aveuglement sur les sociétés primitives est nécessairement lié à une défaillance dans la critique radicale de l'économie politique »[24]. Le privilège étiologique accordé à la détermination en dernière instance par l'économique empêche de comprendre l'étrangeté des sociétés primitives aux rapports de production et à la logique productive, elles qui produisent seulement pour vivre.

Enfin, Clastres conteste la déduction marxiste de l'État, faisant valoir non seulement que la société primitive est une société sans classes, indivise (pour autant la politéia sauvage se distingue d'une amitié généralisée, d'une collectivité fusionnelle), luttant contre l'établissement d'un pouvoir séparé, mais aussi que le chef de la société primitive n'est au principe d'aucune logique d'accumulation. Comment une telle société pourrait-elle donner naissance à une instance d'exploitation ? La perspective économiciste possède alors le double inconvénient de manquer la spécificité d'une société étrangère à la division maîtres/sujets et, ce faisant, de gêner la compréhension de l'origine de la domination en supposant – à tort – ce partage des places comme consubstantiel à toute société. Cette critique impose de reprendre à nouveaux frais la question de l'origine de l'État, question que Clastres ne tranchera pourtant jamais au motif que, si l'on peut expliquer l'absence de formations étatiques dans tel ou tel contexte, on ne pourrait déterminer les conditions positives de l'apparition de l'État[25]. Abensour indique la nécessité de lui substituer celle de la pluralité des naissances de l'État. Mais la révolution clastrienne exige aussi, à l'autre bout de l'histoire, de contester l'analyse de la société émancipée en termes de disparition du politique.

21. Voir P. Clastres, *Recherches d'anthropologie politique*, *op. cit*, chap. « Archéologie de la violence : la guerre dans les sociétés primitives ».
22. P. Clastres, « Le retour des Lumières », art. cit., p. 27.
23. J. Baudrillard, *Le miroir de la production, ou l'illusion critique du matérialisme historique* (1973), Paris, Galilée, Débats, 1985, chap. « Le matérialisme historique et les sociétés primitives », p. 94.
24. *Ibid.*, p. 98.
25. P. Clastres, « Le retour des Lumières », art. cit., p. 25-26.

Si les recherches de Clastres constituent un ébranlement philosophique, ce n'est nullement qu'elles reposent sur un modèle philosophique mais que ce travail ethnologique de terrain vise à la constitution d'une théorie générale du pouvoir politique dans les sociétés primitives. Mais la question du pouvoir dans les sociétés sans État, redéfinies comme des sociétés contre l'État, intéresse Abensour, qui pense pouvoir lire l'œuvre d'anthropologie politique de Clastres, jusqu'à un certain point, au prisme de la philosophie politique[26]. « Conjurer l'État » ne semble pas à Abensour uniquement le projet politique des sociétés sauvages, celui de la « politeïa sauvage » mais aussi bien une exigence pour les sociétés d'aujourd'hui[27]. Ou encore, apprendre à connaître les sociétés sauvages avec Clastres « nous rend sensibles à une nouvelle perception des luttes pour la liberté où émergeraient soudain des traces de la société contre l'État »[28].

L'étude clastrienne des sociétés sauvages présente ceci de décisif pour Abensour qu'elle permet de contester l'analyse du politique conduite traditionnellement à partir de l'idée d'ordre : ces sociétés sont en effet politiques, sans pour autant être ordonnées par un pouvoir séparé et, bien plus, en étant dirigées contre la production d'un tel ordre sous la figure de la machine étatique[29]. Ce que Clastres initie, c'est une pensée de l'institution politique du social hors de la forme étatique. Il nous aide donc à penser la distinction entre la politique et l'État, à laquelle tient pour Abensour toute pensée de l'émancipation ou toute la « tradition de la liberté »[30]. Formeront ainsi communauté ceux qui auront cherché à penser des communautés politiques anti-étatiques.

Clastres, en effet, tout en distinguant soigneusement des types d'État, a défendu le caractère non pas seulement occidental de l'État mais oppressif de ce dernier. Ce point apparaît en particulier dans sa discussion du concept d'ethnocide thématisé par Robert Jaulin (1928-1996) dans *La Paix blanche. Introduction à l'ethnocide* (1970) à propos de la destruction de sociétés indigènes d'Amérique du Sud. Un point particulier oppose Clastres à Jaulin : ce dernier réfère la pratique génocidaire à une tendance ethnocentriste de la civilisation occidentale qui implique une pratique systématique de l'inclusion négatrice de l'autre dans le monde de l'humanité blanche. Qu'on supprime l'indianité de l'Indien pour en faire un citoyen brésilien, Jaulin référerait cela à une hiérarchie culturelle[31]. Clastres conteste cette conclusion en faisant valoir que la plupart des sociétés sont ethnocentristes sans être ethnocidaires, que bien des sociétés primitives (Indiens Guarani, les Guayaki, les Waika du Venezuela, les Inuits, etc.) s'attribuent l'humanité et le nom d'hommes, rejetant les autres vers un état de moindre humanité, et sont ethnocentristes

26. M. Abensour, « Le Contre Hobbes de Pierre Clastres », dans M. Abensour (dir.), *L'esprit des lois sauvages, op. cit.*, p. 115-116.
27. *Ibid.*, p. 119.
28. M. Abensour, « Lire Pierre Clastres à la lumière de Nietzsche ? », dans M. Abensour et A. Kupiec (dir.), *Pierre Clastres, op. cit.*, p. 256.
29. M. Abensour, *La Communauté politique des « tous uns », op. cit.*, chap. « Trois figures du Contre-Hobbes », p. 73-74.
30. M. Abensour, « Lire Pierre Clastres à la lumière de Nietzsche ? », dans M. Abensour et A. Kupiec (dir.), *Pierre Clastres, op. cit.*, p. 250.
31. R. Jaulin, *La Paix blanche. Introduction à l'ethnocide*, « Combats », Paris, Seuil, 1970, p. 302.

dans leur être culturel même : « Il n'en reste pas moins que si toute culture est ethnocentriste, seule l'occidentale est ethnocidaire. Il s'ensuit donc que la pratique ethnocidaire ne s'articule pas nécessairement à la conviction ethnocentriste »[32].

Clastres impute l'ethnocide à la structure étatique : seules les sociétés à État seraient porteuses, par un principe d'identification, d'un projet de réduction de l'autre au même (l'Indien amazonien supprimé comme autre et réduit au même comme citoyen brésilien), à la dissolution du multiple dans l'Un qui définit l'ethnocide : « On découvre ainsi, au cœur même de la substance de l'État, la puissance agissante de l'Un, la vocation de refus du multiple, la crainte et l'horreur de la différence »[33]. C'est plutôt l'État brésilien qui veut faire de l'Amériendien un citoyen parmi d'autres. Clastres donne en exemple à la fois le développement de l'État français et le mode opératoire de l'Empire Inca. Quoiqu'il souligne une différence au niveau de la capacité ethnocidaire des appareils étatiques, « la violence ethnocidaire, comme négation de la différence, appartient bien à l'essence de l'État, aussi bien dans les empires barbares que dans les sociétés civilisées d'Occident : toute organisation étatique est ethnocidaire, l'ethnocide est le mode normal d'existence de l'État »[34]. Abensour prolonge cette interprétation de l'État en termes d'intégration des différences. On regrette peut-être chez Clastres la simplification des thèses de Jaulin chez qui l'ethnocentrisme occidental contrastait positivement avec d'autres types de principes sociaux. Jaulin contestait que toute société soit ethnocentriste, faisant justement valoir que les civilisations de l'Amazonie, fidèles à une logique du « compatible », sont fondées sur un Autre qui les affirme (univers, groupe humain, espèces animales) et qu'elles affirment par le moyen de relations établies avec lui[35]. Il revendiquait donc, comme premier partage, non pas le partage entre société à État et société sans État mais celui entre société à logique « compatible » et société « marquée », société à la fois fermée sur elle-même et à logique expansionniste.

« Climat d'une pensée »

Le climat de cette pensée, note Abensour, est résolument anti-hégélien. Clastres va jouer l'être social sauvage dont la politicité tient à une logique anti-unificatrice contre le hégélianisme qu'il comprend presque exclusivement comme promotion de l'État en tant que totalité réconciliatrice. Abensour reprend à Clastres la critique du rôle de la raison dans l'histoire qui aboutit à l'érection de l'État comme critère d'un partage entre raison et déraison et disqualification de la prétendue déraison, celle des autres, contraints et forcés de s'intégrer au système de la raison, de se mettre à l'école de l'État.

L'ensemble du dispositif est dirigé contre une conception hégélienne de l'histoire qui définit comme proprement historique le mode d'existence des

32. P. Clastres, « De l'Ethnocide », *L'Homme* 3-4, 1974, p. 101-110 (repris dans *Recherches d'anthropologie politique*, *op. cit.* p. 47-57).
33. *Ibid.*, p. 105.
34. *Ibid.*, p. 107.
35. R. Jaulin, *La Paix blanche*, *op. cit.*, p. 423.

sociétés à État, situant hors de l'histoire la vie « uniforme » des tribus[36] et qui définirait l'historico-politique par ce que Hegel désigne comme « des commandements, des lois » et que Clastres et Abensour réinterprètent comme coercition. Clastres, surtout, oppose à l'humanisme de la Raison la catastrophe historique que représente l'anéantissement des sociétés primitives par l'expansion européenne et occidentale, catastrophe non pas accidentelle mais qui serait intimement liée à l'essence même de la civilisation occidentale et à son « refus de laisser subsister ce qui ne lui est pas identique »[37].

Abensour envisage la démocratie comme avènement d'un état de non-domination.

On regrette néanmoins qu'il soit pensé uniquement contre Hegel, à qui est juste reconnu le mérite de l'élaboration du concept de société civile[38]. À une époque marquée par le renouveau des études hégéliennes en la matière qui jettent une lumière nouvelle sur la philosophie de l'histoire et la philosophie du droit, il est dommage de voir simplement qualifier la première de « vision lénifiante »[39] et la seconde de profession de foi conservatrice, antidémocratique[40]. C'est sans doute là le prix à payer du « contre », de la pensée qui s'édifie résolument « contre ». Il est vrai qu'on trouve chez Miguel Abensour une lecture détaillée et argumentée de la pensée politique de Hobbes, alors même qu'il envisage ses recherches en théorie politique, à la lumière de Clastres, comme un « contre Hobbes ». La lecture de Hegel est moins détaillée. Et, s'il est vrai que Hegel refuse d'accorder au mode de vie traditionnelle des tribus un caractère politique, il ne l'est pas de réduire le régime hégélien du commandement à une modalité de la domination ou la pensée hégélienne du droit à la justification d'un « État de toute puissance ». Non seulement le texte des *Principes* tire du concept d'homme l'inanité de la domination (de la « servitude », de la « domination du plus puissant », de toute « domination arbitraire » du « pur pouvoir dominant ») ; mais ses réactualisations récentes, qui explorent les ressources du concept d'éthicité, font émerger dans le texte une théorie normative des sphères de reconnaissance réciproque dont la préservation peut garantir l'autoréalisation des sujets modernes[41].

36. Voir G. W. F. Hegel, *Introduction manuscrite de 1830-1831* aux Cours sur la philosophie de l'histoire, *dans La philosophie de l'histoire*, trad. fr. sous la direction de M. Bienenstock, « La Pochothèque », Paris, Le Livre de Poche, 2009, p. 96-97 : « Mais c'est l'État qui, le premier, introduit un contenu convenant à la prose de l'histoire ; un contenu qui contribue aussi à sa production. En lieu et place d'ordres seulement subjectifs, suffisants pour les besoins du moment, un corps commun qui se consolide, qui se hisse jusqu'à l'État, requiert des commandements, des lois, des déterminations générales et universellement valables. […] C'est seulement dans l'État que, grâce à la conscience des lois, des actes ont clairement lieu, et [qu'apparaît] avec eux une conscience capable de les saisir clairement, ainsi que le besoin de les préserver ainsi ».

37. P. Clastres, « Entre silence et dialogue » (1968), dans M. Abensour et A. Kupiec (dir.), *Cahier Pierre Clastres*, Paris, Sens & Tonka, 2011, p. 113.

38. M. Abensour, Préface à la seconde édition, « De la démocratie insurgeante », dans *La Démocratie contre l'État. Marx et le moment machiavélien*, Paris, Le Félin, 2012, p. 21.

39. M. Abensour, *La Démocratie contre l'État, op. cit.*, p. 256.

40. M. Abensour, *De l'épineuse servitude volontaire, op. cit.*, p. 146 : « […] le monarchisme de Hegel […] lui fait travestir la réalité des rapports de force et le scandale de la soumission des sujets ».

41. Voir, par exemple, A. Honneth, *Les Pathologies de la liberté. Une réactualisation de la philosophie du droit de Hegel* (2001), trad. fr. F. Fischbach, « Théorie critique », Paris, La Découverte, 2008.

La théorie politique comme critique de l'étatique Marx et la démocratie contre l'État

M. Abensour décrit la collection « Critique de la politique », qu'il fonde aux Éditions Payot, comme ayant pour but de « mettre en lumière et [d']approfondir l'opposition entre le politique et l'étatique ». Un des objectifs de *La Démocratie contre l'État* sera également de montrer qu'on peut estimer une démocratie d'autant plus politique qu'elle se dresse contre l'État et, solidairement, d'interroger les manières dont une démocratie peut rester fidèle à cette vocation anti-étatique, à son principe, soit au projet de conjurer l'étatisation. Il existe bien des exemples historiques de recherche d'une communauté politique autre que l'État, telle la Commune de Paris, communautés politiques des « tous uns »; et on sait Abensour extrêmement sensible aux insurrections paysannes. Abensour commence donc par « reconnaître qu'il a existé, qu'il existe, qu'il peut exister des communautés politiques autres que l'État, c'est-à-dire qui ne trouvent pas leur accomplissement, leur perfection dans l'État »[42].

Dans le livre de 2004 réédité en 2012, Abensour analyse le texte de Marx rédigé sans doute durant l'été 1843, la *Critique du droit politique hégélien*, aussi appelé *Manuscrit de Kreuznach*, manuscrit publié par Riazanov seulement en 1927[43], et dans lequel Marx livrerait une réflexion sur la « vraie démocratie » distincte de toute sortie de la politique. L'État, qui devient un moment particulier de la vie du peuple, y disparaît comme forme organisatrice et totalisatrice. Or, dans ce texte, s'interrogeant sur la nature de la démocratie en sa vérité et s'appuyant sur « les Français modernes », Marx en viendrait à l'idée énigmatique et étonnante selon laquelle l'avènement de la démocratie en sa vérité via la disparition de l'État passerait par le fait que cette démocratie ne peut exister que pour autant qu'elle se dresse contre l'État, intuition fondamentale qui ne se serait trouvée préservée que dans la pensée de Jacques Rancière :

> Dans la démocratie, l'État, chose particulière, n'est que chose particulière; chose générale, il est la chose générale réelle, c'est-à-dire qu'il n'est rien qui soit déterminé par contraste avec l'autre contenu. Les Français modernes en ont conclu que, dans la vraie démocratie, *l'État politique disparaît.* C'est exact en ce sens qu'en tant qu'État politique, en tant que constitution, il ne représente pas le tout[44].

Abensour s'inscrit dans une tradition communaliste ou conseilliste aspirant à briser l'État et permettant de faire exister une communauté politique anti-étatique ou « constitution communale » (comme dit Marx à propos de la Commune de Paris), opposée à une tradition jacobine appelant plutôt à s'emparer de l'État. Cette lecture du texte de 1843, celle de l'élaboration chez

42. M. Abensour, *La Démocratie contre l'État*, *op. cit.*, p. p. 23.
43. Abensour se réfère au texte de K. Marx, « Critique de la philosophie politique de Hegel » (ou « Critique du droit politique hégélien ») (1843), dans *Œuvres*, t. 3 : *Philosophie*, trad. fr. M. Rubel *et al.*, « Bibliothèque de la Pléiade », Paris, Gallimard, 1982, p. 863-1018.
44. *Ibid.*, p. 902-903.

le jeune Marx d'une pensée démocratique de la politique, tentative avortée car l'autonomie du politique sera par la suite, aux yeux d'Abensour, niée, naturalisée, dérivée par son insertion comme objet d'une théorie dialectique de la totalité sociale, prend à rebours l'interprétation rétrospective qu'en donnera Marx lui-même en 1859, proposant une lecture sociologique incluant le politique dans une analyse dialectique de la totalité sociale[45]. Par parenthèse, Abensour met au crédit d'Edward P. Thompson – comme à celui du Marx de 1843 – une lecture également politique du social. Dans son grand livre de 1963, Thompson aurait le mérite, selon Abensour, d'exhiber l'histoire politique et culturelle de la classe ouvrière anglaise trop longtemps laissée dans l'angle mort de son histoire économique, dans la droite ligne d'un Lefort qui, dans « L'expérience prolétarienne », faisait valoir l'action du prolétariat dans sa propre formation, « l'expérience en commun » des ouvriers industriels qui fait d'eux une force historique, à rebours d'un économisme et d'un structuralisme théoriciste pourtant dominants[46].

D'où le sous-titre choisi pour l'ouvrage « Marx et le moment machiavélien » : le Marx de la crise de 1843, celui de la « vraie démocratie », en quête d'un nouveau sujet politique autre que l'État, entretiendrait un rapport intime avec le paradigme civique, humaniste, républicain de Machiavel, fondateur d'une philosophie politique moderne, normative, reposant sur d'autres principes que la philosophie politique classique, soucieuse de circonscrire un domaine politique irréductible[47].

Les citoyens contre l'État

Dans une filiation adornienne, Abensour envisage la démocratie comme avènement d'un état de non-domination ou comme expérience de la liberté se donnant comme refus de la domination. À partir de là, il soutient non seulement le caractère contradictoire de l'expression usuelle « État démocratique » mais revendique la définition de la « vraie démocratie » comme démocratie contre l'État, ce qu'indique mieux le qualificatif d'« insurgeant » que celui de « sauvage » (Lefort) ou de « radical » (Laclau et Mouffe). La démocratie insurgeante, théâtre d'une « insurrection permanente » contre l'État, signifie l'existence possible d'un agir politique résistant à « une transfiguration en forme organisatrice, intégratrice, unificatrice, bref en État »[48]. La vraie démocratie – qui a pour formule « les citoyens contre l'État, la communauté politique des citoyens contre l'État »[49] – lutte en réalité sur deux fronts, contre l'État d'ancien Régime, d'une tradition héritée, d'une part, et contre le nouvel État en train de se constituer, celui de l'innovation permanente[50].

45. M. Abensour, *La démocratie contre l'État*, *op. cit.*, p. 69 ; p. 71-72 ; p. 127 ; p. 131.

46. M. Abensour, « La passion d'Edward P. Thompson », dans E. P. Thompson, *La formation de la classe ouvrière anglaise* (1963), « Histoire », Paris, Points, 2012, p. XXXI-XXXIII. Voir C. Lefort, « L'expérience prolétarienne », *Socialisme ou barbarie* 11, 1952, p. 1-19.

47. M. Abensour, *La démocratie contre l'État*, *op. cit.*, p. 59.

48. M. Abensour, « De la démocratie insurgeante », Préface à la seconde édition, dans *La Démocratie contre l'État*, *op. cit.*, p. 12.

49. *Ibid.*, p. 18.

50. Abensour s'inspire et discute de l'idée lyotardienne de développement. Lyotard distingue la forme politique du totalitarisme et la forme économico-mass-médiatique, qu'il nomme aussi développement, processus ou hégémonie du négoce. Voir « De l'Intraitable », dans G. Sfez et D. Lyotard (dir.), *Jean-François Lyotard. L'exercice du différend*, Paris, Puf, 2001, p. 253-254.

Alors que l'analyse des sociétés sauvages aboutit à un « contre-Hobbes », celle des tendances antiétatiques des sociétés historiques alimente principalement un « contre-Hegel » – une inversion de l'identification de la politique à l'État, inversion faisant considérer l'avènement du social comme fin de la domination étatique – Hegel, dont il est donné une lecture pour le moins étroite[51] : dégagement d'un concept de société civile trop vite identifiée à la sphère économique et conçue comme région déchirée par ses propres contradictions qui doit trouver dans un tiers, l'État politique, les normes, le fondement, l'unité et la liberté qui lui font défaut. Ainsi, s'agit-il pour M. Abensour de restituer à la société civile sa signification politique et son autonomie – ce qu'aurait fait Marx en 1843 dans sa *Critique du droit politique hégélien* : « En effet, la faille hégélienne entre la société civile et l'État n'a-t-elle pas révélé une autre faille possible jusque-là restée inaperçue, tant l'étatisme hégélien l'avait spontanément occultée, celle qui existe entre la communauté politique et l'État ? »[52]. Cette politisation du social, c'est aussi ce qui retient l'attention d'Abensour chez Edward P. Thompson dans *La formation de la classe ouvrière anglaise* (1963) car ce dernier montre que la sphère publique plébéienne ne repose pas sur une séparation tranchée du politique et du social, mais que ses protagonistes considèrent les lieux de production comme des lieux d'expression du politique[53]. Repolitiser la société civile ne signifie pas seulement identifier une communauté politique hors de l'État mais implique de considérer celle-ci, dans une tradition machiavélienne, comme une puissance capable d'affrontement, capable en particulier de se dresser contre l'État. À Hegel, il est reconnu la mise au jour des antagonismes qui déchirent la société civile, principalement celui de la richesse et de la pauvreté, soit une pensée de la division du social et la distinction entre société et État. Ainsi, la section « La société civile » est abordée via les seuls § 243 et 245 et surtout, d'une manière rétrospective, à partir des § 257, 279 et surtout 303 de la section consacrée à l'État, c'est-à-dire que la société civile est comprise à partir de sa totalisation ou *Aufhebung* étatique, plutôt que du point de vue de sa logique immanente, celle d'une représentation de la vie sociale investie de normes juridiques et morales permettant aux acteurs sociaux d'augmenter leurs chances de mener une vie bonne, autrement dit, du point de vue de l'économie d'une intensification désirable de leur vie sociale[54]. Mais peut-être comprendrait-on mieux la virulence du « contre Hegel » d'Abensour autrement : en rappelant qu'il y a à ses yeux un différend irrémissible, qui tient au fait que Hegel aurait écarté dans les *Principes* l'hypothèse de la servitude volontaire. On peut lire en effet dans l'addition au § 281 : « Alors, quand on dit que les hommes se laisseraient gouverner à l'encontre de leurs intérêts, de leurs fins, de leurs

51. Lecture étroite et contestable. Ainsi, nous ne serions pas de l'avis d'Abensour qui analyse chez Hegel la société civile comme revêtant une « signification économique » exclusive, « le lieu de tous les conflits, de la guerre de tous contre tous » (*La communauté politique des « tous uns »*, *op. cit.*, p. 98-99). Des travaux importants permettent de faire valoir la normativité dont ces rapports sociaux sont chez Hegel porteurs.

52. *Ibid.*, p. 23.

53. M. Abensour, « La passion d'Edward P. Thompson », E. P. Thompson, *La formation de la classe ouvrière anglaise op. cit.*, p. XLVII.

54. Voir F. Fischbach, *Le sens du social. Les puissances de la coopération*, « Humanités », Montréal, Lux, 2015, chap. « La philosophie du social ».

intentions, c'est un [propos] sans queue ni tête, car les hommes ne sont pas si stupides […] »[55].

Bref, Abensour lit le texte de Marx de 1843 non comme prémices d'une critique matérialiste de la société et de l'État, mais comme « la recherche passionnée et difficile d'une philosophie politique de la liberté moderne telle qu'elle s'est manifestée dans le mouvement révolutionnaire »[56]. Nous n'ignorons pas les critiques incisives qui ont été formulées à l'encontre de *La démocratie contre l'État*. Pauline Clochec a mis en cause l'intention négative qui préside à cette lecture du *Manuscrit de Kreuznach*, celle de « sauver Marx du Jeune hégélianisme, en cherchant à l'en extraire le plus tôt possible », principe de lecture qui empêche « d'évaluer la force et l'originalité des positions du jeune Marx en tant qu'elles sont jeunes hégéliennes »[57]. Surtout, elle met en doute le fait que Marx y contesterait l'État en général faisant valoir qu'il cible plutôt une figure *politique* particulière de l'État, l'État politique ou abstrait, c'est-à-dire la forme d'État propre à la scission entre société et État :

> Le cadre marxien reste ici celui de la philosophie politique, classiquement orienté par la question du meilleur régime politique. Il n'est ainsi pas question dans le *Manuscrit de Kreuznach* d'éventuelles causes sociales de l'abstraction politique. C'est le « Droit étatique interne » et non le « Système des besoins » que Marx commente. Pour Marx au printemps-été 1843, il semble qu'une citoyenneté pleinement démocratique suffise à supprimer l'irrationalité du monde sociopolitique. Le *Manuscrit de Kreuznach* n'est ni socialiste, ni anarchiste comme l'a soutenu Abensour, il est démocrate. Cependant, l'approche de Marx contient ainsi une tension entre son projet de critique du politique et la philosophie politique qui reste le cadre de réalisation de ce projet[58].

Ce faisant, M. Abensour serait conduit à manquer qu'il est avant tout question dans le texte de « l'organisation de l'éthicité et les moyens collectifs de cette organisation (à travers la discussion de la disposition d'esprit politique et de l'organisation des différents pouvoirs constitutionnels) »[59] et non pas d'un sujet politique, d'un démos total ou d'un « tous uns ». Nous ne pouvons entrer ici dans le détail de cette discussion, qui nous semble légitime, de *La démocratie contre l'État*. Il nous paraît néanmoins que le livre ne doit pas être abordé comme un travail philologique sur le *Manuscrit de Kreuznach*, critiquable ce faisant du point de vue de la restitution de la genèse de la pensée du jeune Marx mais comme une « lecture » ou une interprétation du texte, nécessairement rétrospective, qui prend place dans l'économie générale de la pensée politique d'Abensour. La seconde édition du texte (2012), qui comporte deux préfaces ajoutées (préface à la seconde édition, préface à l'édition italienne) et une postface, permet bien mieux que la première (1997) de contextualiser le propos. Par ailleurs, nous ne pensons

55. G. W. F. Hegel, *Principes de la philosophie du droit*, trad. fr. J.-F. Kervégan, « Quadrige », Paris, Puf, 2013, Add. § 281, p. 722.
56. M. Abensour, *La démocratie contre l'État*, *op. cit.*, p. 123.
57. P. Clochec, « Marx jeune hégélien, 1841-1844 », thèse de doctorat en philosophie, sous la direction d'Emmanuel Renault, soutenue le 5 mai 2018, à l'ENS de Lyon, p. 23.
58. *Ibid.*, p. 457.
59. *Ibid.*, p. 468.

pas qu'Abensour veuille tirer Marx vers une position anarchiste. C'est plutôt sa propre pensée politique de la démocratie insurgeante nourrie par celle de la « vraie démocratie » chez Marx, de la « démocratie sauvage » de Lefort, et des réflexions qu'on trouve chez Levinas et chez Schürmann qu'il s'agit de confronter à la question anarchiste. Ce dont Abensour est soucieux, sans que cela apparaisse nettement dans *La démocratie contre l'État*, c'est de défendre une dimension utopique ou utopiste de la pensée de Marx[60].

L'interprétation du texte de Marx de 1843 participe d'une interrogation plus large consacrée par Miguel Abensour à la démocratie, réflexion inspirée pour partie par le concept élaboré par Lefort de démocratie sauvage à partir du maître ouvrage de 1971 *Le Travail de l'œuvre Machiavel*. Lefort met en valeur chez Machiavel l'analyse du social en termes de division et surtout de menace de dissolution, dans la mesure où toute cité humaine se construit à partir d'une division première que manifeste au mieux la division du désir, celui des grands de commander ou d'opprimer, celui du peuple de n'être ni commandé ni opprimé[61].

La démocratie sauvage fait fond sur cette division originaire du social et signe vers une société qui ne cherche pas à résoudre cette division. La sensibilité particulière de Lefort à l'égard du totalitarisme tient en partie à ce qu'il s'agit d'un mode de socialisation qui dénie la division du social, qui refuse le conflit, soit d'une action homogénéisante qui occulte l'existence du non-identique[62]. Abensour insistera davantage sur l'opposition de la démocratie à l'État, autre forme d'engloutissement du conflit, de la lutte des hommes, de la division originaire porteuse de la menace de dissolution, etc.

> Si l'État, comme nous l'a enseigné Hegel, en tant que système de médiation, est intégration et réconciliation – l'ordre étatique a précisément pour fonction d'intégrer la plèbe aux revendications sauvages et donc extérieures à la société : « dans l'État aucun moment ne doit se présenter comme une foule inorganisée » – la révolution démocratique, de son côté, en tant que révolution, n'entretient-elle pas nécessairement un mouvement contre l'État, un désordre contre l'État, contre cette réconciliation mystifiante et cette intégration fallacieuse ? la démocratie, aussi paradoxal que cela puisse paraître, n'est-elle pas cette forme de société qui institue un lien humain à travers le conflit, à travers la lutte des hommes et qui, dans cette institution même, renoue avec l'origine toujours à redécouvrir de la liberté ?[63]

60. À partir du mot d'Adorno selon lequel Marx et Engels « étaient ennemis de l'utopie dans l'intérêt même de sa réalisation » (*Dialectique négative*, « Petite bibliothèque », trad. fr. par le Groupe de traduction du Collège de philosophie, Paris, Payot, 2003, p. 390), Abensour fait valoir à rebours de la critique marxiste de l'utopie chez Engels (1880), l'existence d'un intérêt chez Marx pour l'utopisme. Voir par exemple, M. Abensour, « Le nouvel esprit utopique », dans *Utopiques II, L'homme est un animal utopique*, Arles, Les Éditions de la nuit, 2010, p. 197-231.

61. M. Abensour, « Démocratie sauvage et principe d'anarchie », dans *La démocratie contre l'État, op. cit.*, p. 251.

62. *Ibid.*, p. 280.

63. *Ibid.*, p. 287-288.

Critique de la bureaucratie et marxismes hétérodoxes

Abensour manifeste un très grand intérêt pour le marxisme des protagonistes de « Socialisme ou Barbarie », qui s'exprime dans des textes comme celui de Castoriadis « Les rapports de production en Russie » ou celui de Lefort « L'expérience prolétarienne », marxisme très attaché à la critique de la bureaucratie soit au fait de considérer la bureaucratie – le parti-État – dans les régimes communistes existants, non pas comme une caste parasitaire, à la manière de Trotski, mais comme la formation d'une nouvelle classe sociale dominante et exploiteuse pour le prolétariat, en identifiant là, à la manière d'Adorno et de Horkheimer, une dialectique de la raison ou le renversement d'un projet émancipatoire en son contraire[64]. D'où l'analyse par Castoriadis de l'URSS en termes de capitalisme d'État bureaucratique aux antipodes du communisme. C'est bien à partir du parti-État, et non à partir d'une infrastructure économique, que s'est constituée ou reconstituée une classe dominante, soutient Lefort, refusant la distinction formulée par Trotski entre le militant et le fonctionnaire[65]. D'où la première forme que prend chez Lefort la critique du totalitarisme, au sein de Socialisme ou Barbarie, celle de la bureaucratie, dans « Le totalitarisme sans Staline ».

D'une manière générale, Abensour s'intéresse à des marxismes « hétérodoxes », que ce soit celui ou ceux de Socialisme ou Barbarie ou de la théorie critique qui ne sont pas des marxismes « de parti ni d'État » et qui sont, ce faisant, mieux à même de porter la dimension utopique de la politique[66], qu'il comprend comme « éveil » ou tentative d'arracher les hommes à l'ordre établi, par le fait de briser les liens de l'ordre existant[67]. Se trouvent étroitement liés la question de l'utopie et le motif du contre l'État : Abensour définit en effet les utopies par le projet émancipatoire d'« opérer un déplacement de ce qui est et qui pourrait aller de soi sous le nom écrasant de “réel” » au nombre desquels le marché, l'État, instances par excellence de domination[68]. Au marxisme adornien, il reconnaît d'avoir souligné qu'il n'existe plus aucun élément utopique du socialisme dans les socialismes à l'Est comme à l'Ouest, du fait de la bureaucratisation. Dans tous les cas, la forme État apparaît comme résultat d'une dialectique de l'émancipation, renversement en son contraire d'un mouvement émancipatoire porteur d'une charge utopique et qui s'est transformé en nouvelle idéologie localement dominante[69].

Dans l'ensemble, Socialisme ou barbarie semble à Abensour participer d'une tradition, celle des « tous uns », qui travaille à substituer à un mode

64. Nous nous permettons de renvoyer à C. Pagès, « Quelques remarques sur une comparaison entre l'École de Francfort et Socialisme ou barbarie », *Rue Descartes 96*, « Socialisme ou barbarie », 2019, p. 127-150.

65. Voir M. Abensour, « Réflexion sur les deux interprétations du totalitarisme selon Claude Lefort » dans *Pour une philosophie politique critique*, Paris, Sens & Tonka, 2009.

66. « Entretien avec Miguel Abensour dans la Revue *Mouvement* » (28 décembre 2009), repris dans *L'homme est un animal utopique, op. cit.*, p. 97.

67. M. Abensour, « Persistante utopie », dans *L'homme est un animal utopique, op. cit.*, p. 172 ; p. 181.

68. *Ibid.*, p. 191-193. E. Bloch affirmait de même que « la fonction essentielle de l'utopie est de critiquer ce qui est présent » (Entretien radiophonique entre T. W. Adorno et E. Bloch animé par Horst Krüger (1964), « Il manque quelque chose…Sur les contradictions propres au désir d'utopie » (1964), *Europe* 949, trad. fr. C. David, 2008, p. 37-54).

69. T. W. Adorno et E. Bloch, « Il manque quelque chose… », art. cit., p. 50.

de pensée bureaucratique qui s'incarne dans l'État (l'Un) une pensée de la démocratie comprise comme expérience de la liberté qui se donne comme refus de la domination[70]. On comprend que la démocratie contre l'État ou démocratie insurgeante n'est pas un *régime politique* mais une modalité spécifique de l'agir politique[71]. Elle est d'ailleurs « délivrée de toute essence affirmatrice »[72], signe qu'il ne s'agit pas d'une formule institutionnelle mais qu'elle inclut plutôt tous les mouvements de luttes de reconnaissance et de luttes pour la défense des droits.

Abensour s'intéressera également à la figure de l'intraitable chez Lyotard par quoi ce dernier définit le souci de Socialisme ou barbarie qui continue de valoir alors même que ses luttes n'ont plus cours : cette figure ferait signe vers une logique du non-identique, tel un principe de division rétif au traitement de l'unité politique, ce dont témoigne en particulier l'analyse du païen dans « Futilité en Révolution »[73].

Dans sa vie intellectuelle et professionnelle, son grand attachement pour le Collège international de philosophie, dont il fut président de l'Assemblée collégiale entre novembre 1985 et décembre 1987, tient pour partie au caractère « non étatique » de cette institution, qui ouvrait des « possibles latéraux » qu'Abensour ne trouvait pas à l'université – « la possibilité pour la philosophie de fonctionner autrement que dans l'État et au service de l'État »[74]. Celle-ci tient à ses yeux à l'exercice, au sein d'une assemblée collégiale, d'un pouvoir non pas sur les autres mais avec les autres, exercice dont l'École de Francfort avait, selon lui, auparavant eu le scrupule[75].

Conclusions
La question de l'institution politique du social

L'intention première de ce parcours était de faire valoir le caractère transversal, dans la pensée d'Abensour, du motif du contre l'État dont le souci anime à la fois les réflexions qu'il consacre à Clastres, à Marx, à la tradition utopiste, etc. Il serait faux de dire néanmoins que ce motif est utilisé de façon unifiante ou synthétique par Abensour. Ce dernier possède en effet une claire conscience de l'écart qui sépare démocratie insurgeante et sociétés sauvages. Quoiqu'également contre l'État, elles obéissent à des logiques distinctes. La lutte primitive contre l'instauration d'un pouvoir séparé se distingue donc de l'assomption de la division originaire du social dans la démocratie sauvage[76]. Par ailleurs, bien qu'il semble construire une opposition entre le politique et l'étatique, Abensour propose une compréhension bien plus dialectique de leurs rapports qu'il n'y paraît d'abord. Il alerte ainsi du fait que tout ce qui

70. T. W. Adorno, *Modèles critiques* (1963), trad. fr. M. Jimenez et É. Kaufholz, Paris, Payot, 1984, p. 257-258 : « La forme politique de la démocratie est infiniment plus proche des hommes ».
71. M. Abensour, « Démocratie insurgeante et institution », dans *La démocratie contre l'État, op. cit.*, p. 30.
72. M. Abensour, *La démocratie contre l'État, op. cit.*, p. 290.
73. M. Abensour, « De l'Intraitable », dans G. Sfez et D. Lyotard (dir.), *Jean-François Lyotard. L'exercice du différend, op. cit.*, p. 247 *sq.* Voir J.-F. Lyotard, « Futilité en révolution » (1975), dans *Rudiments païens. Genre dissertatif*, Paris, Klincksieck, 2011, p. 111-144.
74. M. Abensour, *La communauté politique des « tous uns »..., op. cit.*, p. 41-42.
75. *Ibid.*, p. 43.
76. M. Abensour, « Démocratie sauvage et principe d'anarchie », *op. cit.*, p. 253.

se dresse contre l'État, toute rupture révolutionnaire, en s'institutionnalisant, court le risque de susciter « un contre-mouvement qui n'a de cesse d'arrêter la révolution, d'y mettre fin en se l'appropriant, en faisant surgir sur la scène politique une nouvelle figure de l'Un »[77].

L'intention seconde tenait à une réévaluation du propos abensourien contre l'interprétation critique qui pointe dans sa pensée une méconnaissance du social imputable à la conviction que le politique institue le social. Nous partageons, certes, la lecture de Franck Fischbach qui signale une difficulté dans le projet abensourien – difficulté que reconnaît lui-même Abensour – qui tient à l'articulation problématique de deux exigences, celle de saisir une « différence de la politique », une positivité non-dérivée de la politique, et celle de poursuivre la critique de la domination qu'on trouve dans la première École de Francfort, ce qui implique une critique de la politique[78]. Certes, la thèse de l'hétérogénéité du politique par rapport au social qui alimenterait la nécessité d'une institution politique du social et justifierait l'idée d'une méconnaissance de l'autonomie du social est bien présente chez Abensour, en particulier dans le livre de 2009 *Pour une philosophie politique critique.*

Néanmoins, les analyses qui précèdent concernant le motif du contre l'État nous semblent à même de contester l'existence d'une méfiance à l'égard du social dans la pensée d'Abensour et de crédibiliser ce que, à la suite de Merleau-Ponty et de Lefort, Abensour nomme « la chair du social ». En effet, si Abensour s'intéresse à Claude Lefort et à Edward P. Thompson, c'est en vertu de leur attachement à l'autonomie de la classe ouvrière, à l'originalité de ses expériences, à la considération de son auto-formation, donc en vertu du caractère réducteur qu'il y a à la penser du point de vue d'une institution tierce. Si Abensour se tourne vers Lefort, c'est en raison de la valorisation positive chez ce dernier de la division du social, du conflit et de la critique solidaire de son institution qu'elle soit bureaucratique, étatique ou totalitaire car de telles institutions signifient un déni de la division du social.

S'il s'intéresse au *Manuscrit de Kreuznach*, c'est qu'il y lit la disparition d'une force politique organisatrice susceptible de se substituer à l'agir du peuple. C'est que lui semble justement repoussoir la nécessaire institution du social par le politique qu'il pense lire clairement dans les *Principes de la philosophie du droit* de Hegel et dont il fait du texte de Marx de 1843 – de manière peut-être discutable – un antimodèle, anti-hégélien, donc. S'il s'intéresse à la critique de la bureaucratie qu'on trouve chez les membres de Socialisme ou barbarie, c'est aussi en vertu de leur attachement aux capacités d'auto-organisation des ouvriers. S'il se penche sur l'intraitable lyotardien, c'est qu'il y décèle une manière de résistance du social au « traitement politique ». S'il s'intéresse aux sociétés sauvages chez Clastres, c'est que ces sociétés lui semblent intrinsèquement politiques et qu'elles ne requièrent, ce faisant, aucune institution par aucune forme d'État. S'il y a institution du social dans la démocratie pour Abensour, c'est à travers la valorisation

77. M. Abensour, *De l'épineuse servitude volontaire, op. cit.*, p. 160.

78. F. Fischbach, *Le sens du social. Les puissances de la coopération, op. cit.*, chap. « Le mépris du social », p. 35-37.

immanente des potentialités du social lui-même qu'il s'agisse de la conflictualité, de la division, des luttes, etc. S'il y a institution du social dans les sociétés sauvages – institution guerrière –, c'est que la guerre y est analysée comme « état de société » et « *primum movens* », les sociétés primitives possédant dans leur être le principe de leur institution. L'ambiguïté qui persiste chez Abensour est déjà présente dans la pensée de Clastres[79]. En effet, à propos des sociétés sauvages amazoniennes, Clastres insiste tantôt sur l'institution politique du social dont elles sont tributaires. Preuve en est que, quand le chef disparaît, la société peut se défaire complètement jusqu'à en retrouver un nouveau. Tantôt, il met l'accent sur la puissance des mécanismes d'autorégulation de ces sociétés du codage. La normativité immanente y est si forte que le politique peut s'identifier à une place vide, la parole vide d'un chef de pur prestige. Dans l'ensemble, si on considère sérieusement l'exigence de conjurer l'étatisation qu'il s'agisse des sociétés sauvages ou de la démocratie chez Abensour, on peut y lire le refus d'une institution politique du social qui dénie au social principes propres et consistance.

Il nous semble néanmoins que cet intérêt réel chez Abensour pour ce qu'il nomme « avènement du social »[80] ne peut déboucher dans le cadre de sa pensée sur une étude positive du social. D'abord, de façon principielle, poser l'irréductibilité du politique, signifie pour Abensour à la suite de Lefort, porter comme souci proprement philosophique le fait « de se dégager d'une approche empirique de la question sociale »[81], qui ne sera traitée ni de façon économique, ni de façon sociologique, ni de façon psychanalytique ; de même que l'agir politique se trouvera disjoint de tout fondement anthropologique.

Ensuite, la très grande réserve qui est la sienne à l'égard des sciences sociales et de certaines sciences humaines entrave la production d'une analyse des faits sociaux dans leur autonomie. L'importance extrême que revêt dans son travail l'histoire et plus spécialement l'histoire de la Révolution française et la lecture, d'une part, des historiens de la révolution française et, de l'autre, de l'histoire du XIXe siècle – dans la mesure où il considère avec Benjamin que la question de l'émancipation ne peut faire l'économie d'un rapport conjuratoire au XIXe siècle[82] – contraste fortement avec sa réserve critique à l'égard de toute entreprise sociologique, d'un côté, et l'absence relative de références à la psychanalyse[83], de l'autre. Ce double manque est d'autant plus curieux que l'ancrage sociologique et psychanalytique de la première École de Francfort, spécialement du travail d'Adorno et de Horkheimer, dont Abensour fût le grand passeur en France, est important. Il s'origine dans le choix d'une autre lecture de la Théorie critique comme « conversion utopique » ou « nouvel

79. Voir C. Pagès, *Pierre Clastres, op. cit.*
80. M. Abensour, « De la démocratie insurgeante », , dans *La Démocratie contre l'État, op. cit.*, p. 24.
81. M. Abensour, *De l'épineuse servitude volontaire, op. cit.*, p. 27.
82. M. Abensour, « La passion d'Edward P. Thompson », dans E. P. Thompson, *La formation de la classe ouvrière anglaise, op. cit.*, p. XLV.
83. Cette absence est patente chez Pierre Clastres qui justifie n'avoir pas besoin de la culture psychanalytique pour traiter les questions d'anthropologie politique qui sont les siennes et qui manifeste une grande réserve à l'égard des travaux à cheval entre psychanalyse et ethnologie qu'il lui a été donné de lire. Voir P. Clastres, *Entretien avec l'anti-mythes* (1974), avant-propos de Miguel Abensour, Paris, Sens & Tonka, 2012, p. 13 ; 23-24. Pourtant, l'absence réelle de sources psychanalytiques de la pensée d'Abensour se trouve discutée : voir G. Didi-Huberman, *Gestes critiques*, « Critique de la politique », Paris, Klincksieck, 2024.

esprit utopique » qui est préférée à l'interprétation qui met l'accent sur le projet d'articulation interdisciplinaire dont est porteuse l'École de Francfort. La réserve ou résistance à l'égard de l'entreprise sociologique nous semble récurrente dans son travail : ainsi la collection « Critique de la politique » a pu représenter dans son esprit une alternative à la sociologie du politique, « refus de la sociologie politique » : le travail d'Auguste Comte s'y trouve systématiquement critiqué, l'apport de la sociologie de Karl Mannheim passé sous silence en même temps qu'il est identifié à une sorte de « pâle reflet d'Ernst Bloch », la sociologie marxienne engouffrée tout entière dans l'économicisme, etc. Les recherches consacrées par M. Abensour à la servitude volontaire témoignent suffisamment de son attachement au sens proprement politique du *Discours* de La Boétie et du fait qu'il écarte toute explication de type psychologique ainsi que toutes les réductions psychanalytiques qui consistent par exemple à parler de la servitude volontaire en termes de masochisme primaire[84].

Abensour fût souvent soucieux de restituer la dimension « antinomique » de la pensée d'Adorno[85]. Il nous semble intéressant d'aborder également sa théorie politique propre comme traversée par des exigences antinomiques dont certaines ont déjà été signalées. Nous ajoutons ici simplement la mention de la tension entre l'exigence pour Abensour de saisir une autonomie du social-politique et le refus de considérer le politique comme un fait culturel justiciable d'une analyse sociologique ou psychosociologique.

Claire Pagès

Professeure à l'Université Paris Nanterre (Sophiapol)/Institut de psychodynamique du travail

84. Voir M. Abensour, *De l'épineuse servitude volontaire, op. cit.*, p. 29; p. 72.
85. « Entretien avec Miguel Abensour dans la Revue Mouvement » (28 décembre 2009), repris dans *L'homme est un animal utopique, op. cit.*, p. 104.

Lectures de Miguel Abensour

L'AUTRE SCÈNE
MIGUEL ABENSOUR LECTEUR DE STENDHAL

Xavier Bourdenet

On revient sur l'analyse du *Rouge et le Noir* proposée par Miguel Abensour. Il invite à lire dans le roman de 1830 la prégnance d'un héroïsme proprement révolutionnaire alimenté à la source de 1793. Ce dernier serait *l'autre scène* du roman, son utopie, au sens d'une scène imaginaire qui borde et innerve la scène de l'ici. Mais rendu inactualisable par la Restauration dans le champ politique, cet héroïsme serait transposé dans un autre, privé et non plus public : celui de l'amour. En réinscrivant ainsi une possibilité de l'héroïsme au cœur même du XIXe siècle, Stendhal rejoindrait Baudelaire, théoricien de « l'héroïsme de la vie moderne », proposition dont on envisage ici la fécondité heuristique.

Dans *Racine et Shakespeare* Stendhal note : « De mémoire d'historien, jamais peuple n'a éprouvé, dans ses mœurs et dans ses plaisirs, de changement plus rapide et plus total que celui de 1780 à 1823; et l'on veut nous donner toujours la même littérature! » [1]. Proposer une nouvelle littérature prenant acte du bouleversement historique qu'a été la Révolution, plus ou moins prolongée par l'Empire, il s'y emploie avec *Le Rouge et le Noir* en 1830. Il l'affilie directement à la Révolution en affichant comme épigraphe cette phrase, apocryphe, de Danton : « La vérité, l'âpre vérité ». Elle vaut programme politique, moral et esthétique. Surtout, par sa signature, elle montre que le roman de la Restauration ne saurait être qu'un roman de la Révolution : celle-ci est l'origine et la condition de possibilité de celui-là.

1. Stendhal, *Racine et Shakespeare* [1823], éd. B. Leuillot, Paris, Kimé, 1994, p. 39.

C'est ce qu'explore un bref et stimulant essai de Miguel Abensour intitulé *La Lumière et la boue : « Le Rouge et le Noir » à l'ombre de 1793*[2]. On ne s'étonne pas de son intérêt pour le *Rouge* : il est logique que le penseur de la Révolution réserve une place de choix à ce texte majeur du corpus stendhalien qui pose l'événement révolutionnaire comme principe d'intelligibilité de ce « XIXe siècle » dont il entend faire la « chronique »[3]. Il faudrait alors envisager cet essai en lien avec l'ensemble des travaux de M. Abensour sur la Révolution[4]. Mon propos sera plus modeste. C'est du point de vue du littéraire, spécifiquement de la critique stendhalienne, auprès de laquelle il est passé presque inaperçu au moment de sa publication, qu'on lira ici cet essai, en envisageant la manière dont il éclaire la poétique romanesque de Stendhal.

L'ouvrage est fondé sur une thèse simple et forte : « *Le Rouge et le Noir* écrit à l'ombre de 1793 serait la mise en scène imaginaire de l'héroïsme révolutionnaire » (p. 69). Mise en scène déclinée en deux aspects majeurs. D'une part, M. Abensour lit dans le *Rouge* un roman hanté par des modèles héroïques issus de la Révolution, qui constituerait « l'autre scène » sur laquelle se projette le héros, Julien Sorel. D'autre part, cet héroïsme révolutionnaire, que la Restauration rend impossible sur la scène politico-sociale, serait transposé à une autre scène, celle de l'amour, jusqu'à constituer un héroïsme spécifiquement « moderne », que Baudelaire théorisera bientôt. Ce faisant, si Miguel Abensour croise des analyses classiques de la critique stendhalienne, il en déplace aussi le cadre et invite à repenser la place de Stendhal dans une pensée de l'héroïsme au XIXe siècle.

Le roman de la révolte héroïque : la Révolution ou l'autre scène du *Rouge*

Miguel Abensour définit *Le Rouge et le Noir* comme un roman de la révolte héroïque, cet héroïsme étant de nature révolutionnaire. Le lire « à l'ombre de 1793 », c'est redonner au personnage de Julien Sorel sa puissance d'insoumission et au roman la force que lui reconnaissait Gracq, celle de provoquer « une tranquille insurrection intellectuelle et affective »[5]. Cela revient aussi à détacher Julien Sorel du type de l'ambitieux. Une des lignes de force de l'essai d'Abensour est de montrer que le *Rouge* n'est pas à penser dans l'orbite du roman d'éducation, impliquant un compromis voire une réconciliation avec le monde comme il va, mais au contraire comme un roman de la contre-éducation. Si l'idée n'est pas neuve et si Abensour rompt en la matière quelques lances inutiles contre une tradition « critique » plus imaginée que réelle, en tout cas récente[6], il n'en reste pas moins qu'elle a l'immense

2. M. Abensour, *La Lumière et la boue : « Le Rouge et le Noir » à l'ombre de 1793*, Paris, Sens & Tonka, 2019. L'ouvrage est malheureusement inachevé, M. Abensour n'a pu y mettre la dernière main. Parmi quelques répétitions, on y sent une pensée encore « en travail » sinon en chantier, mais c'est ce qui fait la fraîcheur de l'essai, son élan.

3. « Chronique du XIXe siècle » / « Chronique de 1830 » : tel est, on s'en souvient, le double sous-titre du *Rouge*.

4. Notamment *Le cœur de Brutus* (Paris, Sens & Tonka Éditeurs, 2019), son édition des *Œuvres* de Saint-Just (Paris, Gallimard, « Folio Essais », 2004, avec A. Kupiec), ou *Rire des lois, du magistrat et des dieux. L'impulsion Saint-Just* (Bourg-en-Bresse, Horlieu Éditions, 2005).

5. J. Gracq, *Lettrines 2*, Paris, J. Corti, 1974, p. 123.

6. Il est schématique de dénoncer à propos du *Rouge* « la thèse de la critique qui conclut le plus souvent au roman de l'ambition » (p. 52) : le rapport de Julien Sorel à l'ambition et du *Rouge* au roman d'éducation a

mérite de (re)mettre en avant le pouvoir de déflagration dérangeante du « plébéien révolté »[7], de celui que Sainte-Beuve qualifie de « monstre odieux » et de « Robespierre jeté dans la vie civile et dans l'intrigue domestique »[8].

Julien reste en effet parfaitement inassimilable par les milieux divers qu'il traverse, ainsi que le notaient jadis Alain, voyant en lui « un captif indomptable »[9], ou naguère Michel Tournier :

> L'un des paradoxes du *Rouge et le Noir*, c'est de se présenter comme un roman d'éducation, alors que son héros est en fait *inéducable*. Le fils du charpentier de Verrières a *l'air* d'apprendre sans cesse – et même avec toute l'ardeur d'un néophyte ambitieux – [...]. En vérité toutes ces expériences glissent sur lui sans le transformer, et sa tête tombera au dernier chapitre telle qu'elle était au premier »[10].

Dans le parcours de Julien Sorel quelque chose résiste au roman de l'ambition, ou le déborde : un goût de l'énergie, de l'audace, de ce qu'Abensour nomme *thumos* (p. 65) – il va de la colère, récurrente chez un Julien qui rend coup pour coup, au « crime » de Verrières –, de la gloire, soit toutes les virtualités de *l'héroïsme*, qui est au-delà de la logique de la conquête (sociale).

Ce *thumos* s'alimente à un double foyer ou à une double figure. Napoléon : Julien entre en scène en lisant le *Mémorial de Sainte-Hélène*, il possède un portrait du grand homme, se projette en lui (« C'était la destinée de Napoléon, serait-ce un jour la sienne? »[11]), et, à peine débarqué à Paris, court en pèlerinage à la Malmaison. La critique stendhalienne a beaucoup glosé cette attraction napoléonienne du personnage, du roman et de son auteur[12]. Mais aussi Danton, à qui revient l'épigraphe du roman, à qui Julien est expressément comparé par Mathilde (« Serait-ce un Danton? »[13]), et qui a un peu moins retenu l'attention. Miguel Abensour, tout en reconnaissant l'importance du premier[14], fait porter l'éclairage sur le second, incarnation de la Révolution. Ce Danton-étendard fait entendre chez Julien une radicalité héritée d'un Stendhal régicide de cœur et républicain, farouche partisan de la Révolution au sein d'une famille foncièrement monarchiste. Le *Rouge* révèle

été largement débattu et singulièrement problématisé. Voir, notamment, les travaux de Michel Crouzet et d'Yves Ansel. D'une manière générale, on regrette que l'essai d'Abensour ne dialogue pas davantage avec la critique stendhalienne récente. Sa bibliographie critique, Michel Guérin mis à part (*La Grande dispute. Essai sur l'ambition, Stendhal et le XIXe siècle*, Arles, Actes Sud, 2006), est ancienne et assez limitée (Léon Blum, Marthe Robert, Claude Roy, Jean Starobinski, Henri-François Imbert, etc.). Il est ainsi excessif de dire que « l'ombre de G. Danton si prégnante dans le roman a été ignorée de la plupart des interprètes » (p. 71). Voir, *a minima*, Ph. Berthier, « La mort de Danton? », *Stendhal Club* 126, 1990, p. 132-141, et P. Laforgue, « Une histoire anachronique ou Révolution et décapitation dans *Le Rouge et le Noir* », *L'Année Stendhal* 2, 1998, p. 29-50.

7. Stendhal, *Le Rouge et le Noir*, éd. Y. Ansel, dans *Œuvres romanesques complètes*, t. 1, « Bibliothèque de la Pléiade », Paris, Gallimard, 2005, p. 616. Désormais *ORC*, t. 1.

8. Sainte-Beuve, *Causeries du lundi*, t. 11, Paris, Garnier, 1928, p. 330.

9. Alain, *Stendhal et autres textes*, Paris, Puf, 1994, p. 107.

10. M. Tournier, « *Le Rouge et le Noir*, roman de confrontation », dans *Le Vol du vampire*, « Folio Essais », Paris, Gallimard, 1994, p. 141. Voir plus largement Y. Ansel, *Stendhal littéral. Le Rouge et le Noir*, Paris, Kimé, 2001, p. 137-174 (chap. III, « Épreuves et apprentissages »).

11. *ORC*, t. 1, p. 406.

12. Pour une réévaluation récente de ce rapport, voir F. Vanoosthuyse, *Le Moment Stendhal*, Paris, Classiques Garnier, 2017.

13. *ORC*, t. 1, p. 630.

14. Il note que Stendhal l'inclut finalement dans un même « bloc » lumineux avec la Révolution (p. 40).

en Stendhal « la pente jacobine de son génie »[15]. La *Vie de Henry Brulard* rappellera en effet l'intense joie provoquée par la nouvelle de la mort du roi sur un enfant de dix ans que révolte toute tyrannie[16]. Et bien des pages de la *Vie de Napoléon* ou des *Mémoires sur Napoléon* décrivent la Révolution comme un moment d'électrisation héroïque de tout un peuple, comme un « foyer de lumière » (p. 49), et Danton comme un fondateur de république[17], tout en justifiant au nom de la grandeur d'une Histoire remise en marche la violence même de la Révolution, car « violence instituante » (p. 43). Abensour rencontre Stendhal dans la même célébration d'une indissociabilité de la Révolution et de l'héroïsme :

> J'affirme la centralité de l'héroïsme dont on pourrait dire qu'il est l'élément de la Révolution au sens fort du terme, c'est-à-dire un milieu dans lequel les acteurs sont plongés. Par héroïsme, j'entends désigner une qualité magnétique des temps révolutionnaires susceptibles d'engendrer une aire d'attraction ou de répulsion mal déterminée qui peut aller de l'enthousiasme à l'effroi. L'héroïsme, dimension constitutive et non ornementale, fait référence à un certain mode d'être, une certaine manière d'exister dans le champ politique, à un certain agir politique bien spécifié [...] (p. 69-70).

Et plus loin :

> Cette qualité héroïque pourrait donc se définir comme le réveil d'une énergie passionnelle suscité par le champ des affaires publiques. Il ne s'agit pas seulement d'une dimension constitutive de la scène révolutionnaire, mais plus encore d'une véritable disposition affective (*Stimmung*), de la tonalité de l'époque, de la tonalité affective de fond. Non une disposition subjective, mais un climat, une tonalité qui émane phénoménologiquement des choses mêmes, du monde (p. 70-71).

Sur ces bases Miguel Abensour propose de faire de la Révolution dont Julien Sorel est nourri ce qu'il appelle « l'autre scène » du *Rouge et le Noir.* Elle désigne l'imaginaire héroïque dont est habité le personnage, qu'il voudrait faire revivre et qu'il dresse, mais aussi qui le dresse, contre la médiocrité du présent dans lequel il baigne. Mathilde de La Mole, pleine de mépris pour la platitude et la pusillanimité des aristocrates de son temps, est ainsi hantée par les guerres de la Ligue, à ses yeux « les temps héroïques de la France »[18], un temps dont la « tonalité » phénoménologique, pour reprendre Abensour, est l'héroïsme. Elle pense et vit sa relation à Julien comme la reviviscence de celle de la reine Margot et de son amant Boniface de La Mole, l'ancêtre de Mathilde, ou, moins souvent, comme celle du couple Roland sous la Révolution[19]. Julien, on l'a dit, a la tête remplie des modèles de Napoléon et de

15. La formule, si juste, est de Henri-François Imbert (*Les Métamorphoses de la liberté, ou Stendhal devant la Restauration et le Risorgimento*, Paris, Corti, 1967, p. 468).
16. « Je fus saisi d'un des plus vifs mouvements de joie que j'aie éprouvés en ma vie » (Stendhal, *Œuvres intimes*, t. 2, « Bibliothèque de la Pléiade », Paris, Gallimard, 1982, p. 634).
17. Voir les citations données par Abensour p. 46.
18. *ORC*, t. 1, p. 623.
19. « S'il y a une révolution, pourquoi Julien Sorel ne jouerait-il pas le rôle de Roland, et moi celui de Mme Roland ? » (*ORC*, t. 1, p. 668).

Danton, dont il partage le culte de l'énergie et de l'audace et qui médiatisent son rapport au monde. On reconnaît dans ce processus le désir médiatisé cher à René Girard[20], dont les analyses d'Abensour sont ici proches[21]. Elles innovent toutefois dans leur formulation du problème.

L'autre scène : la formule est heureuse et va au-delà de la simple trouvaille. Elle peut prétendre au statut de notion critique, presque de concept, pour saisir la poétique romanesque de Stendhal. Elle suggère qu'il y a une scène de l'ici mais sans cesse bordée, frangée, de son autre, de son ombre, qui en est l'espace de problématisation critique. Elle dit d'une part *l'altérité*, donc le potentiel critique de l'imaginaire, la dynamique duelle, quasi agonistique qui s'établit entre l'imaginaire et le réel : elle signale que le modèle héroïque, un passé idéalisé, est *à contretemps*, la contre-épreuve du présent, qu'il travaille de l'intérieur et qui prend sens politique. Elle dit d'autre part la *théâtralité* : Julien et Mathilde, comme Mina de Vanghel, se meuvent en effet comme sur une scène de théâtre où le regard des autres vient consacrer la distinction héroïque, ce « théâtre des grandes choses »[22] sur lequel Julien se rêve. Elle souligne une réalité structurelle du roman stendhalien, construit sur l'articulation d'un double registre : la chronique du temps présent, des « habitudes de la société actuelle »[23], dévalué(es), et le romanesque, au sens traditionnel du terme, d'un temps ou d'un espace autre, refuge des valeurs, de la valeur : le Moyen Âge dans *Armance*, l'éclat révolutionnaire et bonapartiste dans *Lucien Leuwen*, l'épopée napoléonienne dans *La Chartreuse de Parme*. La Révolution dans le *Rouge* donc. En un sens ce double registre correspond à l'opposition classique dégagée par Northrop Frye entre *novel* et *romance*[24]. Mais « l'autre scène » a l'avantage de signaler l'articulation de l'un à l'autre, une dualité constitutive, « un entrelacs inextricable du réel et de l'imaginaire », « une autre scène venant doubler la scène réelle de l'histoire au XIXe siècle » (p. 25). L'« éteignoir »[25] de la Restauration dans le *Rouge* est ainsi pensé au miroir de la lumière de la Révolution, dans un imaginaire photosensible de l'Histoire.

En 1830, en pleine explosion des romans *historiques* consacrés à la Révolution[26] – songeons au *Dernier Chouan* de Balzac (1829) –, Stendhal choisit avec le *Rouge* un dispositif très différent. La Révolution n'est jamais, et pour cause, le cadre et l'objet directs de la représentation romanesque. Elle

20. R. Girard, *Mensonge romantique et vérité romanesque*, Paris, Grasset, 1961.

21. La focalisation de M. Abensour sur la logique de *l'autre scène*, donc des personnages pétris de références héroïques, le fait travailler moins une figure comme Mme de Rênal, qui « ne vit à l'ombre d'aucune scène historique » et n'est habitée par « aucun modèle » (p. 93). C'est sans doute une des limites de son essai. Car on ne peut dénier à cet être de l'immédiateté et de la coïncidence à l'instant une forme d'héroïsme : Abensour le reconnaît, sans toutefois développer totalement ce point. Voir M. Crouzet, « Madame de Rênal ou la tendresse héroïque », dans *Stendhal. Héroïsme, nation, religion*, Paris, Eurédit, 2015, p. 9-69.

22. *ORC*, t. 1, p. 542. Voir aussi : « il fallait toujours l'idée d'un public et *des autres* à l'âme hautaine de Mathilde » (p. 771).

23. *Lucien Leuwen*, « Première préface », dans *ORC*, t. 2, 2007, p. 721.

24. H. N. Frye, *The Secular Scripture : A Study of the Structure of Romance*, Cambridge (Mass.), Harvard University Press, 1976.

25. C'est par cette image que Stendhal caractérise la Restauration : « Tout ce qui se fera désormais en France devrait porter cette épigraphe : à l'éteignoir » (*Journal*, 25 juillet 1815, dans *Œuvres intimes*, t. 1, *op. cit.*, 1981, p. 941).

26. Voir A. Déruelle et J.-M. Roulin (dir.), *Les Romans de la Révolution : 1790-1912*, Paris, Armand Colin, 2014.

est son ombre ou son point de fuite. Elle est là sans y être, présente-absente, ou plus exactement *prégnante*. Un passé-futur qui n'est jamais présent. Elle est un non-lieu du roman, l'espace d'une altérité critique du présent. On pourrait dire, en prolongeant les analyses d'Abensour, que la Révolution est ainsi l'utopie du *Rouge*, si l'utopie est « le non-lieu (*u-topos*) qui vient doubler et hanter tout lieu »[27]. Son mode de présence dans le texte ne peut être qu'inactuel, non-actualisé (au sens linguistique), ou d'ordre symbolique. De fait la Révolution, dans ses mentions explicites, y est un autrefois (les renvois à tout le personnel révolutionnaire, Danton en tête, ou à la révolution anglaise de 1688), un ailleurs (dans l'espace-temps du roman, la révolution avortée à la tête de laquelle Altamira s'est trouvé en Italie), un avenir ou une hypothèse[28], une question[29] ou un fantasme, mélange de mémoire individuelle et collective, d'affect et d'idéologie[30]. Elle imprime sa marque par un emblème qu'on ne verra en fait jamais : la guillotine, dont, même au moment de l'exécution de Julien, aucune description n'est donnée. L'objet-symbole de la Révolution est cité[31] ; il est structurant pour le parcours du héros depuis « *le premier pas* » qu'est la découverte du morceau de papier déchiré dans l'église de Verrières au début du roman relatant les « *détails de l'exécution et des derniers moments de Louis Jenrel, exécuté à Besançon le…* »[32], qui préfigure le destin de Julien Sorel, anagramme exacte de Louis Jenrel. Mais concrètement on ne le voit pas. Et pourtant il vectorise un parcours ; il est la *figure*, présente-absente, du destin.

L'amour devient le lieu et l'occasion d'une révolution.

C'est même à son enseigne que s'écrit tout le roman, si l'on suit l'interprétation, lumineuse, du titre par Miguel Abensour. On connaît la lecture traditionnelle, supposément de Stendhal lui-même, du titre-énigme *Le Rouge et le Noir* qui désignerait les deux carrières, ecclésiastique (le noir) ou militaire (le rouge), entre lesquelles Julien doit choisir. Interprétation qui pose plus de questions qu'elle n'en résout. Elle est d'abord apocryphe[33] et bute sur un problème de taille : jamais dans le roman le rouge n'est associé à l'armée. Abensour propose de voir dans *Le Rouge et le Noir* tout simplement la guillotine,

27. M. Abensour, *L'Utopie de Thomas More à Walter Benjamin, Utopiques III*, Paris, Sens & Tonka Éditeurs, 2016, p. 14.

28. « S'il y a révolution je suis sûre pour lui d'un premier rôle », pense Mathilde de Julien ; « si la révolution recommence, il nous fera tous guillotiner », craint Norbert de La Mole (*ORC*, t. 1, p. 738, 631).

29. « Danton a-t-il bien fait de voler ? […] Les révolutionnaires du Piémont, de l'Espagne, devaient-ils compromettre le peuple par des crimes ? […] l'homme qui veut chasser l'ignorance et le crime de la terre, doit-il passer comme la tempête et faire le mal comme au hasard ? », demande Julien (*ORC*, t. 1, p. 618-619).

30. « Ils [les aristocrates] ont tant de peur des jacobins ! Ils voient un Robespierre et sa charrette derrière chaque haie ; ils en sont souvent à mourir de rire, et ils affichent ainsi leur maison pour que la canaille la reconnaisse en cas d'émeute et la pille » (*ORC*, t. 1, p. 102).

31. Le roman compte 11 occurrences de « guillotine / guillotiné(s) / guillotiner ». Sur cet objet-symbole qui hante le XIXe siècle, voir D. Arasse, *La Guillotine et l'imaginaire de la Terreur*, Paris, Flammarion, 1987, et, pour son écho fictionnel, P. Kompanietz, *Les Romans de la Terreur : l'invention d'un imaginaire (1793-1874)*, Paris, Classiques Garnier, 2021.

32. *ORC*, t. 1, p. 371.

33. Voir S. Bokobza, *Contribution à la titrologie romanesque : variations sur le titre « Le Rouge et le Noir »*, Genève, Droz, 1986.

effectivement présentée dans les textes du XIXe en rouge et noir[34]. Interprétation convaincante, au fort pouvoir heuristique, que conforte la présence de Danton en épigraphe : *Le Rouge et le Noir* désigne ainsi, mais de biais, latéralement et non littéralement, par la métaphore (ou synecdoque) des couleurs, la Révolution. Elle est là, mais sans y être tout à fait, par ce jeu du titre, qui dit sans dire tout à fait. C'est bien une ombre portée sur tout le roman qui se dessine dès le titre, suggérant une « autre scène ».

« Un nouveau *nexus* héroïco-érotique »

Si l'autre scène désigne ce halo imaginaire qui borde le roman, lui donne sa profondeur de champ, et fait agir ses personnages, l'expression s'entend en un second sens, qui fait le complément de la thèse de Miguel Abensour : l'amour devient l'autre scène de l'héroïsme révolutionnaire. L'altérité s'entend ici non plus comme l'articulation de deux sphères de nature ontologique différente (réel / imaginaire) mais comme une transposition, un glissement entre des champs contigus, distincts mais de même nature ontologique. *Le Rouge et le Noir* est le lieu d'un déplacement de l'héroïsme du champ politique vers le champ érotique : « De l'héroïsme *in rebus publicis* à l'héroïsme *in rebus veneris* » (p. 90). Dans un siècle prosaïque, dominé par l'argent et la course aux places, l'amour devient la seule possibilité, singulièrement pour un « plébéien révolté », de déployer une forme d'héroïsme, fermé dans le champ politique. « Entendons, précise Abensour, que l'amour au-delà de son caractère aimable présente des situations inextricables, périlleuses à l'extrême, impossibles dont seule l'énergie la plus résolue, l'audace la plus déterminée peuvent triompher » (p. 90-91). *Le Rouge et le Noir* invente ainsi « un nouveau *nexus* héroïco-érotique », un « entrelacs inédit de l'amour et de l'héroïsme » (p. 91). Mais d'un héroïsme qui est bien hérité en droite ligne de la Révolution française. L'amour devient le lieu et l'occasion d'une révolution.

La thèse repose sur un postulat, à vrai dire plus supposé que démontré par M. Abensour, à savoir que la Révolution se caractérise par un « triangle héroïque » (p. 94)[35], soit la conjugaison de trois modalités de l'héroïsme, qu'on retrouve dans le *Rouge* exactement « transposés » au domaine érotique. Ce qui permet à Abensour de relire toute l'histoire amoureuse de Julien, de son éducation sentimentale, sous le signe de la Révolution. La première forme de l'héroïsme révolutionnaire serait « un héroïsme de la sincérité et de l'authenticité », d'origine rousseauiste, dont le schème organisateur est la distinction de l'être et du paraître. Le héros sincère est le « héros sans le masque » (p. 95) et celui qui se rapproche d'un état de pureté naturelle, dénonçant et dépassant la dissociation être / paraître dans une immédiateté authentique. Sous la Révolution, Saint-Just, le radical, est l'incarnation de cet « héroïsme de la sincérité » (p. 96). L'amour de Julien et de Mme de Rênal

34. Par exemple dans *La Quotidienne* du 3 février 1829 : « Une espèce d'estrade en bois rouge avec deux grands bras et quelque chose de noir au-dessus » (cité par H.-F. Imbert, *Les Métamorphoses de la liberté*, *op. cit.*, p. 575-576).

35. Voir aussi le chapitre « Le triangle héroïque » dans *Le Cœur de Brutus* (Paris, Sens & Tonka Éditeurs, 2019), recueil au sein duquel les analyses du *Rouge* par Abensour devaient originellement prendre place avant de s'autonomiser en un essai spécifique.

serait son transfert dans la scène érotique, notamment avec l'épisode de Vergy qui réalise la conversion de Julien, jusqu'alors prisonnier de la religion du devoir, à l'authenticité, la coïncidence de soi à soi et de soi à l'autre, dans le pur bonheur d'exister et d'aimer, le tout favorisé par une Mme de Rênal incarnation de la spontanéité, de « l'âme naïve »[36], c'est-à-dire naturelle, l'image d'« un amour vrai, simple, *ne se regardant pas soi-même* »[37].

Le deuxième visage de l'héroïsme révolutionnaire consiste en ce que M. Abensour nomme « un héroïsme de la maîtrise des apparences » (p. 100), soit un travail de l'artifice. Il s'agit pour le « héros » de se forger un masque pour agir sur les autres, de jouer du mensonge et du rôle et non plus de les dénoncer au nom de la sincérité : « le masque [...] assure le pouvoir de se séparer des hommes ordinaires et de se faire reconnaître par eux pour un homme extraordinaire, c'est-à-dire un héros » (p. 100). Cette forme d'héroïsme a pour qualité dominante « l'éclat » et relève du « pur domaine de la conquête et de la souveraineté » (p. 101). Elle est à l'œuvre dans la *Théorie de l'ambition* de Hérault de Séchelles. Dans le *Rouge* la relation entre Julien et Mathilde de La Mole, véritable « agonistique généralisée » (p. 102), exercice constant de la volonté, « joute héroïque » (p. 66) où chacun entend l'emporter sur l'autre et être à la hauteur de son rôle, en serait la transposition. On y reconnaît le côté théâtral de Mathilde, son culte de la grandeur et de la hauteur.

La troisième forme, paradoxale, d'héroïsme révolutionnaire, serait « l'héroïsme anti-héroïque », celui qui caractérise des acteurs historiques *a priori* éloignés de toute posture héroïque mais capables d'accomplir des actes héroïques « quand nécessité fait loi » (p. 107). Abensour suggère en passant que Danton, qui n'avait pas le goût de la pose, en serait une image. Mais plus sûrement Gilbert Romme qui, critique envers l'héroïsme comme moyen de l'ambition et de la domination, n'en fit pas moins partie des Martyrs de Prairial en se suicidant sur le chemin de la guillotine pour protester publiquement contre la condamnation à mort injuste qui le frappe. L'amour de Julien et de Mme de Rênal dans la prison de Besançon, après le procès, en serait le transfert romanesque. « Fatigué d'héroïsme »[38], Julien (re)découvre en prison, dans l'amour de Mme de Rênal, une forme de simplicité. La prison est alors dépassement de l'héroïsme, ou héroïsme anti-héroïque, consacré par son attitude face à la mort : « Tout se passa simplement, convenablement, et, de sa part, sans aucune affectation »[39]. Julien gagne une forme de courage et de *simplicité* qui, loin de tout simplisme, est une forme de *sublime*.

Cette troisième forme de l'héroïsme révolutionnaire est très rapidement évoquée par M. Abensour, qui développe davantage les deux premières. On reconnaît sans peine dans celles-là la distinction soulignée par Stendhal lui-même entre « l'amour de cœur » et « l'amour de tête »[40], soit l'opposition classique entre une Mme de Rênal être de la spontanéité et de la naturalité et une Mathilde de La Mole être de l'artifice et de la théâtralisation. Ce

36. *ORC*, t. 1, p. 361.
37. Stendhal, « Projet d'article sur *Le Rouge et le Noir* », dans *ORC*, t. 1, p. 836.
38. *Ibid.*, t. 1, p. 771.
39. *Ibid.*, t. 1, p. 804.
40. « Projet d'article sur *Le Rouge et le Noir* », art. cit., p. 836.

n'est pas là où M. Abensour est neuf. Ce qui en revanche est beaucoup plus original, mais discutable, dans sa proposition, consiste à rapporter ces modèles héroïques à la (seule) Révolution française. Il y a là un saut logique ou *a minima* une rapidité argumentative. Si l'identification des trois formes d'héroïsme est éclairante, et s'avère pertinente pour le *Rouge*, en revanche que la Révolution en forme le *nexus* et la manifestation essentielle, convainc moins. M. Abensour passe trop vite sur la démonstration de la présence de ces trois modèles non seulement dans le moment mais dans la *logique* révolutionnaires. Cela tient peut-être à l'état d'inachèvement de son essai, qu'il n'a pas eu le temps de revoir. On peut admettre que la radicalité d'un Saint-Just réalise le modèle rousseauiste d'une aspiration à l'authenticité. Mais cela implique-t-il que la référence rousseauiste, partout active dans le *Rouge* – Stendhal comme toute sa génération se pense au miroir de Jean-Jacques –, passe forcément par la médiation révolutionnaire ? Le bonheur de Vergy doit sans doute plus aux *Confessions*, à *La Nouvelle Héloïse* et aux *Rêveries* qu'aux discours et à l'ethos de Saint-Just. Et surtout, dire que le modèle héroïque de la « maîtrise des apparences », incarné superlativement par Mathilde, est « apparu pendant la Révolution française » (p. 100) est contestable. S'il est lisible dans la *Théorie de l'ambition* de Hérault de Séchelles, publiée au demeurant *avant* la Révolution (1788), il renvoie assurément à une tradition et une morale aristocratiques bien antérieures (Abensour s'appuie d'ailleurs sur le modèle curial de Baltasar Gracián dans *Le Héros*, 1637), dont Stendhal est nourri (Corneille et la longue tradition des mémoires aristocratiques[41]) et qui sont les références plus « naturelles » de Mathilde[42] – comme elles seront celles de Mme Grandet dans *Lucien Leuwen*.

L'idée d'une *autre scène* comme transposition du politique à l'érotique dans le roman stendhalien n'en reste pas moins féconde. On peut toutefois, à partir de l'idée de révolution, prolonger l'hypothèse d'Abensour autrement, en l'envisageant non plus comme un glissement métonymique – relation spatiale de contiguïté – d'un champ d'application à un autre, mais comme un transfert métaphorique – relation d'identité –, le roman textualisant, par ses moyens propres, une révolution qu'il ne peut dire ou inscrire sur le plan diégétique. C'est exemplairement le cas de la Révolution non pas de 1789-1793 mais de 1830. On sait que le *Rouge*, pourtant « chronique de 1830 », n'inscrit pas l'événement climatérique de l'année : la Révolution de Juillet[43]. Peut-être parce que le roman était terminé avant l'été : mais, s'il l'eût voulu, Stendhal eût pu retoucher son roman après la révolution pour l'y faire entrer (il corrige encore les épreuves au début de l'automne). « Juillet » exclu du *Rouge* s'y réinscrit toutefois de biais : par des jeux paratextuels explicites[44]

41. Voir B. Diaz, « Mémoires du monde, mémoires de soi. Stendhal lecteur de mémoires », *L'Année Stendhal* 3, 1999, p. 139-156 ; Ph. Berthier, « Le Corneille de Stendhal », dans *Stendhal. Littérature, politique et religion mêlées*, Paris, Classiques Garnier, 2011, p. 41-62.

42. Voir M. Crouzet, « Mathilde de La Mole ou la décadence moderne de l'énergie passionnelle », dans *Stendhal, héroïsme, nation, religion*, *op. cit.*, p. 71-138.

43. Voir X. Bourdenet, « Fixer la trace ? L'événement "1830" dans *Le Rouge et le Noir* », dans C. Grenouillet et A. Mangeon (dir.), *Mémoires de l'événement. Constructions littéraires des faits historiques*, Strasbourg, Presses Universitaires de Strasbourg, 2020, p. 25-48.

44. Voir les interventions de « l'éditeur » dans l'avertissement du roman ou la note du chap. II, VIII.

ou, et c'est ce qui nous intéresse ici, par des suggestions métaphoriques. De fait, le roman prend soin d'évoquer l'imminence d'une révolution… qui n'a pas lieu : « nous marchons vers le chaos »[45], pressent le marquis de La Mole ; mais ce « chaos » reste un hors-texte. Il évoque encore ces « deux cent mille jeunes gens appartenant à la petite bourgeoisie […] amoureux de la guerre » et de « la liberté de la presse »[46], mais qu'on ne verra pas faire le coup de feu contre la gérontocratie monarchiste au pouvoir. Les seuls coups de feu qu'on entend résonner dans le *Rouge* sont ceux tirés par Julien sur Mme de Rênal dans l'église de Verrières : ils deviennent alors la métaphore ou l'anamorphose d'une révolution – celle de 1830 – qui manque en sa place. L'érotique (le crime amoureux) figure le politique (la Révolution de Juillet), en désigne autrement la place et la nature.

Cet héroïsme révolutionnaire nouvelle manière, transposé ou figuré par l'érotique, est un héroïsme *moderne*, l'héroïsme même de la modernité. Miguel Abensour, c'est l'un des intérêts majeurs de son essai, s'inscrit en faux contre une thèse répandue qui voudrait que le « triste XIXe siècle »[47] soit la mort de l'héroïsme, qu'héroïsme et modernité soient par principe incompatibles. Tzvetan Todorov, parmi d'autres, en analyste de l'essor du libéralisme au XIXe, conclut à un « dépérissement de l'héroïsme provoqué par le triomphe de l'individualisme moderne » (p. 51) et à son remplacement par un goût pour le confort personnel et bourgeois. Le roman de mœurs (Stendhal, Flaubert) enregistrerait alors la mort de l'héroïsme[48]. Montrer, comme le fait Abensour, combien la référence révolutionnaire héroïque est active dans le *Rouge* et comment elle est transposée en une autre scène, amoureuse, lui permet d'affirmer au contraire que le repli sur la sphère privée n'exclut pas l'héroïsme, que le désinvestissement (contraint dans le *Rouge* par une Restauration gérontocratique qui ferme les possibles, et bientôt la bourgeoisie affairiste de Juillet) de l'espace public, civique et politique ménage la possibilité d'un *héroïsme quand même*. Abensour propose alors de lire Stendhal du côté de Baudelaire théoricien de « l'héroïsme de la vie moderne », inscrit au cœur des « sujets privés », porté par des hommes en simple « habit noir », cette « pelure du héros moderne », « expression de l'égalité universelle »[49]. L'idée est originale et suggestive – on sait combien Baudelaire est attaché à Stendhal, qu'il a lu de près, mais ce n'est pas sur cette question de l'héroïsme qu'on les rapproche habituellement. Se dessine là une autre histoire littéraire et intellectuelle du XIXe siècle qui, jusqu'à Nietzsche, réarticule modernité et héroïsme. Elle est féconde si l'on songe que les héros et héroïnes stendhalien.ne.s, sans exception, d'Octave de Malivert à Lamiel, en passant par Julien Sorel, Mathilde de La Mole, Mina de Vanghel, Vanina Vanini, Lucien Leuwen, Fabrice Del Dongo, sont mus par une recherche de l'estime de soi qui tient toujours à la sauvegarde d'une

45. *ORC*, t. 1, p. 743.
46. *Ibid.*, t. 1, p. 692-693.
47. *Ibid.*, t. 1, p. 723.
48. T. Todorov, *Face à l'extrême*, Paris, Seuil, 1991.
49. Baudelaire, *Salon de 1846*, chap. XVIII, « De l'héroïsme de la vie moderne », dans *Œuvres complètes*, t. 2, « Bibliothèque de la Pléiade », Paris, Gallimard, 1976, p. 493-496.

morale et d'une geste héroïques dans un univers moderne systématiquement dévalué comme lieu d'une mise à mort des modèles héroïques. Comment être (encore) héros dans un monde de « l'éteignoir » et de la « halte dans la boue »[50] – les deux images par lesquelles Stendhal figure respectivement la Restauration et la monarchie de Juillet ? C'est la question constante qui fonde le héros stendhalien. Et la réponse est *toujours* donnée par l'aventure, privée, de l'amour. Le cas de Lucien Leuwen qui cherche, jusqu'au bout, jusqu'à la boue, jusqu'à la nausée, à se « *colleter avec la nécessité* »[51] est peut-être le personnage stendhalien le plus proche de l'héroïsme de la vie moderne[52] : celui qui assume la modernité, s'y engage et tente d'y trouver (ou de ne pas y perdre) non pas tant sa place que son être. On notera toutefois qu'hormis ce dernier cas, dans tous les autres l'intrigue amoureuse débouche sur la mise à mort du héros ou de l'héroïne[53]. C'est sans doute la limite du rapprochement avec Baudelaire : *in fine* quelque chose, dans le schéma stendhalien, résiste à l'absorption de l'héroïsme dans et par la « vie moderne ».

Il en est une autre, si l'on revient au *Rouge.* S'il est indéniable que l'intrigue amoureuse transpose un héroïsme qui ne peut plus se vivre dans la sphère publique, la pensée de l'héroïsme y reste fortement imprégnée de modèles traditionnels, qui ne sont pas exactement ceux de Baudelaire. C'est patent dans la « joute héroïque » de Julien et Mathilde. Toute leur relation se vit selon des modèles guerriers, militaires, conception de l'héroïsme d'antique mémoire. Entre eux, ce n'est que « bataille », « duel » ou « complot »[54]. Mathilde est « l'ennemi » qu'il s'agit de vaincre[55]. Miguel Abensour le souligne d'une belle formule : dans cette agonistique, « la carte du Tendre se transforme en une carte d'état-major » (p. 104) et c'est dans le *Mémorial de Sainte-Hélène,* non quelque *Art d'aimer,* que Julien puise sa ligne de conduite face à Mathilde[56]. Mais c'est aussi le cas avec la plus douce Mme de Rênal au début de leur relation, où sous le tilleul de Vergy Julien s'enjoint de prendre la main de Louise comme s'il s'agissait d'un « duel » : « Il avait fait *son devoir, et un devoir héroïque* »[57]. Plus largement, l'image de Julien en individu « en guerre avec toute la société »[58] dit assez la prégnance de ce modèle ancien, militaire, de l'héroïsme dans le *Rouge.* Le champ d'application de l'héroïsme change, mais pas fondamentalement sa conception. « Transposition » ne vaut pas totalement ici réinvention. Notons en outre que la transposition à *l'autre scène* est aléatoire ou à éclipses. De fait, Julien lors du procès présente

50. *Lucien Leuwen*, dans *ORC*, t. 2, p. 730.
51. *Ibid.*, p. 369.
52. Voir X. Bourdenet, « "Heureux les héros morts avant 1804 ! " : héroïsme et modernité dans *Lucien Leuwen* », dans C. Cazanave et F. Marchal (dir.), *Mourir pour des idées*, Besançon, Presses universitaires de Franche-Comté, 2008, p. 151-171.
53. Mort réelle ou symbolique : le mariage de Vanina Vanini est l'équivalent d'un suicide à petit feu.
54. Voir, entre autres, *ORC*, t. 1, p. 646, 648, 651.
55. Cela se traduit jusque dans le gestus érotique : voir la scène de l'épée dans la bibliothèque, un des grands moments de l'histoire amoureuse de Julien et Mathilde, tout entière organisée autour de l'objet-symbole d'un héroïsme aristocratique et guerrier (l'épée).
56. Voir *ORC*, t. 1, p. 731.
57. *Ibid.*, t. 1, p. 397 et 399.
58. *Ibid.*, t. 1, p. 642.

son parcours et son geste criminel (amoureux) en termes de « classes », les réinscrit donc dans un cadre politique (et avec quel éclat !) :

> Mon crime est atroce, et il fut *prémédité*. J'ai donc mérité la mort, Messieurs les jurés. Mais quand je serais moins coupable, je vois des hommes qui, sans s'arrêter à ce que ma jeunesse peut mériter de pitié, voudront punir en moi et décourager à jamais cette classe de jeunes gens qui, nés dans une classe inférieure, et en quelque sorte opprimés par la pauvreté, ont le bonheur de se procurer une bonne éducation et l'audace de se mêler à ce que l'orgueil des gens riches appelle la société[59].

Il repense alors le privé en termes publics, se repositionne dans la scène « traditionnelle » de l'héroïsme[60]. C'est une bascule qu'on n'observe pas chez Baudelaire.

Il semble ainsi que si le roman stendhalien propose bel et bien un transfert du politique à l'érotique permettant d'envisager un héroïsme de la vie moderne, il n'est pas pour autant complètement assimilable à la position baudelairienne. Il représenterait plutôt un moment de transition entre des cadres anciens, que la Révolution a réactivés plus que créés, et une pensée *moderne* de l'héroïsme. C'est cette transition instable qui donne au roman sa dynamique et à Julien Sorel, sans doute, une part de son pouvoir de fascination.

Xavier Bourdenet
Université Rennes 2 / Cellam

59. *ORC*, t. 1, p. 782.
60. M. Abensour le reconnaît d'ailleurs p. 109-110.

Lectures de Miguel Abensour

DIFFICILE LECTURE POLITIQUE DE LEVINAS AVEC MIGUEL ABENSOUR

Michel Olivier

L'article tente d'analyser l'usage politique de l'œuvre de Levinas que propose Abensour. En articulant le politique et l'éthique, en affirmant que le politique trouve dans l'éthique à la fois sa signification originaire et sa limite, sa vocation ultime et son inévitable incomplétude, Levinas hisse le politique si haut qu'Abensour y trouve une sorte d'électrochoc, une radicalité qui pulvérise la fatigue de la raison politique et le défaitisme. Mais comment éviter que cette étincelle de transcendance qui réveille l'imagination politique ne soit trahie par sa projection dans l'histoire ? L'ébranlement éthique du sujet devant Autrui peut-il devenir, avec Abensour, ébranlement permanent des institutions sans se trahir ? Lire Levinas avec Abensour, c'est s'interroger sur ce qui demeure de l'éthique une fois projetée dans la multitude.

Miguel Abensour se tourne vers l'œuvre de Levinas à la fin des années quatre-vingt. Il y puise des concepts et travaille l'usage politique qu'il peut en faire. Il ne lui consacre pas de livre mais de nombreux articles, qui finiront par constituer un recueil[1], ainsi qu'un livre d'entretien[2].

Cet intérêt pour Levinas ne va pas de soi de la part du penseur politique qu'est Abensour. Non pas pour la raison banale et infondée que chez Levinas tout serait éthique, l'autre du politique. Cette banalité est évacuée de façon convaincante par Abensour lui-même, soulignant l'articulation originale que propose Levinas entre éthique et politique.

La difficulté de lecture est ailleurs. Elle est, il me semble, dans l'usage presque incompatible qu'ils font de la radicalité dans la pensée politique. Car chez l'un et l'autre nous trouvons une puissante radicalité, et celle de Levinas semble fasciner Abensour. Mais elle est d'un ordre tout à fait étranger

1. M. Abensour, *Levinas*, Paris, Sens & Tonka, 2021.
2. M. Abensour, *Emmanuel Levinas, l'intrigue de l'humain*, Paris, Hermann, 2012.

à Abensour lorsqu'il aborde Levinas. Chez ce dernier, il ne s'agit pas d'une radicalité d'action ou d'une radicalité de perspective ou de désir politique. Il s'agit d'une radicalité de signification du politique, qui ne cherche pas à secouer notre forme de vie collective, mais à ébranler son sens pour nous, à l'insérer dans une transcendance. Mais que faire d'une transcendance lorsqu'il s'agit de révolutionner nos formes de vie ?

Abensour, nous le préciserons plus bas, est un penseur de l'utopie et du désir politique imaginatif et actif. Quel usage peut-il bien faire de cette évasion vers la transcendance proposée par Levinas ? N'y a-t-il pas un malentendu sur le sens même de son œuvre, ou un usage forcé illégitime ?

Il me semble qu'au contraire, Abensour a bel et bien reçu de Levinas l'idée que tout désir radical de changer le monde a besoin d'être animé par une étincelle de transcendance, pour ne pas devenir un système de certitudes, l'autre visage de la domination. Pourtant, cette réception demeure chez Abensour en tension permanente avec un désir manifeste d'en faire un usage classique dans l'immanence, infidèle à Levinas bien que fécond. C'est cette oscillation entre l'accueil de la transcendance et le désir de la projeter dans l'immanence de la pensée politique que nous allons tenter de saisir.

Je fais ici l'hypothèse que la « philosophie politique » de Levinas n'est pas familière, ni aux lecteurs de textes politiques, ni même à beaucoup de lecteurs de Levinas. Je vais donc d'abord tenter de l'expliciter en peu de mots, en montrant sa forme de radicalité très particulière. Puis je discuterai de la difficile lecture, en tension avec elle-même, qu'en propose Abensour.

Y a-t-il une philosophie politique chez Levinas ?

Le premier texte politique de Levinas, très court, date de 1934. *Quelques réflexions sur la philosophie de l'hitlérisme*[3] cherche l'essence de la civilisation européenne, et la trouve dans l'idée de liberté. Mais il précise immédiatement que celle-ci va bien au-delà de son sens politique. Il ne s'agit pas seulement d'un arrachement au joug du pouvoir, mais du refus d'un destin déterminé par l'histoire et la nature. Chaque grand moment spirituel de l'Europe est explicité par le jeune Levinas comme une affirmation de cette liberté. Le judaïsme apporterait la liberté à l'égard du passé grâce au pardon, le christianisme affirmerait la possibilité de la grâce et de la dignité pour chacun d'entre nous, contre la fatalité grecque, le libéralisme des lumières affirmerait la vocation de la raison autonome à s'affranchir des déterminations de la nature et de l'histoire, à refuser la causalité aveugle en faveur d'un projet humain, et le marxisme ne s'arrêterait pas à la détermination matérialiste puisque sa prise de conscience devient arrachement à son déterminisme social.

L'hitlérisme, face à cette essence civilisationnelle de l'Europe, est alors interprété comme son contraire en tout point, privilégiant le biologique, la race, le sentiment du corps, les voix du sang, l'enchaînement à une vocation historique.

Dès cet article de jeunesse, la radicalité si spécifique de Levinas apparaît. Le judaïsme et le christianisme sont situés en Europe, et non dans l'Orient

3. E. Levinas, *Quelques réflexions sur la philosophie de l'hitlérisme*, Paris, Payot et Rivage poche, 1997.

méditerranéen qui les a vus naître. La fatalité grecque, elle, est située contraire à l'Europe. La liberté talmudique n'est pas liberté d'agir ou de vouloir, mais possibilité éthique de renverser la signification morale du passé par le pardon. La liberté chrétienne n'est pas affirmation d'une dignité politique de chacun mais d'une dignité morale, elle n'affranchit pas du pouvoir mais affirme ce pouvoir comme subalterne en regard de la grâce. Les lumières ne sont pas refus de la raison d'État mais primauté de l'idéalisme sur le déterminisme de la matière. Même le marxisme, avant d'être transformation nécessaire de l'économie, est conscience d'un rapport de classes qui, dès lors, n'est plus une fatalité.

Tout désir radical de changer le monde a besoin d'être animé par une étincelle de transcendance.

Nous sommes déjà dans ce qui deviendra chez Levinas l'*Autrement qu'être*, l'idéalité qui oriente et dit le sens sans nécessairement s'appuyer sur une description factuelle du réel. Non pas que la factualité importe peu, elle importe. Mais sa signification est toujours relative à une exigence idéale qui, elle, ne doit rien à cette factualité. C'est par cette exigence hors sol, purement idéale, que la transcendance s'introduit dans l'histoire.

Ce premier texte de 1934 est-il vraiment un texte politique au sens classique ? Sans doute non, il ne fait qu'opposer deux significations de l'histoire, mais il l'est au sens que Levinas donnera au politique plus tardivement.

Une seconde étape de la pensée politique de Levinas se situe dans l'œuvre majeure qu'est *Totalité et infini*[4], parue en 1961. Levinas y développe une conception nouvelle et radicale de l'éthique, qui n'est plus comprise comme perfection ou expression de l'être de l'individu (quel que soit le fondement de cette perfection ou de l'ordre à exprimer), mais comme déstabilisation de l'individu par autrui. L'être, la nature, l'histoire, le train du monde tel qu'il va, ne permettent pas de penser l'éthique. Le train du monde est *conatus essendi* en lutte, donc fondamentalement guerre. La paix des nations et des empires a alors pour signification une articulation optimisée de la conflictualité naturelle des *conatus essendi*. Autant dire que cette paix a pour signification l'évitement d'une guerre dangereuse et aléatoire. L'éthique est alors ce qui vient perturber ce train du monde par l'apparition du visage d'Autrui dans sa nudité et sa fragilité. Autrui ainsi accueilli n'est ni concurrent ni objet de connaissance, il est une pure demande qui m'est adressée et qui ébranle mon *conatus essendi*.

Ici le politique est l'organisation sociale de l'évitement de la guerre, train normal de l'être. Cet évitement est bon, désirable, l'État est désirable et désiré, nous sommes bien loin d'Abensour et de son politique contre l'État, mais l'État et le politique ne sont qu'équilibre de la violence, violence qui se limite elle-même, incapable de capturer la signification ultime de l'humain qui consiste à se laisser ébranler par Autrui dans l'éthique. L'État et le

4. E. Levinas, *Totalité et infini, essai sur l'extériorité*, Paris, Le livre de poche, 1992.

politique agissent selon des modes impersonnels où la détresse de tel ou tel individu importe peu.

La continuité avec l'article de 1934, quant à la radicalité de Levinas, est frappante. L'éthique, pure transcendance qui ne doit rien à la factualité du monde, n'émerge en effet pas de l'histoire et de la nature. Elle émerge d'une idéalité prescriptive, une exigence quant à l'idée d'humanité, qui non seulement n'est pas fondée dans l'histoire mais engendre au contraire un point d'appui intemporel pour juger l'histoire. L'éthique est le point d'appui anhistorique pour juger l'État et le politique qui ne sont qu'organisation raisonnable d'un train de l'être en deçà de l'idée d'humanité.

Ce n'est qu'avec la publication d'*Autrement qu'être ou au-delà de l'essence*[5], en 1974[6], que Levinas devient, à proprement parler, politique, paradoxalement en conférant aux institutions sociales une signification éthique. Là, l'éthique lévinassienne se radicalise encore, devient toujours plus hors le sol de la factualité mondaine, pour s'affirmer comme pure signification de l'humain. Mais le politique n'est plus l'autre de l'éthique, comme Abensour l'a bien vu, mais son nécessaire écho dans l'être social. Le politique devient le nécessaire devenir immanent de la transcendance. Cette radicalité ultime, qu'Abensour, séduit, qualifie d'extravagante, émerge ainsi.

Le sujet n'est plus d'abord *conatus essendi* puis ébranlement par l'apparition du visage d'Autrui. Il est immédiatement proximité et responsabilité pour Autrui. Cette responsabilité est constitutive de la subjectivité. Elle ne résulte de rien, elle est immédiatement moi. En particulier, ma responsabilité ne résulte pas de ce que j'aurais causé. Je viens au monde et j'en réponds immédiatement. Nous avons des traces de cela dans l'histoire : le militantisme, l'action humanitaire, le don de soi pour une cause ou un idéal. Mais ce ne sont que des traces. L'affirmation de Levinas n'en résulte pas. Elle est affirmation du sens ultime de l'humain comme porteur d'un renversement possible du cours des choses. Mon unicité dans le monde, ma singularité, n'est jamais celle de mes prédicats, mais celle de l'impossible dérobade devant cette responsabilité immédiate.

Le politique est alors l'écho dans le monde, ou le devenir incomplet, de cette signification extravagante de l'humain. En effet, si je réponds de tout, non seulement d'Autrui, mais du tiers, et de l'humanité entière, comment arbitrer entre les demandes de chacun ? Cela exige comparaison, savoir, institutions, politique. L'extravagance radicale de l'éthique s'équilibre ainsi par la présence du tiers et de la multitude de l'humanité. Le tiers n'est pas ce qui empêche la relation éthique pleine, entière et exclusive, avec Autrui. Il est toujours déjà là dans le visage d'Autrui. La relation à Autrui m'emporte à l'infini mais elle est immédiatement demande de rééquilibrage, de symétrisation par le politique et le savoir. J'ai besoin du politique et de l'État pour accomplir ma tâche éthique dans la multitude de l'humanité.

Toutefois, et c'est le plus important, cet écho dans l'immanence est incomplet. J'ai certes besoin du politique pour accomplir ma responsabilité éthique, mais

5. E. Levinas, *Autrement qu'être ou au-delà de l'essence*, Paris, « Biblio essais », Le livre de poche, 1990.
6. Ce découpage en trois temps de la pensée politique de Levinas s'inspire de Georges Hansel. Voir son *Politique d'Emmanuel Levinas*, Paris, Éditions du Sandre, 2010.

celle-ci ne s'épuise pas dans l'État et les institutions. Car avec les institutions arrive l'universel, seule possibilité de comparer les incomparables et d'arbitrer. Mais l'universel est l'impersonnel. La signification éthique du politique ne peut que disparaître sous le poids de l'universel institutionnel autocentré. L'État doit donc rester sous surveillance. Pour le corriger constamment, et aussi pour le compléter, pour prendre en charge les laissés-pour-compte de l'universel. Le bon régime politique, pour Levinas, n'est pas celui qui serait conforme à la justice, mais celui qui demeure ouvert à la critique et accepte comme évident un processus d'autocorrection devant l'infinie exigence de ses fondements éthiques. L'extravagance éthique fonde le caractère infini et toujours imparfait du politique. L'État libéral semble bien être ce régime chez Levinas. La parole politique n'y est certes pas une parole éthique. Elle est tranchante et affirmative. Mais elle appelle la parole critique de l'éthique.

Lecture politique de Levinas avec Abensour, entre immanence et transcendance

Abensour a consacré de nombreux textes à Levinas politique, autour des thématiques qui lui sont chères : le contre-Hobbes, le contre-État, l'utopie, peut-être faudrait-il rajouter le contre-savoir. Si l'utopie doit être comprise comme l'affirmation de la primauté politique du désir imaginatif sur l'analyse froide étriquée et défaitiste de l'histoire, alors l'utopie est déjà tentée par la transcendance[7]. L'usage qu'entend faire Abensour de Levinas est d'abord celui d'un libérateur de l'imagination. La lutte politique a besoin d'énergie, de mobilisation, de création, de foi, de désir : Levinas serait une source, parmi d'autres (Clastres, Lefort, Arendt, Marx, l'École de Francfort) de ce réveil du politique.

Mais comment voir un tel réveil sous la plume hors sol de Levinas que nous venons d'évoquer ? Sans doute dans l'idée que la signification du politique proposée par celui-ci est en soi un électrochoc. Le politique avec Levinas n'est pas hobbesien, puisque son fondement est de limiter non pas la violence, mais ma responsabilité élective pour chaque Autrui. Il n'est pas l'État, puisque le sens ultime du politique exige qu'il demeure sous surveillance de la bonté. Il n'est pas ancré dans le génie épistémique des philosophes, puisqu'il est ultimement appelé par la responsabilité et non par le savoir. Il ne saurait non plus tomber dans la fatigue de la raison, qu'Abensour voit chez Furet[8], puisque son exigence est initiée par une responsabilité infinie.

Mais alors que Levinas en déduit un amour critique et toujours déçu de l'État, appelant l'individu à une vigilance jamais devenue inutile, Abensour veut y trouver aussi un éternel renversement institutionnel, en projetant le désir éthique infini de l'individu dans un désir politique qui deviendrait lui aussi, infini. Une révolution permanente, absente de Levinas.

Illustrons.

7. Voir M. Abensour, *La communauté politique des « tous uns »*, Paris, Les Belles Lettres, 2014.
8. *Ibid.*, p. 25.

Dans le très beau texte de 1991 intitulé « Penser l'utopie autrement »[9], Abensour va chercher Levinas pour forger un nouveau sens à l'utopie, sens qui s'écarte de celui que l'on peut trouver par exemple chez Martin Buber ou Ernst Bloch.

Abensour nous rappelle en effet que Levinas commence par suivre Buber dans son geste de situer l'utopie dans la socialité, la relation humaine, et non dans une quête d'institutions parfaites. Il ne s'agit plus de maîtriser l'humain, de pousser à son paroxysme le savoir du social, mais de laisser à l'affect et au sentiment le désir de la rencontre. Levinas et Buber partagent la volonté de situer l'utopie hors de la relation *Je/Cela* pour la retrouver dans la relation *Je/Tu*, *Cela* étant objet de savoir, *Tu* étant imprévisible et désiré comme tel. C'est ce *Tu* imprévisible, non objet de savoir, transcendant, qui ébranle ma subjectivité, qui nourrit la parole qui permet de toujours juger le *Cela*, l'état du monde, l'histoire. Nous sommes là dans l'atmosphère de *Totalité et infini* tel que décrit plus haut. Mais Levinas est plus radical que Buber et c'est ce qui intéresse Abensour. Chez Buber la relation *Je/Tu* est symétrique. Elle entend certes se protéger d'une dérive vers la communauté fusionnelle, dérive totalisante toujours voisine de la dérive totalitaire, en conservant l'altérité du *Tu*. Mais Levinas refuse la symétrie, parce qu'elle est déjà porteuse de totalisation. S'il y a réciprocité, il y a comparaison, partage, besoin d'institutions. Buber, en rejetant la relation *Je/Cela*, pense rejeter le politique, toujours pensé comme domination verticale, pour instaurer la communauté non fusionnelle, socialité utopique. Mais Levinas, dans la réciprocité, voit déjà la nécessité du politique pour organiser une réciprocité multiple. Il va donc, comme évoqué à propos de *Totalité et infini*, instaurer la dissymétrie de la relation éthique. Autrui est le vulnérable et le pauvre, il m'ébranle et m'oblige. Cette dissymétrie introduit une nouvelle verticalité, qui n'est pas celle de la domination politique bien sûr, mais celle de l'obligation éthique, de la transcendance d'Autrui que je ne secours pas en vertu d'un savoir social mais en vertu immédiate d'un sentiment d'obligation. Cette radicalité séduit Abensour, qui y voit, à juste titre, le vrai rejet de la communauté fusionnelle, de la tentation totalisante, et le vrai rejet du savoir comme fondement ultime et platonicien de l'organisation du social.

C'est là, il me semble, que s'introduit une première difficulté. Abensour voit dans ce geste radical de Levinas la possibilité du retour du politique au sens authentique du terme, disons, pour faire court, au sens arendtien[10]. Buber avait congédié le politique en faveur d'une communauté parce qu'il était tenté par l'illusion de l'harmonie spontanée des humains. Le geste utopique de Levinas est bien plus radical. Il ne s'agit pas d'harmonie sociale mais de responsabilité, d'ébranlement éthique de l'*ego* devant le dénuement d'Autrui. Mais Abensour n'y voit pas un regard éthique qui place le politique, nécessaire bien que pas à la hauteur de l'humain, sous surveillance de l'éthique. Il y voit la possibilité des « Tous uns », expression de La Boétie qui désigne la

9. M. Abensour, « Penser l'utopie autrement », dans *Emmanuel Levinas*, Cahier de l'Herne, « Biblio essais », Paris, Le livre de poche, 1991, p. 572 *sq*.

10. Pour une présentation succincte de la lecture qu'Abensour fait de Arendt, voir M. Abensour, *La communauté politique des « tous uns »*, *op. cit.*, p. 159 *sq*.

communauté politique sans verticalité du pouvoir ni fusion horizontale. Cette nouvelle utopie lévinassienne, nous dit Abensour, est celle rendue possible par la nouvelle résonance transcendante que le mot *humain* y acquiert. Ceci est parfaitement vrai, mais n'est pas politique. Cela demeure, chez Levinas, le point de vue éthique qui surveille le politique. Alors que Levinas nous invite à sortir du politique pour y chercher sa signification ultime, Abensour tente un retour au politique en y revenant armé de cette nouvelle puissance de la transcendance. Mais cette puissance, pure signification, n'est justement pas puissance d'agir mais passivité, ébranlement éthique.

Le malentendu n'est d'ailleurs pas total, il s'agit d'une difficulté inhérente à la pensée de Levinas. Abensour connaît parfaitement le poids et la signification de la transcendance chez Levinas. Mais il désire un écho politique à cette transcendance, qu'il nomme nouvel esprit de l'utopie.

Veut-il, en cela, immanentiser l'éthique ou hisser le politique vers la transcendance sous le nom d'utopie ?

Abensour voit dans *Totalité et infini* une réfutation de Hobbes. Mais dans l'œuvre de 1961, il y a rejet et non réfutation de Hobbes. Lorsque Levinas situe le visage hors du monde et donc hors du champ des rapports de force des *conatus essendi*, il ne nie pas la réalité hobbesienne, la préface de *Totalité et infini*[11] en atteste clairement. Il nie que cela épuise la signification de l'humain. En y voyant une réfutation, Abensour semble plutôt immanentiser l'éthique, ou au moins la mettre au service de l'immanence. À moins de conférer une signification purement normative, néo lévinassienne en quelque sorte, au terme *réfuter* ?

Dans ce même texte de 1991, Abensour se tourne ensuite vers Ernst Bloch et la critique qu'en propose Levinas et développe une nouvelle oscillation entre l'immanentisation de l'éthique et la transcendance du politique.

Levinas reconnaît en effet à Bloch son geste remarquable : affirmer un écart entre l'homme et l'être, ou entre la volonté et l'entendement. Mais la misère de l'homme, ou défaillance de l'être, appelle, chez Bloch, l'éveil d'une nouvelle ontologie, sous le signe du devenir. La sensibilité à la misère, d'ordre éthique, est immanentisée dans une ontologie du devenir. L'être défaillant ne l'est que comme être inachevé. Là réside l'utopie chez Bloch. Il pense la défaillance de l'être à partir de l'homme, certes, mais pour la voir comme inachèvement à achever. Le bien, chez Bloch, est un « pas encore », et en cela il est immanence. Abensour souligne alors la radicalisation lévinassienne de l'utopie : en la situant dans l'intrigue de l'humain, c'est-à-dire dans la transcendance. En situant l'utopie dans le devenir, Bloch la ramène dans l'ontologie, qui absorbe alors l'exigence éthique qui l'avait inspirée. Le prolétaire, chez Bloch, est signe d'inachèvement à achever. Le persécuté, chez Levinas, n'est pas appel à l'achèvement mais au désintéressement, c'est-à-dire, dans le langage de Levinas, à la sortie de l'être, vers l'*Autrement qu'être*. Radicalité, ou « excentricité » dans le langage d'Abensour, d'un tout autre registre. Il ne

11. Voir par exemple : « L'art de prévoir et de gagner par tous les moyens la guerre - la politique – s'impose, dès lors, comme l'exercice même de la raison. La politique s'oppose à la morale, comme la philosophie à la naïveté », E. Levinas, *Totalité et infini, op. cit.*, Préface, p. 5.

s'agit pas, chez Levinas, de formuler les conditions d'une société parfaite en devenir, outrecuidance du savoir, mais d'être ébranlé par la rencontre avec le persécuté, ébranlement qui signifie abandon du *conatus essendi*, abandon du rapport de force. Là réside le désintéressement, radicalité bien plus radicale que Bloch, et qui fascine Abensour.

Transcendance de l'utopie cette fois, et donc du politique ? Il semblerait. Mais immédiatement après, Abensour immanentise l'affaire à nouveau : « Et l'on pourrait considérer, en ne s'éloignant pas du texte de Levinas – texte sans reprise de souffle – qu'il y a là une mise en relation de la révolution et de l'idée de l'infini [...] ce qui suscite, sans aucun doute, la mesure de l'institution, de la justice et de la politique »[12].

Révolution, institutions, politique : comme nous l'avons rappelé, chez Levinas ces termes sont certes appelés par l'éthique, mais en sont le devenir savoir. Nous ne sommes plus dans l'utopie lévinassienne, nous ne sommes plus dans la rencontre éthique, nous sommes dans la gestion des affaires courantes inspirée originairement par l'utopie. Si Abensour voit un nouvel esprit de l'utopie dans le désintéressement lévinassien, comment peut-il le nommer « révolution », qui est un devenir ontologique dont le désintéressement n'est que la signification originaire ? Certes Abensour précise son geste, avec subtilité : la révolution dont il s'agit ne vise pas une situation sociale parfaitement organisée par le savoir. C'est une révolution permanente, un désordre qui demeure désir et inquiétude. Retrouvons-nous dans ce désordre inquiet la mise sous surveillance du politique par l'éthique ? Ce n'est pas clair. Le dérèglement de l'essence lévinassien est un dérèglement du sujet et de son *conatus*, pas un dérèglement des institutions politiques du collectif. Mettre sous surveillance, critiquer et autocorriger est la responsabilité de l'individu. Est-ce réductible à une instabilité institutionnelle ?

Chez Levinas, le sujet ébranlé met le politique sous surveillance, Abensour semble traduire cela en un dérèglement du collectif qui serait l'utopie-même. Nous voyons le point de convergence entre Abensour et Levinas : dans les deux cas, la figure du prolétaire n'appelle pas à une société sans classe qui aurait l'outrecuidance de penser que le persécuté aurait alors disparu, dans les deux cas l'utopie n'est pas triomphante, refus important et précieux chez ces deux auteurs. Et pour les deux auteurs cela passe par une suspension du *conatus essendi*. Mais chez Levinas, il s'agit de *mon conatus essendi*, celui du sujet et en premier lieu : moi. Chez Abensour il y a glissement vers la suspension d'un *conatus* collectif : « ce n'est plus à un *conatus essendi* collectif qu'appelle la rencontre du prolétaire mais à une suspension du *conatus* »[13].

Or précisément, chez Levinas, ce point est essentiel. Sa radicalité éthique est une radicalité de la rencontre avec Autrui, sous le régime de deux. Dès que nous passons au tiers, dès que nous passons au régime du collectif, nous basculons dans le savoir. Ce savoir étant toujours incomplet, la responsabilité de l'individu demeure, mais pas nécessairement l'ébranlement politique des institutions. Abensour semble à la fois entendre cela et désirer ne pas s'en

12. M. Abensour, « Penser l'utopie autrement », dans *Emmanuel Levinas*, *op. cit.*, p. 587.
13. *Ibid.*, p. 589.

contenter, lui qui voit la démocratie authentique comme nécessairement contre l'État.

Cependant, à nouveau, ce hiatus est fugitif, à peine esquissé par Abensour. Très vite il revient à une lecture classiquement lévinassienne dans la discussion qui suit sur la signification utopique de la mort chez Bloch et Levinas, où le collectif disparaît et où il ne s'agit que de comparer la mort du sujet subjugué par l'avenir et la mort du sujet dont le désintéressement aurait retiré à la mort son dard. Très vite, l'utopie lévinassienne lue par Abensour retourne à son élément éthique et quitte le collectif.

À ce stade, la lecture politique que fait Abensour de Levinas soulève la question suivante : le désintéressement lévinassien peut-il avoir un sens collectif? L'ébranlement du sujet devant le visage d'Autrui, ou sa situation d'otage dans le vocabulaire tardif de Levinas, peut-il avoir une signification immédiatement politique d'ébranlement non seulement des certitudes collectives quant à la bonne gestion du social mais aussi des institutions? Ou bien faut-il voir le politique toujours sous le régime du savoir, mais que chacun, individuellement, sait naturellement totalisant et autocentré et que chacun, donc, surveille? L'éthique lévinassienne appelle-t-elle une société traversée par une sorte de conflictualité politique permanente, comme la lecture que propose Abensour de Clastres le laisse entendre, où l'État est en soi le mal à éviter? Ou bien appelle-t-elle l'État, stable et sous le régime du savoir, mais sous surveillance éthique de chacun, l'État libéral étant la forme d'État qui accepte comme évidente cette surveillance? Il y a là, il me semble, une distance profonde entre Abensour et Levinas, qu'Abensour préfère ne pas expliciter.

Cette oscillation – évitement se retrouve, dans une certaine mesure, dans tous les textes qu'Abensour consacre à Levinas. Ainsi par exemple « L'extravagante hypothèse »[14], article de 1996-1998, où Abensour élabore à partir de Levinas une figure du contre-Hobbes si innovante et radicale qu'il la qualifie d'extravagante.

Hobbes fonde l'État moderne dans la nécessaire limitation de la violence de chacun envers chacun. Nous acceptons de nous assujettir à une domination verticale parce que nous voulons éviter le risque de mort violente. À cette thèse hobbesienne, Levinas, notamment dans *Autrement qu'être ou au-delà de l'essence*, oppose une autre signification de l'État : celle de la limitation de l'éthique, nous l'avons vu plus haut. La relation à Autrui est dissymétrique, mais cette dissymétrie n'est possible que dans la relation éthique duale. L'éthique elle-même exige que cette relation dissymétrique à la transcendance d'Autrui se fasse réciprocité, savoir, calcul, comparaison des incomparables, dès lors que nous prenons en compte le tiers et avec lui toute la société. C'est cette limitation de la relation à l'infini que l'État et le politique doivent opérer. Dans son texte, Abensour explicite parfaitement cette figure lévinassienne, en en identifiant l'origine et la possibilité dès les premiers écrits de Levinas, le livre *De l'évasion*[15], publié en 1935. Cette continuité entre le jeune Levinas

14. M. Abensour, « L'extravagante hypothèse », dans *Levinas*, *op. cit.*, p. 61-102.
15. E. Levinas, *De l'évasion*, « Biblio essais », Paris, Le livre de poche, 1998.

et la philosophie développée dans *Autrement qu'être* me semble juste et parfaitement argumentée par Abensour. La guerre est la vérité de l'être, certes, mais cette vérité n'épuise pas l'intelligibilité de l'humain. Cette vérité est une vérité dégradée. Aspirer à s'évader de l'être, aspirer à se vider de son *conatus* par la responsabilité pour Autrui, c'est aspirer à une signification plus haute de l'humain, qui s'affranchit des nécessités de l'être pour viser plus haut, utopie. Il ne s'agit pas de dénier à l'histoire sa vérité, mais de prendre appui au-delà de l'être pour la juger, la désirer autre. Abensour tire ici le politique vers le haut avec Levinas. Mais rapidement, c'est l'éthique qui est à nouveau immanentisée. Dès le titre de l'article. S'agit-il bien d'une hypothèse ? S'agit-il d'une presque thèse sur le monde dont nous n'avons pas encore la preuve mais que nous livrons comme une invitation collective à la valider ? Le sens même de l'*Autrement qu'être* est de ne pas être une thèse sur le monde, ni une hypothèse. Viser plus haut que l'être et ainsi juger l'être n'attend aucune preuve, ne dit rien du monde. C'est une signification normative. Abensour le sait, puisqu'il qualifie lui-même, en citant Lyotard, la philosophie de Levinas de non-savoir, de pensée privilégiant la proximité (éthique) et non le savoir (politique)[16]. Le non-savoir n'émet pas d'hypothèse.

Nous pourrions voir dans ce terme d'hypothèse une figure de style qui n'appelle aucune interprétation lourde. Mais il n'en est rien. Car Abensour fait du contre-Hobbes de Levinas une réfutation de Hobbes[17]. Une réfutation se place sur le même plan que la thèse qu'elle entend réfuter, alors que Levinas s'évade du plan réaliste hobbesien, comme l'a bien montré Abensour lui-même. Il ne réfute pas Hobbes, il y a d'ailleurs des lignes de Levinas que Hobbes pourrait signer. Mais il rejette Hobbes, au nom de la signification dégradée de l'humain qui s'en dégage.

Abensour, dans la troisième et dernière partie de son article, entend expliciter l'usage politique que l'on peut faire du contre-Hobbes de Levinas. Il souligne à juste titre l'usage que Levinas en fait lui-même : ériger un fondement à la critique de l'histoire et à la critique de l'État ; celui-ci ne doit pas oublier sa signification originaire et ne peut se laisser aller à trouver en lui-même sa propre signification. Et nous sommes chargés, nous individus responsables, de le lui rappeler. Mais Abensour ne peut se contenter de cette position critico-éthique. Il cherche encore à immanentiser cette visée. Et il demande : un État donné est-il hobbesien ou lévinassien[18] ? Est-il fondé sur une hiérarchie enseignée (qui justifie la domination pourvu que la paix politique règne) ou sur un individualisme éthique dont l'institution même procède de la responsabilité[19] ? Abensour invoque un texte de Levinas qui compare l'État de César et sa *Realpolitik* à l'État de David[20] et sa fraternité.

16. M. Abensour, *Levinas, op. cit.*, p. 75. Précisions que la pensée de Levinas consiste non pas à s'affranchir du savoir, mais à justifier le savoir par la proximité, à anoblir le savoir et le politique qui le suit par sa signification éthique dans la proximité et la responsabilité.
17. *Ibid.*, p. 77.
18. *Ibid.*, voir p. 82.
19. *Ibid.*, voir p. 84.
20. *Ibid.*, voir p. 84 et 85. Voir également « L'état de César et l'état de David », dans E. Levinas, *L'au-delà du verset*, Paris, Minuit, 1982, p. 209 *sq.*

« Le choix entre les deux hypothèses n'est donc pas indifférent. Il détermine des formes d'État à l'opposé l'une de l'autre »[21].

Mais il n'y a pas et ne peut y avoir une forme d'État fondée sur l'hypothèse extravagante. Tout État, chez Levinas, est immédiatement menacé de devenir sa propre finalité. La difficulté réside dans le fait qu'il n'y a pas d'État fidèle à sa signification éthique. C'est notre exigence, nous individus, qui peut être fidèle à cette signification : « Des consciences individuelles, seules capables de voir ces violences qui découlent du bon fonctionnement de la Raison elle-même »[22]. Mais alors comment comprendre l'État de David évoqué par Levinas lui-même ? Ne s'agit-il pas de l'État fidèle à ses fondations éthiques ?

L'État de David est de l'histoire sainte, l'État de César est de l'histoire. Ces deux histoires sont incommensurables. L'histoire sainte n'est pas un moment de l'histoire. Elle est hors du temps. Elle est ce passé qui n'a jamais été présent. Elle est une signification éthique de l'histoire. Elle est *Autrement qu'être*. Comparer César et David est à nouveau mettre sur le même plan ce qui ne peut l'être. Levinas interprète César à la lumière de David. Mais l'État historique qui prétend ou espère être un État de David serait sans doute le plus dangereux de tous. La surveillance éthique deviendrait milice et commissaire du peuple.

Cette évidence n'échappe pas à Abensour bien sûr, lui qui rappelle à juste titre les vastes entreprises manquées des aventures de l'émancipation[23], lui qui veut injecter dans l'État une inquiétude, lui qui rappelle que le monde politique doit rester parent du monde idéal[24]. Mais cette injection prend parfois chez lui la tournure d'une inversion du *conatus* politique de l'État, extension de l'inversion éthique du *conatus* que subit le sujet lévinassien[25]. Or il n'y a pas de responsabilité institutionnelle chez Levinas. Seul le sujet humain est responsable.

Nous retrouvons à nouveau ce devenir collectif de l'ébranlement éthique ou cette immanentisation politique de la transcendance de l'éthique dans l'article « Le mal élémental » de 1997, qui commente l'article de Levinas « Quelques réflexions sur la philosophie de l'hitlérisme » dans son édition de 1997[26]. Nous n'avons pas ici l'espace de développer l'argument. Disons simplement qu'Abensour interprète l'article sur l'hitlérisme de 1934 à la lumière du livre *De l'évasion* de 1935, pour montrer que l'être rivé au corps et à la détermination biologique que décrit l'article est le devenir collectif et politique de l'expérience saturante de l'être. L'enchaînement au déterminisme qu'est l'hitlérisme serait le paroxysme politique de la saturation de l'être que l'individu éprouve dans *De l'évasion*, la présence nauséeuse de nous-même à nous-même. Mais ce paroxysme politique serait pathologique, parce qu'il lui manque la réaction de révolte contre l'être, le désir d'évasion que l'individu éprouve, alors que l'hitlérisme célèbre l'être rivé.

21. M. Abensour, « L'extravagante hypothèse », dans *Levinas, op. cit.*, p 86.
22. E. Levinas, « Transcendance et hauteur », dans *Liberté et commandement*, Paris, « Biblio essais », Le livre de poche, 2008, p. 97.
23. M. Abensour, *Levinas, op. cit.*, p. 96.
24. *Ibid.*, voir p. 86.
25. *Ibid.*, voir p. 96.
26. E. Levinas, *Quelques réflexions sur la philosophie de l'hitlérisme, op. cit.*

Ce rapprochement entre les deux textes est-il une élévation du politique vers sa signification métaphysique ? Ou un écho immanent du désir de transcendance qui se dessine dans *De l'évasion* ?

Dans le *post-scriptum*[27] à l'article de 1934 ajouté en 1990, Levinas précise que l'hitlérisme demeure une possibilité inhérente de l'être, un paroxysme du « Mal élémental » qu'est le train de l'être dans sa terrible indifférence. La liberté européenne ne suffit pas à conjurer ce mal.

Il lui manque la responsabilité pour l'autre homme. Levinas tire donc sa problématique politique vers les hauteurs de sa signification originairement éthique qui était absente en 1934. Abensour, lui, tout en soulignant cette hauteur, ne résiste pas à la tentation d'y voir que « Levinas reprend la question de Baruch Spinoza héritée d'Étienne de La Boétie, comment se fait-il que les hommes combattent pour leur servitude comme s'il s'agissait de leur salut ? »[28]. Nous retrouvons l'immanentisation de l'éthique dans le politique, l'irrésistible désir de faire des significations lévinassiennes un usage empirique collectif.

Conclusion

La préoccupation de Miguel Abensour est politique. Par la lecture qu'il propose de Levinas et de ses significations originairement éthiques du politique, il entend libérer la pensée politique de son défaitisme, de son enlisement dans l'outrecuidance du savoir. Il veut puiser dans la transcendance de la rencontre d'Autrui une nouvelle radicalité politique. Ce faisant, il est conduit à immanentiser le propos de Levinas, à étendre l'ébranlement éthique du sujet vers un désordre des institutions étatiques porteur d'une nouvelle utopie.

Nous avons tenté de montrer que cette lecture affronte une difficulté indépassable, inhérente à la pensée de Levinas. Il ne s'agit pas d'une fausse lecture, mais d'une lecture qui accepte de distordre, sans doute en pleine conscience bien qu'implicitement, parce qu'Abensour n'est pas là pour enseigner Levinas mais pour proposer un usage politique de Levinas.

Est-il possible de lire Levinas politiquement sans le distordre ?

Jean-François Lyotard, dans *Le différend*[29], écrit la phrase suivante : « Peut-être que nous agissons justement quand nous ne voulons rien obtenir par notre action »[30]. Cette proposition est une allusion directe à la philosophie de Levinas. Elle souligne l'idée que la justice n'est pas la conciliation des volontés. La justice ne peut donc pas habiter le politique sereinement. Elle ne fait qu'y chercher sa place. Pourtant, l'idée régulatrice de justice fonde le politique bien sûr. Comment concilier cela ?

Chez Lyotard le savoir est multiple et hétérogène. Il est composé de plusieurs formes de discours dont aucun ne peut prétendre légiférer les autres. Chaque discours a son domaine de légitimité. Il ne peut donc y avoir de justice dans le savoir que lorsqu'un discours cède le pas à un autre discours non pas parce qu'il serait invalidé par ce second discours, ni encore moins parce qu'il serait écarté violemment, mais par désir d'Autrui, par autolimitation de sa

27. E. Levinas, *Quelques réflexions sur la philosophie de l'hitlérisme*, *op. cit.*, p. 25-26.
28. *Ibid.*, p. 56-57.
29. J.-F. Lyotard, *Le différend*, Paris, Minuit, 1983.
30. *Ibid*, p. 189.

propre légitimité. Par exemple lorsque l'économie cède le pas devant d'autres discours qui ne l'invalident pas mais qui, pourtant, n'y trouvent pas leur place et cherchent à se faire entendre. Voilà un devenir collectif et politique de l'ébranlement éthique lévinassien absolument fidèle. Ce qui le distingue d'Abensour, c'est sans doute le statut du politique. Chez Lyotard en 1983, il est devenu tâtonnement, quête, hésitation, donc Levinas-compatible. Chez Abensour, il est encore désir actif, imagination, effervescence. Mais n'est-il pas en train de devenir tâtonnement à la lecture de Levinas ? Les oscillations que nous avons soulignées n'en sont-elles pas le signe ? N'écrit-il pas, dans un texte consacré à l'intraitable chez Lyotard[31], que celui-ci serait moins un principe de désordre que de modestie, pour en déduire : « L'intraitable se rapprocherait-il de l'an-archie au sens d'Emmanuel Levinas ? ».

Michel Olivier
IRePh, Université Paris Nanterre.
Collège International de Philosophie

31. M. Abensour, « De l'intraitable », dans *Jean-François Lyotard, l'exercice du différend*, Paris, Puf, 2001, p. 259-260.

DOSSIER

Lectures de Miguel Abensour

DE LA COLLECTION « CRITIQUE DE LA POLITIQUE » À LA BIBLIOTHÈQUE DE MIGUEL ABENSOUR

Anne Kupiec

Dans la bibliothèque de Miguel Abensour figurent des milliers de livres, parmi eux la centaine d'ouvrages publiée par ses soins, de 1974 à 2017 [1], dans la collection « Critique de la politique » créée il y a un demi-siècle aux éditions Payot. Ce qui retient l'attention, ce sont des livres de la bibliothèque, peu nombreux, qui présentent la particularité d'être très fortement annotés. L'on pourrait considérer que ce sont des livres qui importent à Miguel Abensour et qui ont possiblement un lien avec la collection.

Examinons la collection « Critique de la politique » et repérons d'éventuelles corrélations avec la bibliothèque de Miguel Abensour avant d'étudier ces quelques livres annotés.

La collection « Critique de la politique »

Le terme « critique » exprime l'esprit de la collection. Il se réfère évidemment à Marx et à la Théorie critique élaborée par les membres de l'Institut de recherche sociale – dite École de Francfort, mais cette formulation n'est pas retenue par Miguel Abensour qui lui préfère « cercle » – dès le début des années 1930. Le choix du nom de la collection par Miguel Abensour est attesté par le « manifeste [2] » qui, dès la création de la collection et pendant une dizaine d'années, figurait dans chacun des livres publiés. Ce texte définit les principes de la collection fondée sur une attention portée à la politique, à la critique de la domination et à celle de la raison politique et de pratiques politiques.

La collection a longtemps été éditée chez Payot grâce à l'accueil enthousiaste de Jean-Luc Pidoux-Payot. En effet, alors que Miguel Abensour proposait l'édition d'un simple recueil de textes émanant de l'École de Francfort, le directeur des éditions l'a invité à publier des versions intégrales des livres de ces auteurs.

1. Voir p. 88-93 ci-dessous.
2. Voir annexe ci-dessous, p. 107.

Depuis 2016, la collection est publiée chez Klincksieck et le nombre de titres publiés chaque année a quasiment repris le rythme initial de la collection. Notons que plusieurs ouvrages de la collection ont fait l'objet de rééditions y compris au format de poche.

Au sein de la collection, l'on observe une présence significative d'auteurs allemands, mais les aires géographiques concernées sont beaucoup plus larges, outre l'Europe y compris la Russie, les États-Unis et l'Amérique latine sont présents grâce à des traductions. La collection s'intéresse principalement au XXᵉ siècle, mais les siècles antérieurs font l'objet d'études y compris l'Antiquité grecque.

C'est Miguel Abensour qui a largement introduit la Théorie critique en France dès le début des années 1970 et, principalement, Theodor W. Adorno dont une douzaine de titres a paru dans la collection, ainsi que des ouvrages de Max Horkheimer, de Siegfried Kracauer, de Franz Neumann, mais aussi de Walter Benjamin. Cet ensemble représente presque un tiers des titres de la collection « Critique de la Politique » si l'on y ajoute les études qui lui sont consacrées.

La collection rassemble, en outre, des ouvrages de théorie politique et de philosophie qu'il s'agisse de ceux de La Boétie, de Kant, de Schelling, de Hegel, de Fichte. Des études consacrées à certains de ces auteurs ainsi qu'à Machiavel, Spinoza, Rousseau ou encore Marx; Nietzsche et Arendt sont également présents. D'autres titres ont pour objet les révolutions, les utopies, des événements sociaux.

Nous proposons une présentation de la collection par thématiques, choisies par Miguel Abensour lui-même, puis par ordre chronologique en notant les dates de réimpressions, de rééditions y compris en format de poche. Ce qui permet d'apprécier l'évolution de la collection.

Commençons par la Théorie critique, qui a un statut particulier puisqu'elle est à l'origine de la collection, et par les auteurs du premier cercle.

Théorie critique

Theodor W. Adorno

Dialectique négative, 1978, 1992, 2001 et 2003.
Trois Études sur Hegel, 1979.
Minima Moralia, 1980, 1991, 2001, 2003 et 2016.
Modèles critiques, 1984 et 2003.
Prismes, 1986, 2003 et 2010.
Jargon de l'authenticité, 1989 et 2009.
Kierkegaard, 1995.
Métaphysique : concept et problèmes, 2006.
Contribution à une métacritique de la théorie de la connaissance : études sur Husserl, 2011.
Société : intégration, désintégration, 2011.
Beaux passages : écouter la musique, 2013.
Le Conflit des sociologies, 2016.

Jürgen Habermas [3]

Théorie et Pratique, 1975 et 2005.
L'Espace public, 1978, 1993 et 1997.
Raison et Légitimité, 1978, 2002 et 2012.

Max Horkheimer

Les Débuts de la philosophie bourgeoise de l'histoire, 1974, 1980 et 2010.
Éclipse de la raison, 1974.
Théorie critique, 1978 et 2009.
Notes critiques, 1993 et 2009.
Crépuscule, 1994.

Figurent ci-dessous les auteurs du second cercle de la Théorie critique ainsi que Walter Benjamin dont la place, au sein de l'École de Francfort, est particulière.

Walter Benjamin

Charles Baudelaire, 1982, 1990 et 2002.
Romantisme et critique de la civilisation, 2010.

Siegfried Kracauer

Le Roman policier. Un traité philosophique, 1981, 2001.

Franz Neumann

Béhémoth, 1987.

Mentionnons enfin celui qui, selon Miguel Abensour, appartient à la troisième génération de la Théorie critique :

Trent Schroyer

Critique de la domination, 1980.

Études sur les auteurs de la Théorie critique

Martin Jay, *L'Imagination dialectique. L'École de Francfort,* 1977 et 1989.
Antonia Birnbaum, *Bonheur, justice, Walter Benjamin : le détour grec,* 2009.
Gilles Moutot, *Essai sur Adorno,* 2010.
Katia Genel, *Autorité et Émancipation. Horkheimer et la Théorie critique,* 2013.
Michèle Cohen-Halimi, *Stridence spéculative : Adorno, Lyotard, Derrida,* 2014.

L'on ne peut que souligner l'importance des traductions qui rendent ces livres accessibles à un public francophone alors même que certains furent publiés plusieurs années auparavant. Ainsi, la première édition d'*Éclipse de la raison* date de 1947, celle de *Minima Moralia* de 1951.

3. L'on observe que les livres publiés dans la collection sont ceux de la première période de l'œuvre de Jürgen Habermas.

Si l'on observe attentivement les dates d'édition, l'on note que les textes des auteurs de la première Théorie critique ont été publiés, dans la collection, de 1974 à 2016; les études l'ont été de 1977 à 2014. L'on constate ainsi le maintien des orientations éditoriales de Miguel Abensour au cours des décennies. Il convient de souligner la place primordiale donnée aux textes de T. W. Adorno et la pluralité des thématiques : de la philosophie à la politique, de la musique à la littérature incluant le roman policier. Une pluralité qui restitue les conceptions de la première Théorie critique.

Théorie politique et philosophie politique

Cet ensemble représente plus de la moitié des titres parus dans la collection « Critique de la politique » entre 1974 et 2017. Il est étroitement lié aux enseignements politiques et philosophiques de Miguel Abensour.

Le premier volume fut consacré à Karl Marx et l'un des derniers le concerne encore en 2016.

Maximilien Rubel, *Marx, critique du marxisme*, 1974, 2000 et 2016.
Ferdinand Domela Nieuwenhuis, *Le Socialisme en danger*, 1975.
Denis Authier et Jean Barrot, *La Gauche communiste en Allemagne*, 1976.
Ernst Bloch, *Droit naturel et Dignité humaine*, 1976 et 2002.
Georg W. F. Hegel, *Système de la vie éthique*, 1976 et 1992.
Étienne de La Boétie, *Le Discours de la servitude volontaire*, 1976, 1993 et 2002[4].
Pierre Manent, *Naissance de la politique moderne : Machiavel, Hobbes, Rousseau*, 1977.
Friedrich W. J. Schelling, *Recherches sur la liberté humaine*, 1977.
Ernst Bloch, *Héritage de ce temps*, 1978 et 2017.
Louis Mercier-Vega, *La Révolution par l'État. Une nouvelle classe dirigeante en Amérique latine*, 1978.
Joseph Strayer, *Les Origines médiévales de l'État moderne*, 1979[5].
Philosophies de l'université. L'idéalisme allemand et la question de l'université (textes de Schelling, Fichte, Hegel, Schleiermacher, Humboldt), 1979.
Ernst Bloch, *Experimentum mundi*, 1981.
Johann G. Fichte, *Machiavel et autres écrits philosophiques et politiques*, 1981.
Heinrich von Kleist, *Anecdotes et petits écrits*, 1981.
Leo Strauss, *Pensées sur Machiavel*, 1982, 1997, 2007 et 2017.
Joseph Ferrari, *Les Philosophes salariés*, 1983.
Jacques Taminiaux, *Naissance de la philosophie hégélienne de l'État*, 1984.
Michèle Ansart-Dourlen, *Freud et les Lumières*, 1985.
Georg Simmel, *Philosophie de la modernité*, 2 vol., 1988-1990 et 2004.
Giorgio Agamben, *Enfance et Histoire*, 1989.
Michel-Pierre Edmond, *Le Philosophe-Roi et la politique*, 1991.
Françoise Proust, *Kant, le ton de l'histoire*, 1991.
Marc Richir, *Du sublime en politique*, 1991.

4. Cet ouvrage a fait l'objet d'une nouvelle édition en 2022.
5. La deuxième édition de ce livre a été publiée en 2018.

Michael Löwy et Robert Sayre, *Révolte et Mélancolie*, 1992.
Jacques Taminiaux, *La Fille de Thrace et le Penseur professionnel*, 1992.
Jean Borreil, *Raisons nomades*, 1993.
Nicole Loraux, *L'Invention d'Athènes*, 1993.
Dolf Oehler, *Le Spleen contre l'oubli : Baudelaire, Flaubert, Heine, Herzen*, 1996.
Nicole Loraux, *La Cité divisée*, 1997.
Étienne Tassin, *Le Trésor perdu. Hannah Arendt*, 1999 et 2017.
Michel-Pierre Edmond, *Aristote. La Politique des citoyens et la contingence*, 2000.
Nicolas Israël, *Spinoza, le temps de la vigilance*, 2001.
Blaise Bachofen, *La Condition de la liberté. Rousseau critique des raisons politiques*, 2002.
Charlotte Beradt, *Rêver sous le IIIe Reich*, 2002.
Joseph Ferrari, *Machiavel juge des révolutions de notre temps*, 2003.
Géraldine Muhlmann, *Du journalisme en démocratie*, 2004, 2006 et 2e éd. en 2017.
Nicolas Israël, *Généalogie du droit moderne*, 2006.
Martin Breaugh, *L'Expérience plébéienne*, 2007.
Oskar Negt, *L'Espace public oppositionnel*, 2007.
Dana Villa, *Arendt et Heidegger*, 2008.
Karl Löwith, *Max Weber et Karl Marx*, 2009.
Edgar Quinet, *Philosophie de l'histoire de France*, 2009.
Nicolas Poirier, *L'Ontologie politique de Castoriadis*, 2011.
Jean-Marie Guyau, *Esquisse d'une morale sans obligation ni sanction*, 2012.
Philippe Riviale, *Johann Fichte, éveil à l'autonomie*, 2012.
Enrico Donaggio, *Karl Löwith et la philosophie : une sobre inquiétude*, 2013.
Marc Richir, *La Contingence du despote*, 2014.
Emmanuel Kant, *Le Conflit des facultés*, 2015.
Christian Ferrié, *La Politique de Kant, un réformisme révolutionnaire*, 2016.
Louis Janover, *La Révolution surréaliste*, 2016.
Maximilien Rubel, *Karl Marx, essai de biographie intellectuelle*, 2016.
Giuseppe Pelli Bencivenni, *Contre la peine de mort*, 2016.
Alexander Berkman, *Le Mythe bolchevik*, 2017.

L'on constate que, dans cet ensemble, figurent des textes qui avaient été oubliés par la modernité. *Le Discours de la servitude volontaire* (*circa* 1570) de La Boétie, évidemment, tant ce texte a marqué l'œuvre de Miguel Abensour; mais aussi *La Philosophie de l'histoire de France* (1857) d'Edgar Quinet, *Machiavel juge des Révolutions de notre temps* (1849) de Joseph Ferrari. Des philosophes que l'on pourrait qualifier de « classiques » sont présents : Kant, Fichte, Hegel, Schelling. Des études sur des œuvres philosophiques et politiques ont été publiées : celles d'Aristote, de Machiavel, de Spinoza, de Rousseau, de Kant à nouveau, de Heidegger, d'Arendt, de Castoriadis. D'autres études abordent la situation d'Athènes au Ve siècle avant notre ère, mais aussi la révolution anglaise, les effets du nazisme dans les rêves de chacun, « le mythe bolchevik ». Ces quelques exemples éclairent les choix éditoriaux de Miguel

Abensour. Là encore, il propose une pluralité d'approches, inscrite dans la durée, autour de la critique de la politique, ce qui confère à la collection une texture singulière – oserait-on dire exceptionnelle ? La politique entendue comme le jeu des États dans un monde où la domination règne, apparaît être le fil rouge qui parcourt cet ensemble aux angles d'attaque fort divers.

Peut-être pourrait-on être étonné de la présence des *Anecdotes et petits écrits* de Kleist ? Ce à quoi Miguel Abensour répond : « La pratique des petits écrits n'est-elle pas la voie oblique qu'emprunte la poésie pour redécouvrir un art d'écrire oublié, défi à toutes les censures ?[6] » L'étonnement pourrait aussi concerner le livre de Dolf Oehler, *Le Spleen contre l'oubli. Juin 1848. Baudelaire, Flaubert, Heine, Herzen*. D. Oehler rétorque : « La modernité littéraire, dénonçant toute complicité avec l'esprit du temps, ne s'est-elle pas élaborée dans le traumatisme de l'événement ? »

Utopie

Les titres de cet ensemble, publiés entre 1976 et 2014, soulignent, une fois encore, la constance des choix éditoriaux de Miguel Abensour.

Utopie-marxisme selon Ernst Bloch sous la dir. de Gérard Raulet, 1976.
Bronislaw Baczko, *Lumières de l'utopie*, 1978 et 2001.
Ronald Creagh, *Laboratoires de l'utopie. Les communautés libertaires aux États-Unis*, 1983.
Bronislaw Baczko, *Les Imaginaires sociaux*, 1984.
Pierre Leroux, *Aux philosophes, aux artistes, aux politiques*, 1994.
Simone Debout, *« Griffe au nez » : Fourier, Burroughs*, 1999.
Florent Perrier, *Topeaugraphie de l'utopie*, 2014.

Le nombre limité de titres consacrés à l'utopie surprend puisque l'on sait l'importance donnée par Miguel Abensour, dans ses travaux, à cette thématique.

Des lecteurs et des lectrices jugeront que cet ensemble devrait mentionner les textes consacrés à Marx dans la collection. En effet, la dimension utopique de l'œuvre de Marx est évidente bien qu'elle ait été masquée par des marxistes, qualificatif rejeté par Marx.

Révolution et héroïsme

Le titre de cette rubrique « Révolution et héroïsme » peut intriguer, mais il a été choisi par Miguel Abensour. C'est pourquoi il est ici conservé. Une fois encore, l'on observe une constance puisque les titres de cet ensemble sont publiés de 1974 à 2017.

Johann G. Fichte, *Considérations destinées à rectifier les jugements du public sur la Révolution française*, 1974 et 1989.
Christopher Hill, *Le Monde à l'envers*, 1977.
Michael Walzer, *Régicide et Révolution*, 1989.
Antonia Birnbaum, *Nietzsche, les aventures de l'héroïsme*, 2000.
Philippe Riviale, *L'Impatience du bonheur : apologie de Gracchus Babeuf*, 2001.

6. Citation qui figure sur la quatrième de couverture du livre de Kleist.

Sophie Wahnich, *La Longue Patience du peuple. 1792, naissance de la République*, 2008.
Jean-Baptiste Cousin de Grainville, *Le Dernier Homme*, 2010.
Sophie Wahnich, *La Révolution française n'est pas un mythe*, 2017.

L'on constate que le nombre de titres est également faible alors qu'il s'agit de questions profondément et continûment travaillées par Miguel Abensour depuis les années soixante ainsi qu'en attestent sa bibliographie et la composition de sa bibliothèque. L'on y reviendra.

La singularité de la collection que Miguel Abensour a constituée repose sur des orientations fortes : l'émancipation humaine telle que l'a formulée Marx[7], la critique telle que ce dernier la formule[8] encore et reprise par les auteurs de la première Théorie critique, l'attention prêtée aux événements, aux conflits, aux « tumultes », « l'invitation à penser la politique sous le signe du lien[9] ». La collection donne à lire des propos, pluriels, susceptibles de concevoir l'avenir « autrement ». Si l'on considère l'importance donnée aux ouvrages de la première Théorie critique, en tant qu'ensemble de titres que l'on ne peut totaliser, mais qui relève d'orientations communes, ne devrait-on pas considérer que ce sont précisément ces qualités qui sont au fondement des choix éditoriaux de Miguel Abensour ?

Il apparaît alors justifié de détourner une formulation de Miguel Abensour pour l'appliquer à la collection. Celle-ci réveille « l'être interrogatif » des lectrices et des lecteurs.

Ajoutons que la collection ne rassemble pas que des textes. En consultant attentivement les livres qui la composent, l'on discerne une sorte de réseau d'amitié intellectuelle. Des auteurs sont aussi des traducteurs et des préfaciers. Citons Michèle Cohen-Halimi, dont on rappelle que Miguel Abensour lui a confié l'avenir de la collection, Michel-Pierre Edmond, Louis Janover, Marc Richir et Jacques Taminiaux.

L'examen de la bibliothèque permet-il de préciser les relations entre l'éditeur de la collection et le lecteur Miguel Abensour ?

La bibliothèque

Miguel Abensour fut un lecteur qui a rassemblé plus de sept mille livres en langues française, anglaise, allemande, italienne principalement. La majorité des ouvrages a été publiée ces dernières décennies, mais d'autres plus anciens (XVIIIe, XIXe et début du XXe siècle) sont présents. Ces derniers ont été acquis grâce à des catalogues de librairies de livres anciens et d'occasion.

Peut-on repérer des corrélations entre la collection et la composition de la bibliothèque ?

7. Voir K. Marx, « *Pour une critique de la philosophie du droit de Hegel* », dans *Œuvres*, t. 3 : *Philosophie*, éd. et trad. fr. M. Rubel, « Bibliothèque de la Pléiade », Paris, Gallimard, 1982.

8. K. Marx, « Lettre à Ruge » (septembre 1843) : « Ce qu'il nous faut accomplir dans le présent n'en est que plus certain, je veux dire *la critique impitoyable de tout l'ordre établi*, impitoyable en ce sens que la critique ne craint ni ses propres conséquences ni le conflit avec les puissances existantes. [...] Par conséquent, rien n'empêche de relier notre critique à la critique de la politique, à la prise de parti en la politique », *ibid.*, p. 343 et 345.

9. M. Abensour, *La Communauté des « tous uns ». Entretien avec Michel Enaudeau*, Paris, Les Belles Lettres, 2014, p. 94.

C'est le cas pour ce qui a trait à la Théorie critique. En effet, les auteurs de l'École de Francfort – et très significativement T. W. Adorno et W. Benjamin – ainsi que les ouvrages généraux consacrés à la Théorie critique représentent un ensemble de près de trois cents livres. L'on peut rappeler que trois livres de Jürgen Habermas ont été publiés par Miguel Abensour, mais il convient de noter que ces éditions datent des années 1975-1978 soit à une période où cet auteur, alors considéré alors comme le successeur de Max Horkheimer, développait encore des analyses dans la lignée de l'École de Francfort. Toutefois, la bibliothèque de Miguel Abensour abrite des publications ultérieures de l'auteur de *L'Espace public*. Ajoutons que Miguel Abensour a publié l'ouvrage d'Oskar Negt, *L'Espace public oppositionnel*, qui développe une analyse critique de la conception habermassienne de l'espace public.

Sont aussi rassemblés, dans la bibliothèque, les ouvrages d'Erich Fromm, de Leo Löwenthal, d'Otto Kirchheimer, de Siegfried Kracauer, de Herbert Marcuse, et de Franz Neumann (incluant sa thèse) ainsi que les livres de ceux qui s'affirment être les héritiers de l'École de Francfort, Axel Honneth par exemple.

Les ouvrages de théorie politique et de philosophie politique sont évidemment très nombreux. Aux auteurs présents ou représentés dans la collection correspondent de nombreux livres de la bibliothèque. Ceux relatifs à Karl Marx et au marxisme rassemblent environ quatre-vingts titres. Une nouvelle corrélation se dessine : celle du lecteur et celle de l'auteur. En effet, Miguel Abensour a écrit, autour de Marx, dès les années 1970[10]. L'on peut adjoindre aux ouvrages relatifs au marxisme, et à titre d'exemples, ceux de Karl Korsch, de Lénine et de Trotsky.

Les livres de Spinoza, et ceux qui lui sont consacrés, constituent un ensemble numériquement comparable ; c'est aussi le cas pour Hannah Arendt.

L'on sait que ces trois auteurs reflètent les intérêts profonds de Miguel Abensour si l'on se réfère à ses écrits[11]. Dès lors, on comprend leur surreprésentation au sein de la bibliothèque.

D'autres auteurs sont présents tant dans la collection que dans la bibliothèque. Le nombre de livres est alors un peu plus faible qu'il s'agisse de ceux de Kant, de Heidegger, de Hegel ou encore de Nietzsche – ou de ceux qui les commentent. Le nombre d'ouvrages diminue encore (une quarantaine) pour ce qui a trait à Machiavel et à Rousseau.

10. M. Abensour : « Pour lire Marx », *Revue française de science politique* 4, 1970 ; « Marx et le moment machiavélien : «vraie démocratie» et modernité », dans *Phénoménologie et politique : mélanges offerts à Jacques Taminiaux*, Bruxelles, Ousia, 1989 ; « Marx : quelle critique de l'utopie ? », *Lignes* 17, 1992, repris dans *Utopiques IV : L'Histoire de l'utopie et le destin de sa critique*, Paris, Sens & Tonka, 2016 ; *La Démocratie contre l'État : Marx et le moment machiavélien*, Paris, Puf, 1997, rééd. Paris, Le Félin, 2012 ; *Maximilien Rubel, pour redécouvrir Marx* (avec Louis Janover), Paris, Sens & Tonka, 2008.

11. Voir, par exemple : « Hannah Arendt et le sionisme en question », *Passé Présent* 3, 1984 ; « Comment penser le politique avec Hannah Arendt ? », dans *La Question de l'État*, Paris, Denoël, 1989 ; « Hannah Arendt : la critique du totalitarisme et la servitude volontaire », dans E. Enriquez, *Le Goût de l'altérité*, Paris, Desclée De Brouwer, 1999 ; *Hannah Arendt contre la philosophie politique ?*, Paris, Sens & Tonka, 2006 ; « Contre la souveraineté de la philosophie sur la politique. La lecture arendtienne du mythe de la caverne », dans *Hannah Arendt. Crises de l'État-nation*, Paris, Sens & Tonka, 2007. « Au-delà de la *fluctuatio animi* marrane. Spinoza en quête de l'universel », *Tumultes* 21, 2003 ; « Spinoza et l'épineuse question de la servitude volontaire », *Asterion*, juin 2015.

D'autres auteurs « classiques » sont également présents dans la bibliothèque : Hobbes, Montesquieu, Diderot, par exemple, ainsi que des auteurs du XXe siècle : Eric Weil, Gilles Deleuze, Michel Foucault, Jean-Luc Nancy, Claude Lefort, Jacques Rancière, Jean-François Lyotard, Jacques Derrida, et Cornelius Castoriadis, ces trois derniers sont présents, rappelons-le, dans la collection grâce à des études.

La phénoménologie est notamment représentée par Husserl et Merleau-Ponty – mais les textes politiques de ce dernier ne sont pas absents –, s'ajoutent les très nombreux ouvrages de et sur Emmanuel Levinas.

Des auteurs de l'Antiquité sont présents, de Platon à Aristote, de César à Cicéron, et nombreux sont les ouvrages d'hellénistes : Nicole Loraux, présente dans la collection, Jean-Pierre Vernant, Pierre Vidal-Naquet.

La sociologie, née en Allemagne de la philosophie, est représentée. Mentionnons des livres de Georg Simmel et sur Max Weber qui figurent dans la collection et qui sont largement présents dans la bibliothèque. Le sont aussi ceux d'Émile Durkheim, de Norbert Elias, d'Henri Lefebvre, de Jean Baudrillard auxquels s'adjoignent tous les livres de Pierre Clastres, autour duquel Miguel Abensour a beaucoup écrit, mais aussi ceux de Claude Lévi-Strauss.

Ce bref inventaire reflète des aspects significatifs de la composition de la bibliothèque de Miguel Abensour, mais ne présente pas de corrélations nombreuses et étroites avec la collection, la Théorie critique, Marx, Spinoza et Arendt exceptés.

Les ouvrages consacrés à la Révolution et à l'héroïsme sont surreprésentés dans la bibliothèque par rapport à la collection. L'on dénombre plus de deux cents livres qui leur sont consacrés, là encore, il s'agit d'une thématique privilégiée par Miguel Abensour dans ses propres écrits depuis 1966[12]. Outre les ouvrages des acteurs de la Révolution française (Saint-Just, Robespierre, Desmoulins, Marat, Babeuf), nombreux sont les ouvrages portant sur la Révolution, d'Edmund Burke à Thomas Carlyle, de Jules Michelet à Edgar Quinet et Jean Jaurès auxquels s'ajoutent les ouvrages consacrés à la Commune de Paris (par exemple, Prosper Lissagaray, Jules Andrieu, Maxime Vuillaume).

Il en va de même pour les ouvrages relatifs à l'utopie dont on connaît l'importance dans l'œuvre de Miguel Abensour depuis sa thèse d'État soutenue en 1973[13]. Ces livres sont surreprésentés par rapport à la collection : la bibliothèque abrite quelques deux cents volumes dédiés à cette thématique. Des ouvrages d'Étienne Cabet, de Prosper Enfantin, d'Ernest Cœurderoy, de Charles Fourier, de William Morris, de Claude-Henri de Saint-Simon, de Thomas More, de Pierre-Joseph Proudhon, de Robert Owen, de Joseph Déjacque, de Pierre Leroux, d'Ernst Bloch sont présents. Les écrits de Miguel Abensour, qui distinguent naturellement ces auteurs, ont été rassemblés dans plusieurs volumes[14].

12. Nombre de ces articles ont été rassemblés dans une édition posthume : *Le Cœur de Brutus*, Paris, Sens & Tonka, 2019.

13. *Les Formes de l'utopie socialiste-communiste : essai sur le communisme critique et l'utopie*, Thèse d'État, Paris I, Science politique, 1973, sous la dir. de Charles Eisenmann et Gilles Deleuze (2 vol.), édité sous le titre *Le nouvel esprit utopique. Utopiques V*, Paris, Sens & Tonka, 2024.

14. M. Abensour, *Utopiques I*, Paris, Sens & Tonka, 2013 ; *Utopiques II*, Paris, Sens & Tonka, 2013 ; *Utopiques III*, Paris, Sens & Tonka, 2009 ; *Utopiques IV*, Paris, Sens & Tonka, 2016.

Enfin, la littérature est largement représentée dans la bibliothèque, principalement occidentale et des XIXe et XXe siècles, mais aussi la poésie[15] et la psychanalyse. Les liens avec la collection sont alors quasi inexistants.

S'il est possible de repérer des corrélations entre la collection « Critique de la politique » et la bibliothèque, celles-là sont finalement assez peu nombreuses. Certes, l'on peut observer la présence, dans la bibliothèque, de certains livres publiés à l'étranger qui furent, quelques années plus tard, traduits pour apparaître dans la collection[16]. Toutefois, la composition de la bibliothèque de Miguel Abensour reflète d'abord la vaste curiosité du lecteur – les livres d'art sont loin d'être absents –, mais surtout les intérêts de l'auteur davantage que ceux de l'éditeur. En attestent la forte présence des livres de Claude Lefort, une quinzaine, soit la quasi-totalité des livres publiés par cet auteur ; un ensemble d'une centaine de volumes relatifs à Emmanuel Levinas qu'il s'agisse des textes de ce dernier ou d'études qui le concernent ; de même, plus d'une trentaine de livres de Stendhal sont présents dans la bibliothèque. Aucun titre de la collection ne fait mention de ces trois auteurs présents dans l'œuvre de Miguel Abensour[17].

Il reste que ces dernières lignes ne rendent qu'imparfaitement compte de l'ampleur et de la fécondité de cette bibliothèque[18].

Quoique sans lien avec la collection, il convient de rappeler que des centaines de revues sont rassemblées dans la bibliothèque, elles ne sont pas exclusivement françaises. Il s'agit d'abord de celles auxquelles a participé Miguel Abensour (*Textures, Libre, Passé Présent, Tumultes, Prismes*[19]), mais aussi de celles qui traduisent, une fois encore, la curiosité d'un lecteur. L'on note ainsi la forte présence des *Temps modernes* et plus encore de *Critique* durant plusieurs décennies de 1952 à 2014. La revue de philosophie *Corpus* est présente de son premier à son dernier numéro (1981-2015), tout comme *Le Temps de la réflexion*. D'autres titres sont liés au parcours académique de Miguel Abensour. Ainsi les *Annales historiques de la Révolution française* de 1936 à 1972 ou la *Revue française de science politique* de 1967 à 1975 (*cf.* préparation de l'agrégation de science politique).

L'examen de ce qui pourrait être le cœur de la bibliothèque permet-il d'établir des liens plus étroits entre la collection et la bibliothèque ?

15. Par exemple : Akhmatova, Apollinaire, Mandelstam, Pessoa, Whitman.

16. Quelques exemples : l'édition britannique du livre d'Alexander Berkman, *Le Mythe bolchevique*, qui date de 1989, a été publié dans la collection en 2017. Celui d'Enrico Donaggio, *Karl Löwith et la philosophie : une sobre inquiétude* est paru en Italie en 2004 et dans la collection en 2013 tandis que *Béhémoth* de Franz Neumann, édité dans la collection en 1987, l'avait été, aux États-Unis en 1963.

17. Voir par exemple : « Réflexions sur les deux interprétations du totalitarisme chez Claude Lefort », dans *La Démocratie à l'œuvre. Autour de Claude Lefort*, Paris, Esprit, 1993. Repris dans *Pour une philosophie politique critique*, Paris, Sens & Tonka, 2009. Des analyses de *Le Rouge et le Noir* figurent dans *La Lumière et la Boue*, Le Rouge et le Noir *à la lumière de 1793*, Paris, Sens & Tonka, 2019 (édition posthume). De nombreuses études consacrées à Levinas sont rassemblées dans *Levinas*, Paris, Sens & Tonka, 2021 (édition posthume).

18. Voir *La Bibliothèque de Miguel Abensour*, Paris, Sens & Tonka, 2019.

19. Les *Cahiers de philosophie politique* ont commencé à paraître en 1983, la durée de cette publication fut éphémère.

Le cœur de la bibliothèque

Dans la bibliothèque de Miguel Abensour figurent près de quatre-vingts livres fortement annotés tandis que beaucoup d'autres ne le sont que plus faiblement. Peu d'entre eux sont des livres de la collection « Critique de la politique ». Toutefois, il est impossible de préciser à quelles dates ces annotations ont été portées. Il semble que cet ensemble de livres permette de rendre compte de l'œuvre de Miguel Abensour.

Dans les quelques commentaires qui suivent, il convient de ne pas se satisfaire de propos tenus sur tel ou tel livre, mais de considérer, finalement, que cet ensemble constitue des constellations. Cette hypothèse ne pourrait convaincre qu'au terme de ce parcours.

Arrêtons-nous d'abord sur T. W. Adorno, l'on sait combien la pensée de T. W. Adorno apparut décisive à Miguel Abensour qui publia une douzaine de ses ouvrages ainsi qu'un essai de Gilles Moutot sur le penseur francfortois et un livre de Michèle Cohen-Halimi qui lui est partiellement consacré. Ceci pourrait éclairer les annotations de *Minima Moralia* (« Critique de la politique », 1980) – ouvrage constitué de fragments aux contenus variés et qui en appelle à la non-résignation. Ce livre est fréquemment cité par Miguel Abensour dans ses écrits (*Pour une philosophie politique critique, Passages Blanqui, Utopiques II*). Si *Dialectique négative* (« Critique de la politique », 1978) est, peut-on dire, au fondement de la pensée de T. W. Adorno et justifie, en quelque sorte, les annotations portées par Miguel Abensour, l'on comprend le choix de le lire, crayon à la main. Là encore, des extraits sont cités dans plusieurs livres de Miguel Abensour : *Pour une philosophie politique critique, Utopiques II, III* et *IV, De la compacité.*

Il importe également de souligner les correspondances entre la lecture de ces livres de T. W. Adorno et les écrits de Miguel Abensour portant sur l'utopie. On pourrait s'étonner des annotations portées sur le livre *Métaphysique* (« Critique de la politique », 2006). Il s'agit d'un cours dispensé par T. W. Adorno dans la perspective de l'écriture de *Dialectique négative,* ce qui rend, en quelque sorte, complémentaire la lecture de ces deux livres. C'est, vraisemblablement, l'intérêt soutenu porté à T. W. Adorno qui conduit Miguel Abensour à annoter la *biographie* de cet auteur écrite par Stefan Müller-Doohm (Gallimard, 2004).

L'importance donnée par Miguel Abensour à la Théorie critique permet de ne pas être étonné par les annotations portées sur un livre de Max Horkheimer qui n'a pas été édité dans la collection « Critique de la politique » : *Théorie traditionnelle et Théorie critique* (Gallimard, 1974) ; il fait l'objet de quelques citations dans *Pour une philosophie politique critique.* Autre livre de M. Horkheimer annoté : *Théorie critique* (« Critique de la politique », 1978). Dans ce livre qui rassemble des textes des années 1939-1940 (« Hier ») parus dans « La Revue de recherche sociale » et un texte de 1970 (« Aujourd'hui ») ; sont présentées les « grandes tâches » de la Théorie critique face, notamment, à ce que l'auteur nomme, ailleurs, l'« Éclipse » de la raison.

L'on peut être tenté de faire, ici, état d'autres annotations en raison de propos de M. Horkheimer qui, dans la préface à *Théorie traditionnelle et*

Théorie critique, écrit : « Je suis redevable à Schopenhauer, de mon premier contact avec la philosophie, en dépit de mon opposition politique avec lui ». Dans *Théorie critique*, il affirme que « les deux philosophes qui ont influencé de façon décisive les débuts de la Théorie critique furent Schopenhauer et Marx ».

C'est précisément dans le *Cahier du Collège international de philosophie* de 1987 (n° 3) – très annoté – que figure un texte d'Arthur Schopenhauer, « Sur la philosophie universitaire ». L'on sait que Miguel Abensour a co-écrit, avec Pierre-Jean Labarrière, la préface à ce pamphlet publié chez Payot Rivages en 1993. Certes, ce ne sont pas les *Considérations intempestives* (Aubier Montaigne, 1966), elles aussi annotées, qui sont mentionnées dans cette préface, mais un autre texte de Nietzsche. Toutefois, la troisième *Considération*[20] a pour objet « Schopenhauer éducateur » dont Nietzsche fait l'éloge. Ajoutons enfin que l'on peut lire, dans la préface au texte de Schopenhauer : « Qu'il nous suffise de percevoir dans la fondation de "l'École de Francfort" un écho du procès philosophique de Schopenhauer intenté à la philosophie universitaire ». Ce qui souligne une proximité intellectuelle entre les textes annotés de Horkheimer et celui de Schopenhauer.

Un autre livre d'un membre du premier cercle de l'École de Francfort, *Éros et Civilisation* (Minuit, 1963) de Herbert Marcuse, fait l'objet d'annotations, mais c'est le seul parmi la quinzaine d'ouvrages de cet auteur qui figure dans la bibliothèque. L'on sait que la première lecture de ce livre par Miguel Abensour remonte à 1965[21]. Des passages de la préface ont certainement retenu l'intérêt de Miguel Abensour. H. Marcuse, y met ici l'accent sur des formes de domination renouvelées, il écrit : « Les processus psychiques qui furent autrefois autonomes et privés sont en train d'être absorbés par le rôle de l'individu dans l'État par son existence publique [...] les méthodes de domination sont devenues psychologiques ». L'intérêt de Miguel Abensour s'est, sans doute, renforcé à la lecture du chapitre consacré à l'imaginaire et à l'utopie. H. Marcuse, qui se réfère fréquemment à T. W. Adorno, écrit encore de manière symptomatique : « Les revendications utopiques de l'imagination sont imprégnées (et saturées) de réalités historiques ».

Si les livres de Walter Benjamin, membre du second cercle de l'École de Francfort, parus dans la collection, ne sont pas annotés, en revanche, un livre de Jean Lacoste l'est : *L'Aura et la Rupture. Walter Benjamin* (Maurice Nadeau, 2003). Ce livre rassemble plusieurs textes, dont des préfaces, consacrées à cet auteur. Précisons que Jean Lacoste est le traducteur de nombreux livres de W. Benjamin dont celui qui a pour titre *Charles Baudelaire* paru dans la collection. Rappelons que W. Benjamin est très présent dans les écrits de Miguel Abensour[22]. Pour autant, le livre de J. Lacoste est très peu cité.

20. Notons que des passages de la deuxième *Considération* (portant sur l'histoire) sont cités, à plusieurs reprises, par M. Abensour dans ses écrits *Passages Blanqui, Utopiques II*.

21. M. Abensour, *La Communauté politique des « tous uns ». Entretien avec Michel Enaudeau, op. cit.*, p. 29.

22. Voir par exemple : « Le guetteur de rêves. Walter Benjamin et l'utopie », *Tumultes* 12, 1999 ; « Walter Benjamin », dans M. Riot-Sarcey (dir.), *Dictionnaire des utopies*, Paris, Larousse, 2002 ; *L'utopie de Thomas More à Walter Benjamin, Utopiques III*, Paris, Sens & Tonka, 2009.

Les annotations portées par Miguel Abensour sur le livre de Jean Starobinski *La Mélancolie au miroir* (Julliard, 1989), consacré précisément à des poèmes de Baudelaire, résultent-elles de la lecture d'ouvrages de W. Benjamin? S'inscrivent-elles dans la réflexion de Miguel Abensour autour de l'héroïsme? On peut le penser si l'on se souvient de la formule de W. Benjamin qu'il emploie, précisément, dans son livre *Charles Baudelaire.* : « Le héros est le vrai sujet de de la modernité ».

La réflexion de Miguel Abensour autour de l'héroïsme s'inscrit aussi dans un temps antérieur. Ne peut-on considérer que les annotations de la *Lettre à d'Alembert* (Garnier Flammarion, 1967) nourrissent sa réflexion autour du héros lequel n'est, au théâtre, que paraître et pâle imitateur? Le lecteur, la lectrice jugeront.

Miguel Abensour cite, notamment, cet écrit de Rousseau dans *Le Cœur de Brutus*; le personnage d'Alceste (*Le Misanthrope*) est aux yeux de Jean-Jacques « un homme droit, sincère » qui exècre la fourberie.

L'événement qu'est Révolution française ne permet-il pas de faire advenir une nouvelle figure de héros, le héros bifrons que serait Saint-Just selon Miguel Abensour?

Il est possible que la lecture attentive de *Régicide et Révolution* (« Critique de la politique », 1989) dc Michael Walzer et la prise de notes par Miguel Abensour puissent être corrélées au projet d'édition, longtemps mûri, des *Œuvres complètes* de Saint-Just (Gallimard, 2004) « artisan au premier chef de la mort du roi ». Le livre de M. Walzer est d'ailleurs largement cité dans le long essai qui précède les textes de Saint-Just L'on sait aussi que les premiers articles (1966) de Miguel Abensour ont pour sujet la philosophie politique de Saint-Just[23].

Les *Frammenti sulle Istituzioni repubblicane* de Saint-Just (Einaudi, 1952), très largement annotés, ont accompagné Miguel Abensour depuis la rédaction de ses premiers écrits sur Saint-Just ainsi qu'en atteste le recueil, *Le Cœur de Brutus*, dans lequel ce livre est cité dans de très nombreuses pages; il en va de même pour les *Discours et Rapports* (Éditions sociales, 1970). Si l'article d'Albert Soboul, « Sur la mission de Saint-Just auprès de l'armée du Rhin » (*Annales historiques de la Révolution française*, 1954) est annoté, il n'est pas repris dans les textes de Miguel Abensour. Cet article fait connaître la manière dont Saint-Just se conduit durant sa mission, elle diffère évidemment des propos tenus à la Convention[24].

Les annotations du livre de Patrice Guéniffey, *La Politique de la Terreur* (Fayard, 2000) sont liées à la rédaction de l'essai qui introduit aux œuvres de Saint-Just. P. Guéniffey y est à la fois cité et fortement critiqué.

Parmi les livres fortement annotés, il peut sembler surprenant de faire figurer *La Chartreuse de Parme* (1839) dans un ensemble où l'héroïsme est évoqué. L'on sait que Miguel Abensour lisait Stendhal depuis longtemps et des dizaines de livres de cet auteur sont présents dans la bibliothèque auxquels

23. Ils figurent dans *Le Cœur de Brutus, op. cit.*

24. Par exemple, une décision de Saint-Just prise le 25 Brumaire an II : « Dix mille hommes sont nu-pieds dans l'armée. Il faut que vous déchaussiez tous les aristocrates de Strasbourg dans le jour et que demain à dix heures du matin, les dix mille paires de souliers soient en marche pour le quartier général ».

s'ajoutent ceux qui lui sont consacrés. Miguel Abensour a écrit autour de Julien Sorel en qui il distinguait un héros né de la période révolutionnaire et qu'il associait à Saint-Just. Miguel Abensour n'a cessé de s'interroger sur ce qu'il nommait « l'aporie de l'héroïsme » en ce sens que celui-ci pouvait conduire à une « sortie du politique ». Devrait-on considérer que *La Chartreuse de Parme*, eût pu devenir, sous sa plume, au-delà d'un « manuel d'énergie », l'objet d'une nouvelle analyse de l'héroïsme fondée sur les actions de Fabrice del Dongo ?

Dans la bibliothèque de Miguel Abensour figurent près de quatre-vingts livres fortement annotés.

L'étonnement face aux annotations portées sur le livre de Pierre Vidal-Naquet, *Le Trait empoisonné* (La Découverte, 1993), pourrait être similaire à celui éprouvé en feuilletant *La Chartreuse de Parme*. Toutefois, ces annotations relèvent de la même démarche. Le livre porte en sous-titre *Réflexions sur l'affaire Jean Moulin* et l'auteur s'est entretenu avec Miguel Abensour au sujet de « l'histoire des héros modernes ». Au-delà des accusations calomnieuses visant la mémoire de Jean Moulin – thématique principale de l'ouvrage – ce sont les héros révolutionnaires, dont Saint-Just, qui sont mentionnés.

La question du héros n'est-elle pas également présente chez H. Arendt ? « Qui entrait en politique devait d'abord être prêt à risquer sa vie » écrit-elle. Mais l'on sait que l'intérêt de Miguel Abensour concernait aussi d'autres aspects de l'œuvre de H. Arendt (l'agir politique, la pluralité, la natalité) autour de laquelle il écrit[25] ; c'est pourquoi de nombreux livres font l'objet d'annotations. Rappelons aussi que Miguel Abensour a co-conçu un colloque consacré à H. Arendt dans le cadre du Collège international de philosophie et du Goethe-Institut de Paris, en 1988[26].

Les livres annotés sont les suivants : *Auschwitz et Jérusalem* (Deuxtemps Tierce, 1991), *Condition de l'homme moderne* (Calmann-Lévy, 1961) et sa version originale en langue anglaise *The Human Condition* (University of Chicago Press, 1973), *La Crise de la culture* (Gallimard, 1972), *On Revolution* – c'est le trésor perdu – (Penguin, 1965) et *Vies politiques* (Gallimard, 1974). Il importe de souligner l'étroit compagnonnage de Miguel Abensour avec la pensée arendtienne présente dans de nombreux écrits : *Pour une philosophie politique critique, La Lumière et la Boue, Le Cœur de Brutus, Levinas, Hannah Arendt contre la philosophie politique ?*, introduction aux *Œuvres complètes* de Saint-Just, *Les Passages Blanqui – Walter Benjamin entre mélancolie et révolution.*

L'on sait que H. Arendt fut l'élève de Martin Heidegger avec lequel elle correspondit après la guerre. Deux livres de la collection sont consacrés à cette situation : celui de Dana Villa, *Arendt et Heidegger. Le destin du politique* (« Critique de la politique », 2008) et celui de Jacques Taminiaux, *La Fille de Thrace et le Penseur professionnel. Arendt et Heidegger* (« Critique de la

25. *Cf.* note 11.
26. Les actes du colloque sont publiés dans *Politique et Pensée*, Paris, Payot, 1997.

politique », 1992). Le premier de ces deux livres est centré « sur la théorie de l'action politique » et « c'est avec Nietzsche et Heidegger qu'elle [H. Arendt] a redécouvert la complexité de l'action, qu'elle a fait retour au noyau phénoménal de l'expérience de la liberté en tant que virtuosité ». Le deuxième livre, toujours selon Miguel Abensour, est une « réplique à Heidegger[27] ».

Est-ce l'analyse des écrits d'Hannah Arendt qui conduit Miguel Abensour à annoter plusieurs livres consacrés à la pensée de Heidegger ? S'agit-il de préparer le colloque « Heidegger. Questions ouvertes » qui s'est tenu en mars 1987 au Collège international de philosophie alors que Miguel Abensour était le président de cette institution ?

Les livres concernés sont les suivants : *Introduction à la métaphysique* de M. Heidegger (Gallimard, 1967), *Introduction à Heidegger* de Gianni Vattimo (Cerf, 1985), *Le Chant de la terre* de Michel Haar (L'Herne, 1985), *Principe d'anarchie. Heidegger et la question de l'agir* de Reiner Schürmann (Seuil, 1982). D'autres livres, tout autant annotés, sont, toutefois, postérieurs au colloque mentionné : *Heidegger et les modernes* de Luc Ferry et Alain Renaut (Grasset, 1988), *Heidegger et l'essence de l'homme* de Michel Haar (Jérôme Millon, 1990), *Ontologie et Temporalité. Esquisse d'une interprétation intégrale de* Sein und Zeit de Jean Greisch (Puf, 1994), *La Liberté d'errer avec Heidegger* de Peter Trawny (Indigène Éditions, 2014). Ce dernier auteur est l'éditeur, en Allemagne, des « Cahiers noirs » de Heidegger dont la publication en français a débuté en 2018 chez Gallimard et qui confirment l'antisémitisme de l'auteur de *Être et Temps*[28].

L'on n'ignore pas qu'Emmanuel Levinas et M. Heidegger furent les élèves de Husserl, le premier a d'ailleurs publié *En découvrant l'existence avec Husserl et Heidegger* puis n'a cessé de faire la critique de Heidegger[29]. Les annotations de ces livres consacrés à la pensée de Heidegger ont nourri le travail de Miguel Abensour. Ainsi, ils sont fréquemment mentionnés dans le recueil *Levinas*. Le livre de R. Schürmann est également cité dans *Pour une philosophie politique critique*, mais aussi dans *La Démocratie contre l'État*. Miguel Abensour y déploie une comparaison entre « principe d'anarchie » et « démocratie sauvage » telle que cette dernière est conçue par C. Lefort.

Au sujet de C. Lefort, il mérite d'être rappelé que presque tous ses ouvrages figurent dans la bibliothèque de Miguel Abensour. Mentionnons l'article de C. Lefort co-écrit avec Marcel Gauchet et paru dans *Textures* (n° 2-3, 1971) : « Sur la démocratie : le politique et l'institution du social » annoté et cité par Miguel Abensour dans *Pour une philosophie politique critique*.

Est également annoté le livre *Les Formes de l'histoire* (Gallimard, 1978). Dans ce recueil de textes, se lisent les notions au fondement de la pensée de C. Lefort dont le principe d'indétermination, la critique du savoir en surplomb. Miguel Abensour se reporte à ce livre dans *La Démocratie contre l'État*. Est également annoté le livre *Sur une colonne absente. Écrits autour*

27. M. Abensour, *La Communauté politique des « tous uns »*, *op. cit.*, p. 168.

28. Voir la critique de P. Trawny : Michèle Cohen-Halimi et Francis Cohen, *Le Cas Trawny*, Paris, Sens & Tonka, 2015.

29. Voir le court texte d'Emmanuel Levinas qui date de 1934 : *Quelques réflexions sur la philosophie de l'hitlérisme*, Paris, Rivages, 1997.

de Merleau-Ponty (Gallimard, 1978). Dans cet ouvrage, C. Lefort, qui fut l'élève de M. Merleau-Ponty et l'éditeur de ses œuvres posthumes, explore, notamment, les notions merleau-pontiennes d'« être brut » et d'« esprit sauvage ». L'on peut faire l'hypothèse que Miguel Abensour a annoté *Du corps parlant* d'Yves Thierry (Ousia, 1987) dans le prolongement de ces deux dernières lectures lefortiennes. En effet, ce livre consacré à l'expérience du langage développée par M. Merleau-Ponty, se réfère, à des notions travaillées par C. Lefort. De surcroît, ainsi que l'écrit Y. Thierry : « On peut saisir le lien étroit entre la pensée phénoménologique de Merleau-Ponty et sa réflexion sur l'histoire et l'action politique ».

Miguel Abensour se réfère à *Sur une colonne absente* dans *Pour une philosophie politique critique* et précisément dans le texte « "Démocratie sauvage" et "principe d'anarchie" », écrit en 1993, où il réfléchit à la notion de « démocratie sauvage » travaillée par C. Lefort dans *L'Invention démocratique* (Fayard, 1981). Miguel Abensour annote cet ouvrage et le cite dans *La Démocratie contre l'État. Marx et le moment machiavélien* (Le Félin, 2004) en faisant apparaître la notion de « démocratie insurgeante ». Il est possible que les annotations du livre de M. Merleau-Ponty, *Les Aventures de la dialectique* (Gallimard, 1965) – seul livre concerné parmi la vingtaine qui figure dans la bibliothèque –, soient associées à l'écriture de *La Démocratie contre l'État* ou, antérieurement, à la préparation du séminaire de l'année 1984-1985 au Collège international de philosophie consacré au « moment machiavélien » qui conduit à la publication d'un article[30]. Il n'est donc pas surprenant que *Le Travail de l'œuvre, Machiavel* (Gallimard, 1972) de C. Lefort soit annoté. D'autres livres le sont aussi : *Éléments d'une critique de la bureaucratie* (Droz, 1971) – recueil d'articles dont ceux parus dans *Socialisme ou Barbarie* –, *Un homme en trop* (Seuil, 1976) – qui a pour objet *L'Archipel du Goulag* d'Alexandre Soljénitsyne –, ils sont cités dans *Pour une philosophie politique critique*. En revanche, *La Complication* (Fayard, 1999) bien qu'annotée, ne semble pas être mentionnée dans un quelconque texte de Miguel Abensour. Notons qu'une critique sévère de l'évolution de la pensée de C. Lefort, à partir du milieu des années 1980, figure dans le livre co-signé par Miguel Abensour et Louis Janover : *Maximilien Rubel, pour redécouvrir Marx* (Sens & Tonka, 2008).

Des livres d'un autre auteur, quasi contemporain de C. Lefort, font l'objet d'annotations : ceux de Jacques Rancière. L'intérêt de Miguel Abensour pour le conflit, l'anti-platonisme qu'il partage, certes de manière distincte avec J. Rancière, pourrait éclairer la présence de ces vingt-cinq livres dont deux sont annotés. *La Mésentente* (Galilée, 1995), cité à plusieurs reprises dans *Pour une philosophie politique critique*, et *Aux bords du politique*. Dans la première édition de ce dernier livre (Osiris, 1990), figure notamment un texte qui ne pouvait que retenir l'attention de Miguel Abensour : « La communauté des égaux ». Ce texte, qui a pour origine l'invitation de J. Rancière par Miguel Abensour au Forum du Collège international de philosophie en 1987,

30. M. Abensour, « Marx et le moment machiavélien : «vraie démocratie» et modernité », dans *Phénoménologie et politique : mélanges offerts à Jacques Taminiaux*, *op. cit.*

porte, notamment, sur les textes de Pierre Leroux autour desquels Miguel Abensour a écrit, mais d'autres chapitres, où sont discutées les positions de Platon, d'Aristote et d'Arendt, ont vraisemblablement retenu l'attention de Miguel Abensour.

Notons d'ailleurs que *Politique* d'Aristote (Armand Colin, 1966) est un livre largement annoté. Les références à ce texte sont fréquentes dans les écrits de Miguel Abensour qu'il s'agisse de *Pour une philosophie politique critique*, du *Cœur de Brutus* ou *d'Utopiques II*; la pluralité y est la référence commune.

Les livres fortement annotés soulèvent, parfois, des interrogations. Ce n'est pas le cas pour La Boétie et *Le Discours de la servitude volontaire* (« Critique de la politique », 1976). Ce livre est d'une importance constante dans l'œuvre de Miguel Abensour. À preuve, quarante ans plus tard, en 2016, a été publié en Grèce et en grec, *La Boétie prophète de la liberté*, édité en France de manière posthume (Sens & Tonka, 2018).

La thèse de La Boétie « éclaireur hors pair », selon Miguel Abensour, renverse, en quelque sorte, la question de la domination dont il « inaugure la critique » par le constat de la « servitude volontaire ». Ce questionnement, on le sait, est repris par Spinoza (*Traité théologico-politique*). Des références à La Boétie figurent dans l'essai introductif aux *Œuvres* de Saint Just et éclairent les annotations portées sur les *Œuvres* de Spinoza (Gallimard, 1967). C'est, vraisemblablement, dans ce prolongement, que Miguel Abensour annote le texte de Stanislas Breton, *Politique, religion, écriture chez Spinoza* (Faculté de théologie de Lyon, 1973) qui analyse, notamment, la construction, le contexte et les motivations du *Traité théologico-politique.*

Est-ce la lecture renouvelée de La Boétie qui conduit Miguel Abensour à annoter *Qu'est-ce que s'orienter dans la pensée*? (Vrin, 1972) de Kant dont les premiers mots, très connus, sont « la sortie de l'homme de l'état de tutelle dont il est lui-même responsable »? Les annotations portées sur le livre d'Anne-Marie Roviello, lequel étudie la question de l'autonomie de l'individu, *L'Institution kantienne de la liberté* (Ousia, 1984) devraient-elles être considérées comme une continuation de la lecture du texte kantien? Miguel Abensour y fait référence dans son livre *Hannah Arendt contre la philosophie politique*? Peut-on faire l'hypothèse que les annotations portées sur le livre de Jean-Marie Guyau, *Esquisse d'une morale sans obligation ni sanction* (« Critique de la politique », 2012), seraient encore liées à Kant? Miguel Abensour lit chez cet auteur, qu'il qualifie de « novateur et hardi », le « refus d'une morale extérieure aux hommes », le choix de « fonder la morale sur la vie » et de « mettre un terme à l'hétéronomie[31] ». Il souligne que ce livre a été commenté tant par Nietzsche que par Kropotkine.

Il apparaît que les lectures de Miguel Abensour, de la fin des années soixante au début des années soixante-dix, à savoir celles liées à la préparation de la thèse consacrées aux formes de l'utopie socialiste communiste associées à celles des penseurs du cercle de Francfort, celle de La Boétie, mais aussi

31. M. Abensour, *Le journal de la philosophie*, France Culture, 12 mars 2012.

celle de l'anthropologue Pierre Clastres[32], constituent un ensemble complexe – Miguel Abensour emploierait le terme *nexus* – qui le conduit à poursuivre ses travaux autour de l'utopie.

Ainsi, est annoté le livre de Claude-Henri de Saint-Simon, *Le Nouveau Christianisme* (Seuil, 1969) ; il relève, comme ceux de Robert Owen et de Charles Fourier, des « grandes utopies matricielles » lesquelles avaient « pour projet de "créer des relations qui n'avaient point existé" » écrit Miguel Abensour.

Ainsi, le travail entrepris autour de Pierre Leroux – qualifié de « génial » par Marx – qui donne lieu à la publication de plusieurs études[33] dont celle, annotée, parue dans *Le Temps de la réflexion* de 1981 : « L'utopie socialiste, une nouvelle alliance de la politique et de la religion ». On peut aisément supposer qu'il s'agit, ici, d'annotations liées à d'autres écrits de Miguel Abensour et, par exemple : « L'affaire Schelling. Une controverse entre Pierre Leroux et les jeunes hégéliens[34] ». La *Réfutation de l'éclectisme* (Slatkine, 1979) de P. Leroux, largement annoté, est cité dans *Pour une philosophie politique critique*, mais aussi dans *Le Procès des maîtres rêveurs*[35]. Miguel Abensour s'est certainement appuyé sur la *Réfutation* dans le cadre de son séminaire sur « Le nouvel esprit utopique » (*cf. Le Cahier*, compte rendu de séminaire du Collège international de philosophie, n° 3, 1987).

Ainsi, le livre d'Auguste Blanqui, *Instructions pour une prise d'armes*, largement annoté, a été édité par Miguel Abensour, avec Valentin Pelosse, aux Éditions de la Tête de feuilles dès 1973 et réédité en 2000 chez Sens et Tonka. En publiant, en 2013, *Les Passages Blanqui. Walter Benjamin entre mélancolie et révolution* (Sens & Tonka), Miguel Abensour se réfère encore aux *Instructions*, mentions encore présentes dans les *Utopiques*. Notons que pour Miguel Abensour, A. Blanqui est un « héros de la modernité » tout comme Baudelaire.

Ainsi, la réflexion autour d'Emmanuel Levinas. Miguel Abensour précise qu'il a « abordé Levinas par la question de l'utopie », il a « rencontré l'œuvre de Levinas » au début des années quatre-vingt Il rappelle souvent la participation d'E. Levinas au recueil *Utopie et Marxisme selon Ernst Bloch* et au livre de Martin Buber : *Utopie et Socialisme* dont il écrit la préface.

L'annotation de nombreux ouvrages est éclairée par la publication d'un *Cahier de L'Herne*, en 1991, sous la direction de Catherine Chalier et de Miguel Abensour, mais aussi par la publication posthume (Sens & Tonka, 2021) d'un recueil de textes qui a pour titre *Levinas*. Sont largement annotés *Quelques réflexions sur la philosophie de l'hitlérisme* (Rivages, 1997), *De l'évasion* (Fata Morgana, 1982), *Difficile liberté* (Albin Michel, 1976), *Éthique et Infini* (Fayard, 1982), *Totalité et Infini* (Martinus Nijhoff, 1961), *Autrement qu'être* (Martinus Nijhoff, 1974), *De Dieu qui vient à l'idée* (Vrin, 1982), *Entre nous* (Grasset, 1991), *La Mort et Le Temps* (Librairie générale française, 1992), *De l'existence à l'existant* (Vrin, 1981), *Dieu, la mort,*

32. Voir, principalement, P. Clastres, *La Société contre l'État*, Paris, Minuit, 1974.
33. Voir notamment, P. Leroux, *De l'humanité*, éd. M. Abensour et P. Vermeren, « Corpus des œuvres de philosophie en langue française », Paris, Fayard, 1985. Voir aussi *Utopiques I*, *op. cit.*
34. M. Abensour, *Corpus : revue de philosophie*, n° 18-19, 1991, repris dans *Utopiques I*, *op. cit.*
35. M. Abensour, *Le Procès des maîtres rêveurs*, Arles, Sulliver, 2000, nouv. éd. augmentée, *Utopiques I*, *op. cit.*

le temps (Grasset, 1993), *Du sacré au saint* (Minuit, 1977), *Humanisme de l'autre homme* (Fata Morgana, 1978), *Le Temps et l'Autre* (Puf, 1979). Mentionnons aussi les actes d'un colloque consacré à E. Levinas : *Autrement que savoir. Emmanuel Levinas* (Osiris, 1987). Les références à ces ouvrages sont évidemment présentes dans les textes consacrés à E. Levinas par Miguel Abensour, mais aussi dans *Pour une philosophie politique critique, Hannah Arendt contre la philosophie politique?, Utopiques II, IV, La Démocratie contre l'État, L'Utopie de Thomas More à Walter Benjamin.*

Un numéro des *Cahiers philosophiques de Strasbourg* (n° 14, 2002) consacré à « Levinas et la politique[36] » est également annoté, le sont aussi deux livres de Catherine Chalier, parmi la trentaine présente dans la bibliothèque : *Levinas, l'utopie de l'humain* (Albin Michel, 1993) et *La Persévérance du mal* (Cerf, 1987). Miguel Abensour s'y réfère.

L'annotation des *Réflexions sur la question juive* (Gallimard, 2002) de Jean-Paul Sartre pourrait étonner. Elle a vraisemblablement été effectuée lors de la préparation de la conférence donnée au Collège international de philosophie en 2003. Le texte de cette conférence a été remanié et publié, de manière posthume, dans *Levinas* (Sens & Tonka, 2021) sous le titre « Sartre-Levinas. Question juive ou condition métaphysique? »

L'on peut penser que l'expression levinassienne « l'utopie de l'humain » est extrêmement significative pour Miguel Abensour. Elle peut être articulée à ses travaux consacrés au nouvel esprit utopique, mais aussi à sa réflexion continuée autour de l'État. Rappelons que le sous-titre d'un texte écrit par Miguel Abensour est : « Le Contre-Hobbes d'Emmanuel Levinas ».

La philosophie politique reste présente, en attestent les annotations de *Philosophie politique* (Masson, 1972) de Michel-Pierre Edmond auquel Miguel Abensour se réfère.

Que laisse apparaître le cœur de cette bibliothèque qui repose sur d'autres milliers de livres? La collection, on l'a vu, n'en est qu'un reflet très partiel. Ces quelques dizaines de volumes esquissent des constellations – le terme, benjaminien, plairait à Miguel Abensour.

D'abord, peut-être, celle qui s'attache au présent, où seraient rassemblés Arendt, Lefort, Rancière. Une autre constellation autour de La Boétie et de Spinoza qui s'interrogent sur la servitude, une autre autour de la Révolution – événement qui interrompt l'ordre et l'État anciens – et des héros qui la rendraient possible. Une autre constellation encore qui rassemblerait ceux envisageant l'avenir et les relations entre les êtres humains différemment en pensant « l'écart », de Saint-Simon à Blanqui, de Benjamin à Levinas, soit l'utopie. Une dernière, peut-être, celle d'Adorno et de la négativité.

Il importe de ne pas figer ces constellations dont la composition peut être plus large et moins visible[37]. En outre, ces constellations sont susceptibles de se mouvoir. La plus lumineuse serait-elle celle que l'on nomme utopie dont

36. Dans ce numéro figure l'article de M. Abensour : « L'an-archie entre métapolitique et politique », p. 109-131.
37. M. Abensour n'écrivait-il pas : « Saint-Just et Levinas ne sont-ils pas hommes d'utopie? », dans *Emmanuel Levinas, l'intrigue de l'humain : entre métapolitique et politique, entretiens avec Danielle Cohen-Levinas*, Paris, Hermann, 2012, p. 79.

la visée est « l'altérité sociale » ? Est-ce celle qui rassemble des héros, quels qu'ils soient, des « guetteurs de rêves », ceux qui cherchent à cheminer vers « l'émancipation humaine » (Marx), vers la « clarté » (Levinas) ou celle qui donne tant d'importance à la natalité, en tant que commencement (Arendt) en refusant la résignation (Adorno) ?

Ces dernières propositions, certes interrogatives, présentent, toutefois, l'inconvénient d'immobiliser, de pétrifier et s'opposent à la pensée de Miguel Abensour, explorateur, qui incite à l'éveil et au réveil.

Une ultime remarque. Miguel Abensour pense « la politique comme une expérience de la liberté, née d'une action de concert où se manifeste la condition ontologique de la pluralité[38] », pluralité qui n'est évidemment pas exempte de conflits et de « tumultes ». Le dernier texte de Miguel Abensour, publié de son vivant, a pour titre *La Boétie prophète de la liberté*[39], ce qui témoigne de sa fidélité à « penser la liberté contre le pouvoir[40] ».

Anne Kupiec

38. M. Abensour, *Emmanuel Levinas, l'intrigue de l'humain*, *op. cit.*, p. 31.
39. M. Abensour, [*Étienne de La Boétie prophète de la liberté*], Athènes, Stasei Ekpiptontes, 2016. L'édition en français a été publiée par Sens & Tonka en 2018. Saint-Just prophétisait aussi la liberté ; M. Abensour le rappelait.
40. M. Abensour, *Lettre d'un « révoltiste » à Marcel Gauchet converti à la « politique normale »* (2004), Paris, Sens & Tonka, 2008, p. 8.

ANNEXE
LE MANIFESTE DE LA COLLECTION « CRITIQUE DE LA POLITIQUE »

La critique de l'économie politique n'inclut pas et ne peut inclure la critique de la politique qui faisait partie intégrante et distincte du projet du jeune Marx, dans les grands textes de 1843 et 1844. Visant à récupérer cette dimension perdue ou, à dessein, occultée, la critique de la politique se fonde sur la distinction essentielle de la domination et de l'exploitation. Ensemble de phénomènes différents, concept autre, la domination ne peut ni se réduire à l'exploitation, ni être considérée comme en dérivant, même si d'aucuns concèdent l'autonomie relative du politique.

Outre son objet propre – la structure historique spécifique de la domination-esclavage – la critique de la politique se définit :

– par le refus de la sociologie politique, en tant qu'instance de refoulement des questions critiques énoncées par la philosophie politique : prétendant édifier une science du politique, elle tend à faire de la politique une science;

– par le choix d'un point de vue : écrire sur le politique du côté des dominés, de ceux d'en bas pour qui l'état d'exception est la règle;

– par l'interrogation génialement formulée par La Boétie : pourquoi la majorité des dominés ne se révolte-t-elle pas?

En vue d'opérer une percée nouvelle, cet effort critique entend se déployer dans trois directions principales :

À l'écart du politisme, *une critique sociale de la domination* qui, dans le sillage de l'École de Francfort, prend pour hypothèse de départ l'existence d'une tendance à la domination totale dans le monde contemporain, sous quelque régime politique que ce soit. Cette critique s'attachera à dévoiler, au-delà des justifications idéologiques, les formes nouvelles de domination en relation avec le déplacement du politique et le règne universel de la bureaucratie. L'ambivalence des structures de domination exigera de procéder à une enquête sur la généalogie des formes historiques du politique. Loin de se limiter à la critique pourtant fondamentale de l'État, cette critique sera aussi polymorphe et diverse que la structure complexe de domination qu'elle s'efforcera de mettre au jour.

Une critique de la raison politique qui, à travers les grands textes qui, au cours de l'histoire, ont constitué cette raison, rendra vie aux critiques théoriques de la politique, et plus encore, s'interrogera sur les points aveugles de la pensée occidentale du politique, sur les relations de la philosophie et du politique, et tentera de cerner les racines théoriques de la domination.

Une reconstitution des critiques pratiques de la politique, à savoir, des mouvements sociaux qui, lors des différentes insurrections et révolutions de l'histoire, fidèles à la résolution *ni Dieu ni Maître*, ont attaqué en acte la structure même de la domination et, plutôt que d'installer un nouveau pouvoir coercitif, ont tenté d'abolir la division entre maîtres et esclaves.

Au lieu de poursuivre la réhabilitation de la politique comme s'y emploient divers courants modernistes, c'est à écouter les projets qui tentent de briser les « chaînes de l'esclavage » que se consacrera la collection *Critique de la politique*, attentive à dénoncer les entreprises qui, instaurant une confusion entre la subversion de la société et la transformation ou la modernisation de l'État, barrent, sous le couvert de l'émancipation politique, la voie de l'émancipation humaine.

Miguel Abensour

LES INTROUVABLES DES CAHIERS

PHILOSOPHIE POLITIQUE ET SOCIALISME
Pierre Leroux ou du « style barbare » en philosophie

Miguel Abensour

Ce texte de Miguel Abensour paraît en octobre 1985 dans le premier numéro de la revue – *Le Cahier* – publiée aux Éditions Osiris par le Collège international de philosophie. Miguel Abensour y sera directeur de programme et président de l'Assemblée Collégiale (1985-1987). *Le Cahier du Collège international de philosophie,* qui deviendra plus tard la revue *Rue Descartes,* se veut initialement un vecteur d'informations sur le mode de fonctionnement et sur les résultats des séminaires qui se déroulent au Collège, avant d'introduire, dès le deuxième numéro, des études originales et des traductions. « Philosophie politique et socialisme, Pierre Leroux ou du "style barbare" en philosophie » présente ainsi le bilan dressé par Miguel Abensour du séminaire qu'il a donné en 1985. Il donnera d'autres séminaires dont *Le Cahier* se fait l'écho, comme le séminaire du second semestre 1986 « Le Nouvel esprit utopique » (le n° 3 de la revue en donne le synopsis p. 109-114).

L'intérêt d'Abensour pour Pierre Leroux est ancien et ne sera jamais démenti. En 1972, il fait paraître « Pierre Leroux et l'utopie socialiste » publié avec la « Lettre au docteur Deville » dans le n° 15 des *Études de marxologie,* texte qu'il corrigera pour l'insérer dans le volume *Le Procès des maîtres rêveurs suivi de Pierre Leroux et l'utopie* (Éditions Sulliver, 2000). En 1981, il publie « L'Utopie socialiste : une nouvelle alliance de la politique et de la religion », dont la section VI est consacrée à Leroux, dans *Le Temps de la réflexion* (Gallimard), texte qui sera repris dans les *Utopiques II.* En 1985, avec Patrice Vermeren, Abensour revoit le texte de Pierre Leroux *De l'humanité* pour l'édition Fayard. En 1991, c'est la revue *Corpus* qui, dans son n° 18-19, publie l'article « L'affaire Schelling. Une controverse entre Pierre Leroux et les jeunes hégéliens ». En 1994, Abensour compose encore la postface « Comment une philosophie de l'humanité peut-elle être une philosophie moderne ? » de l'édition chez Payot du texte de Leroux *Aux philosophes, aux artistes, aux politiques. Trois discours et autres textes…*

Claire Pagès

Pierre Leroux est cette figure énigmatique du XIXe siècle qui, inventant le nom de socialisme, orientant l'émancipation moderne vers *l'Association*, persiste à nouer un rapport aux Anciens et plus précisément à la philosophie politique classique. Contrairement à ceux qui considèrent que l'émancipation socialiste marque la fin de la philosophie politique (par exemple : Fourier, Saint-Simon, Marx), Pierre Leroux maintient que le projet socialiste s'énonce et doit s'énoncer en grec (*cf.* les notes en grec des ouvrages de Leroux, *L'Égalité, De l'Humanité*), en rapport avec la tradition qui a défini l'homme comme vivant politique.

Tel est le paradoxe de Pierre Leroux auquel je voudrais me mesurer, non pas tant pour faire connaître l'œuvre de Pierre Leroux – Peguy et Jaurès ont été les derniers à la connaître – que pour tenter à partir de cette œuvre inclassable une réflexion renouvelée sur les relations possibles entre la philosophie politique et le socialisme, ou plus exactement sur les relations entre la question politique et la question de l'émancipation sociale. (« J'ai porté le socialisme dans la République et la République dans le socialisme » avait coutume de dire Pierre Leroux pour définir son œuvre.) Pour affronter ce paradoxe, il me faudra pratiquer de multiples détours et notamment déporter mon attention vers l'étrangeté, le caractère singulier de la démarche philosophique elle-même de Pierre Leroux.

Je précise d'emblée qu'il ne s'agit pas tant d'analyser la philosophie de Pierre Leroux que de poser la question, à propos de Pierre Leroux, de l'instauration philosophique, la question moderne du mode de philosopher qui surgit au moment où la philosophie, sous l'assaut de crises d'ordres divers (fin de la philosophie, positivisme, naissance de la sociologie, du socialisme, etc.), opère un retour sur elle-même, fait d'une réflexion sur elle-même, sur son identité problématique, voire sur sa légitimité, l'objet de son interrogation.

Dans le cas particulier de Pierre Leroux, ce n'est qu'après avoir consenti à effectuer ce détour par le mode de philosopher et qui inclut aussi bien la question de la posture philosophique que celle du style et du ton en philosophie, que l'on peut se frayer un accès à la philosophie de Pierre Leroux pour l'accueillir dans sa différence et son inactualité.

Or il m'apparaît que pour approcher au mieux cette originalité du philosopher de Pierre Leroux, il convient de partir des rapports du politique et du philosophique, de l'institution politique de la philosophie. Je veux désigner par là, non pas tant les rapports du philosophe et du pouvoir, que le problème que l'on pourrait ainsi énoncer, en s'inspirant de l'ouvrage très original de L. Jerphagon, *Vivre et Philosopher sous les Césars*, Privat 1980 : qu'est-ce que vivre et philosopher dans une société et un État post-révolutionnaires, qu'est-ce que vivre et philosopher après l'expérience révolutionnaire d'une « organisation nouvelle de la vie collective », selon Leroux ? En quoi cette nouvelle institution du social, l'institution révolutionnaire, qui vient au terme, d'après Leroux, d'une série à trois termes, le christianisme, la Réforme et la philosophie, bouleverse-t-elle les repères, les enjeux, les exigences mêmes de la pensée ? En quoi cette institution qui vient couronner le mouvement propre de la modernité vers une émancipation illimitée et qui en France a fait, en outre, l'épreuve d'un retour à la forme impériale et d'une restauration monarchique, est-elle de nature à fonder un nouveau penser?

C'est donc en tant que manifestation d'un « style barbare » en philosophie que j'aborde le philosopher de Pierre Leroux, en reprenant la revendication et la définition de Michelet dans le cours de 1845 : « Barbares?... ceux qui travaillent ou ceux qui ont travaillé de leurs mains [...] Je suis un de ces barbares, Béranger aussi, Pierre Leroux et tant d'autres. Barbares oui, cela veut dire jeunes, pouvant renouveler d'une jeune chaleur leur sang épuisé [...] Sont barbares ceux qui ont consolé le monde ou expliqué la patrie, comme Béranger et moi. Nous sommes bien des parvenus, tous une société jeune [...] des fils de la Révolution ». (P. Viallaneix, *La Voie Royale,* 1971, p. 87).

Cette hypothèse du style barbare qui, on le voit, pose plus de questions qu'elle n'en résout, nous conduit à situer l'instauration philosophique de Leroux dans trois directions :

A. L'opposition au philosophe fonctionnaire;

B. Les rapports de la philosophie et de la non-philosophie;

C. Pierre Leroux, maître de vérité, poésie et philosophie.

A. L'opposition au philosophe fonctionnaire

La situation originale de Leroux prend d'abord naissance dans son opposition déterminée à l'éclectisme dès 1833 pour culminer dans le grand ouvrage de critique philosophique qu'est la *Réfutation de l'éclectisme* (1839), paru d'abord sous forme d'article dans l'*Encyclopédie Nouvelle.* On tient là un point d'observation privilégié pour apprécier au mieux les interférences du politique et du philosophique; en effet, au-delà de l'opposition politique à Cousin qui, en 1830, a définitivement répudié son républicanisme de jeunesse, on discerne dans la réfutation de Leroux une dimension proprement philosophique, ou philosophico-politique : c'est contre une politique de la philosophie, contre l'avènement d'une nouvelle figure, celle du philosophe fonctionnaire que se dresse Leroux. Pour ce dernier, la réduction du philosophe au professeur de philosophie signe la mort de la philosophie. Or l'avènement du philosophe fonctionnaire touche au destin même de l'État moderne comme Ringer l'a montré dans *The German Mandarins,* H.U.P. 1969; c'est à partir du nouveau rapport qui se noue entre la philosophie et l'État que l'on voit apparaître sur la scène politique de l'État constitutionnel libéral, un nouveau type social, le professeur d'enseignement supérieur et que l'on voit se constituer ce qu'on pourrait qualifier de nouvelles mœurs philosophiques. On rencontre donc dans l'éclectisme un phénomène qui ne touche pas seulement la France mais aussi l'Allemagne, « phare » de la philosophie en Europe, à savoir, l'institutionnalisation de la philosophie à l'ombre de l'État par la médiation de l'Université. (cf. *Philosophies de l'Université. L'Idéalisme allemand et la question de l'Université,* Payot 1979). Leroux a été l'un des premiers à proposer une comparaison entre l'hégélianisme et le cousinisme, nous invitant ainsi à situer sa lutte contre Victor Cousin dans le cadre plus large d'une lutte contre l'institution hégélienne de la philosophie au sein de l'État moderne. Cette direction d'analyse paraît d'autant plus sûre que c'est pour s'opposer à Hegel, le « fataliste de Berlin » que Leroux a publié en 1841 le Cours de Schelling et en a défendu l'orientation générale, la transmutation nécessaire de la philosophie de la religion et ce, en dépit des orientations réactionnaires de Schelling dont il était d'ailleurs parfaitement conscient. (*Revue Indépendante,* 1841 et 1842; *cf.* controverse de Leroux avec les hégéliens de gauche).

Dans la préface de la *Philosophie du droit* (1821), Hegel prend acte de la nouvelle situation de la philosophie dans la modernité pour s'en féliciter : « La philosophie n'est pas chez nous, comme chez les Grecs, exercée comme un art privé, mais elle a une existence officielle qui concerne donc le public, elle est principalement ou exclusivement au service de l'État ». C'est précisément cette situation publique institutionnelle que Nietzsche dans les conférences *Sur l'avenir de nos établissements d'enseignement* (1872) déplore et dénonce comme inversant les rapports de souveraineté entre l'État et la culture : « C'est un phénomène nouveau et en tout cas original : l'État apparaît comme le mystagogue de la culture et, tout en favorisant ses propres buts, il force chacun de ses serviteurs à ne paraître devant lui que muni du flambeau de la culture universelle de l'État […] Ce dernier phénomène devrait les déconcerter, il devrait leur rappeler une tendance que l'on comprend peu à peu, celle d'une philosophie lancée sur les voies de l'État et visant les buts de l'État, la tendance de la philosophie hégélienne; oui, il ne serait pas exagéré de dire que en se soumettant tous les efforts de la culture aux buts de l'État, la Prusse s'est assimilée avec succès la partie pratiquement valable de l'héritage de la philosophie hégélienne : son apothéose de l'État atteint sans doute son sommet dans cette soumission » (*Troisième Conférence*).

L'opposition Hegel/Nietzsche circonscrit de façon paradigmatique pourrait-on dire le contraste entre le philosophe fonctionnaire d'un côté et le philosophe privé de l'autre et présente très bien les différentes facettes de l'opposition que l'on peut voir fonctionner chez Leroux qui a inventé au-delà de cette opposition, une position originale, celle du philosophe de l'humanité, ou une *autre* relation à l'universel que celle qui passe par l'État.

La philosophie ayant accédé à une existence officielle, le philosophe est devenu fonctionnaire d'État et manifeste, en tant que tel tous les caractères de la classe universelle, de la bureaucratie.

– le philosophe est désormais hautement qualifié, recruté non à partir de son génie ou de ses œuvres, mais sur la base d'une qualification objective que représente la connaissance et son contrôle dans des examens qui viennent sanctionner une formation de plusieurs années.

– le philosophe est dispensé du travail direct et assuré pour sa survie d'un revenu sous la forme d'un traitement d'État, à l'abri de toute dépendance personnelle.

– le philosophe appartient à un corps de travailleurs intellectuels spécialisés qui marque la transformation de la philosophie en une profession principale sous la forme de l'enseignement universitaire. Tant la formation que la professionnalisation entraînent une uniformisation de la personne du philosophe.

– le philosophe trouve sa satisfaction dans l'accomplissement de sa fonction et dans l'honneur corporatif d'un état qui a pour destination propre l'universel, la charge des intérêts généraux. Fonctionnaire de l'universel, le philosophe accomplit dans un domaine spécifique la fonction du pouvoir gouvernemental, la subsomption de la particularité sous l'universel. Il existe en ce sens un rapport consubstantiel entre la systématicité philosophique et la structure de l'État comme totalité spirituelle organique.

C'est contre la constitution progressive de cette nouvelle figure de philosophe qui, pour reprendre l'expression de Schopenhauer vit de la philosophie et non pour la philosophie (*La Philosophie universitaire*, in : *Philosophie et Philosophes*, Alcan : 1912), que vont se dresser tous ceux qui se réclament d'une autre pratique de la philosophie. De ce point de vue, la mise en valeur de l'originalité du philosopher chez Leroux exige la confrontation avec d'autres figures de philosophes anti-hégéliens, Feuerbach, Marx (ce dernier a salué la *Réfutation de l'éclectisme* comme une œuvre géniale), Kierkegaard (notamment les rapports chez l'un et l'autre au christianisme et à la figure biblique de Job), Nietzsche, etc.

Mon projet est de saisir l'opposition de Leroux à Cousin à trois niveaux : les mœurs philosophiques; la définition de la vraie philosophie; la question du corps.

Les mœurs philosophiques

Du point de vue des mœurs philosophiques, il me paraît important d'étudier de très près dans la pratique même de Leroux des questions que l'on laisse d'habitude dans l'ombre comme étant d'intérêt secondaire et qui pourtant en l'occurrence sont de nature à révéler les voies par lesquelles Leroux a agi pour recouvrer la fonction entière du philosophe. Pour cerner la rébellion de Leroux contre le philosophe fonctionnaire et son refus de la professionnalisation, il faut d'abord étudier le rapport positif qu'il noue avec les « philosophes utopistes », les représentants de la philosophie vivante (notamment avec Saint-Simon, son « maître »), ces figures hétérogènes, repoussées par toutes les académies, par toutes les institutions savantes et qui ont une pratique expérimentale de la philosophie (*cf.* autobiographie de Saint-Simon). De là chez Leroux, dans le sillage du saint-simonisme, une communication de la philosophie sous la forme d'une parole mixte, à la fois politique et prophétique (*cf.* la participation de Leroux aux missions saint-simoniennes).

Refus du salariat également. Ici s'ouvre un chapitre très intéressant dans la vie de Leroux : comment a-t-il cherché à assurer son indépendance (le recours aux inventions technologiques, *l'Encyclopédie Nouvelle* et comment après l'échec de ces projets, il a eu recours à *l'amitié* (principalement à celle de G. Sand). Or plutôt que d'accueillir par des sarcasmes cette relation, il nous paraît particulièrement décisif de voir ce que Leroux et Sand ont tenté dans leur association à l'écart de la logique impitoyable d'une société d'où la gratuité et le don sont bannis. Enfin la question du mariage et de la famille : si du point de vue du type idéal, le philosophe fonctionnaire est marié et subvient à l'entretien de ses enfants grâce à la philosophie, le philosophe privé, en revanche, doit selon Schopenhauer et Nietzsche rester célibataire et sans enfants. Or Leroux présente ce caractère original en tant que philosophe de l'humanité hors de l'institution, d'être marié, chargé d'une nombreuse famille, voire d'une tribu puisqu'il a souvent assumé l'entretien de neveux, de frères, de petits enfants… Cette question a été à diverses reprises l'objet d'un débat très conflictuel entre Leroux et Jean Reynaud, le co-fondateur de *l'Encyclopédie Nouvelle.*

La définition de la vraie philosophie

C'est donc à partir de l'instauration étatique de la philosophie qui apparaît avec Hegel et Cousin que Leroux va interpréter et critiquer les choix philosophiques stériles de l'éclectisme. Aussi convient-il à chaque fois de faire l'examen de la thématique philosophique de Cousin en rapport avec les exigences et les contraintes d'une philosophie officielle qui veut acquérir un nouveau statut dans la cité et, ce faisant, abolir la tension « socratique » entre le philosophique et le politique. Quelques thèmes paraissent particulièrement symptomatiques :

– l'éclectisme manifeste une volonté de distinguer, de « chosifier » des domaines précis aux frontières bien délimitées. La pensée de Cousin est une pensée de la fragmentation et de la classification, sa méthode l'analyse et son but l'élaboration d'une taxinomie. À cette volonté d'abstraction et de classification, Leroux, penseur de la synthèse, oppose la formule de l'unité trinitaire; ce qui nous introduit à la question suivante : quelles sont la place et la fonction de l'idée de système dans le philosopher de Pierre Leroux?

– la conception purement réflexive de la philosophie que professe Cousin. « La réflexion ne crée pas, elle constate et elle développe », ce qui coupe la philosophie de toute idée de spontanéité, d'activité et la réduit à une simple faculté d'enregistrement de l'histoire condamnée à s'exercer toujours « après », post festum.

– l'ambition de Cousin de concevoir la philosophie sur le modèle d'une science exacte privilégiant l'observation (d'où la place de choix accordée à la psychologie considérée comme le « vestibule » nécessaire de la philosophie. On mesure sans peine dans cette conception de la philosophie une volonté de dévaloriser la conscience commune et d'édifier la philosophie contre elle; volonté qui s'oppose de ce point de vue aux tendances de l'idéalisme allemand. À l'inverse pour Leroux, l'élaboration philosophique ne peut être que mixte : elle touche à la fois à la science et à l'art car, œuvre de connaissance, elle ne peut se séparer pour autant de l'ordre du consentement, à savoir, de la vie du moi et du nous qui est un lieu privilégié de l'art.

– l'érection de la philosophie en un lieu à part, surélevé, au-dessus du peuple, dans la sphère des « hautes capacités ». « La philosophie est l'aristocratie de l'espèce humaine » selon Cousin qui voit dans cette conquête d'un lieu séparé la condition de possibilité de la philosophie. Leroux, au contraire, réinsère la philosophie dans le peuple et au-delà dans la « vie de relation » de l'Humanité. Le rapport de la philosophie au monde ne peut être qu'un rapport *d'inhérence* et c'est par cette voie que Leroux, qui distingue dans la société moderne une nouvelle cassure sociale, assigne à la philosophie une position du côté de la souffrance. « Homme du sentiment, il (le philosophe) se sent uni de sympathie avec tout ce qui souffre, tout *ce* qui est opprimé dans le monde. Il doit donc, dans les évolutions du monde, être du parti de ce qui souffre et de ce qui est opprimé ». (*Réfutation de l'éclectisme*, pp. 251-252).

La question du corps

On aurait tort de voir seulement dans Leroux une figure d'opposition politique à Cousin, par exemple, celle du philosophe militant ou humanitaire. C'est dire que les interférences du politique se situent très profondément au cœur même du philosophique et ce par des voies qui en un sens échappent aux acteurs eux-mêmes, en vertu d'une logique qu'ils ne maîtrisent pas. Comme les articles de Leroux dans l'*Encyclopédie Nouvelle* le montrent (*Condillac, Conscience*), la question du corps, de l'union de l'âme et du corps est capitale dans l'opposition de Leroux à Cousin, Jouffroy et à leurs maîtres écossais. Au travers d'une question apparemment technique de psychologie et d'une question métaphysique fondamentale, on perçoit au plus près l'intrication des enjeux philosophiques et politiques pour autant que l'on consente à entendre politique au sens large, c'est-à-dire incluant une philosophie de l'histoire et une ontologie. « Nos nouveaux psychologues éliminent fièrement le corps, qu'ils appellent la bête, l'animal, la machine, et ils le renvoient dédaigneusement aux physiologistes ; cette chose disent-ils ne les regarde pas ; eux ils ne s'occupent que du moi [...] On dirait que, trompés par le mot de spiritualisme qu'ils avaient pris pour bannière, ils ont cru que le spiritualisme consistait à éliminer, à chasser violemment le corps de la science qu'ils cultivaient ». (*Réfutation de l'éclectisme*, pp. 289-290). Il convient donc de faire ici un travail d'interprétation extrêmement serré pour discerner la position originale de Leroux et sa finalité ; disons que Leroux cherche à repousser aussi bien le sensualisme de Condillac et de Locke (et ici son rapport à Leibniz mérite d'être étudié) que le spiritualisme de Cousin en essayant d'élaborer une philosophie de l'incarnation, ou en posant l'esprit comme incarné. Par cette voie il parviendrait à rejeter aussi nettement la représentation de l'homme comme pure conscience, intériorité souveraine que la représentation matérialiste de l'homme comme objet ou machine soumis à des déterminations externes. « D'ailleurs il n'y a au fond ni extérieur ni intérieur dans l'homme » (article *Conscience*, p. 800). C'est dire que tout en faisant sa part à la passivité (voir sur ce problème la critique que Leroux fait de la théorie du sommeil chez Jouffroy), Leroux ne réduit pas l'homme à un mécanisme, à un ensemble de conditionnements, mais tout au contraire révèle certains *a priori*, ce qu'il désigne comme innéités, qui prennent leur origine dans l'incarnation. Ni pure passivité, ni pure activité, l'homme se tient en raison de son corps dans un entre deux. « Il n'y a pas un phénomène où le moi ne soit ; mais il n'y en a pas un non plus où le non-moi ne se trouve. [...] Le moi ne peut pas être uniquement passif ; il est toujours une force et une aspiration ». *Réfutation de l'éclectisme*, p. 212). De là l'intérêt de l'interprétation que Leroux fait de Maine de Biran, lecture très moderne, contre la réduction à laquelle a procédé Cousin. Par cette idée de l'esprit incarné (« Que les nouveaux psychologues nous fassent donc le plaisir de nous dire quels sont ces phénomènes de l'esprit qu'ils observent directement avec la conscience, sans l'intermédiaire du corps, puisque nous sommes sûrs que ce ne peut être ni la sensation, ni la mémoire, ni les passions, ni en général le sentiment, ni la comparaison, ni le jugement, ni le raisonnement, ni la volonté » – article *Conscience*, p. 802), Leroux n'ouvre-t-il pas la voie à un mode de philosopher original en ce qu'il refuse ce que Merleau-Ponty, lui-même philosophe de l'incarnation, nomme pour le critiquer le choix d'une position de survol ou de surplomb ? Leroux ne pourchasse-t-il pas chez ses adversaires à travers leur refus du corps, leur réduction du corps à un objet, un schème récurrent de séparation et d'élévation, comme si la philosophie spiritualiste dans sa conception de la désunion de l'âme et du corps essayait d'aménager un lieu séparé pour la conscience souveraine qui serait comme un « analogon » du lieu séparé de l'État, du pouvoir posé comme détaché de la société et en surplomb par rapport à elle ? La question du corps me paraît d'autant plus fondamentale que c'est à partir de l'incarnation de l'esprit que l'on peut effectuer, selon Leroux, une « *remontée* » par laquelle l'homme se donne le monde, c'est-à-dire se réintroduit dans le processus d'échange généralisé, de nutrition que constitue pour Leroux l'être. « Mais y a-t-il je le demande, vie du corps sans respiration, sans nutrition ? La vie du corps ne résulte-t-elle pas essentiellement d'une relation constante et d'une communion perpétuelle, quoique perpétuellement variable avec l'univers extérieur ? [...] un corps n'est qu'un cadavre aussitôt que cette communion cesse, et que ce qu'on devrait véritablement appeler un corps, ce serait ce corps plus tous les milieux qui lui donnent la vie, qui répondent à sa vie, qui vivent avec lui et avec qui il vit ». (*Réfutation de l'éclectisme*, p. 290).

B. Les rapports de la philosophie et de la non-philosophie

Percevoir chez Leroux une expression du style barbare en philosophie signifie que l'œuvre de Leroux appartient à ce que Merleau-Ponty désignait comme les rapports de la philosophie et de la non-philosophie depuis Hegel, depuis l'achèvement avec Hegel de la philosophie classique. « Il ne s'agit pas de lutte entre la philosophie et ses adversaires, mais d'une philosophie qui veut être philosophie en étant non-philosophie ». (*Textures*, 1974, 8/9). Par là, Merleau-Ponty entendait mettre en valeur cet affrontement typiquement moderne qui fait surgir dans le champ de la philosophie, ou aux limites de son champ, un objet hétérogène qui met la philosophie hors de ses gonds, la contraint non à s'abolir ou à disparaître, mais à changer de forme. La non philosophie érige aux frontières du système qui vise en permanence, en tant que système, à penser ses objets sous le signe de l'identité, une forme d'expérience irréductible et telle qu'elle constitue un défi à une pensée de l'identité. Qu'il s'agisse de l'expérience subjective de la foi, de la souffrance, de l'unicité ou de celle de la volonté de puissance, les philosophes non-philosophes tendent à penser un objet ou une expérience qui dans sa différence est inassimilable et qui, du même coup, ruine la systématicité de l'entreprise philosophique. Contre une pensée qui vise à subordonner la différence – et le modèle hégélien avec sa recherche dialectique d'une « identité de l'identité et de la non-identité » est la forme achevée de ce type de pensée – surgissent des « philosophies expérimentales » (K. Löwith). En 1842, Feuerbach dans les *Thèses provisoires pour la réforme de la philosophie* a énoncé le principe constitutif de ces nouvelles expressions philosophiques : « Il faut que le philosophe introduise dans le texte de la philosophie la part de l'homme qui ne philosophe pas, bien plus qui est contre la philosophie, qui combat la pensée abstraite, donc tout ce que Hegel ravale à l'état de note. [...] La philosophie ne doit donc pas commencer par soi mais par son antithèse, par la non-philosophie » (*Manifestes Philosophiques*, Puf. 1973, p. 116).

Face à la rupture que représentent par rapport à la tradition ces nouveaux modes de philosopher, se pose nécessairement la question de l'identité énigmatique du philosophe non-philosophe. C'est sous le signe de cette interrogation que le poète Henri Heine aborde l'œuvre de Leroux dans *Lutèce* : il en salue le génie philosophique qu'il compare justement à celui de Schelling pour finir par douter de l'appartenance de Leroux au groupe des philosophes. Que penser, en effet, d'un penseur qui dans la logique d'une philosophie de l'incarnation, attentive à la passivité, au corps introduit dans le texte noble de la philosophie le corps « ignoble » de la classe la plus nombreuse et la plus pauvre et qui fait de l'Association la question philosophique constitutive de la modernité ? *Mais philosophe barbare, Leroux entend rester philosophe.* Reste que l'interprète est en droit de juger ce nouveau mode de philosopher : ce style barbare n'aboutit-il qu'à une critique, qu'à une simple négation de la philosophie, son intérêt se limitant à révéler les insuffisances de la philosophie traditionnelle, dans la mesure où cette non-philosophie ne répondrait pas aux exigences d'intelligibilité de la philosophie, ou bien au contraire, ce philosopher d'un type nouveau parvient-il à effectuer une véritable instauration philosophique, la non-philosophie étant alors l'expression d'un effort vers une conscience accrue annexant à la philosophie de nouveaux territoires ?

Je choisirai de montrer que chez Leroux il existe une instauration philosophique authentique, tout en me gardant à partir de cette « reconnaissance » d'intégrer Leroux à une tradition avec laquelle il voulait très précisément rompre. C'est dire que dans le cas présent, l'interprète doit lutter sur deux fronts : contre les jugements d'exclusion qui renvoient Leroux dans la « para-philosophie » ; contre les entreprises d'intégration, d'inspiration néo-spiritualiste, qui ont accepté Leroux mais en gommant sa différence et en s'attachant à réduire son écart. C'est seulement en s'engageant dans cette voie étroite que l'interprète peut par une attitude favorable à « l'héroïsme de l'esprit » propre à Leroux, peut accueillir des thèmes philosophiques qu'une pensée désormais habituée à plus de sobriété aurait tendance à ranger du côté du fantastique, voire du délire, incapable qu'elle est de discerner les enjeux à l'œuvre dans ces thèmes, incapable au fond de s'interroger sur son propre manque d'audace.

Qu'il me suffise ici d'indiquer les deux grandes directions dans lesquelles je tenterai de prendre la mesure du déplacement qu'a effectué Leroux. La parole de Leroux est double : parole philosophique et parole socialiste. (On tient Leroux pour l'inventeur du terme « socialisme ». Leroux entendait donner pour titre au 26e et dernier tome de ses œuvres : dictionnaire philosophique ou essai d'une encyclopédie socialiste.). Au-delà du constat de cette dualité, encore faut-il voir comment la parole socialiste a pour effet de décentrer la parole philosophique et inversement comment la parole philosophique a pour effet de pluraliser et de transfigurer le socialisme.

Tout d'abord, il convient de noter qu'en Leroux, contrairement au Marx de la XIe thèse sur Feuerbach, nous avons affaire à un penseur qui, engagé à divers titres et sous divers angles dans une pratique de transformation du monde, ne cesse de parler philosophie, ne cesse de mettre sa pratique, ses limites ou ses échecs en rapport avec des questions d'ordre philosophique, ou plutôt avec un mode de questionnement philosophique. Plus exactement encore, Leroux acteur, penseur socialiste opte délibérément pour le maintien de la philosophie, mais pas seulement pour son maintien puisqu'à l'épreuve du devenir-association du monde, ce mode de questionnement ne cesse lui-même de se remettre en question. On peut donc énoncer les propositions suivantes :

a) Par l'utopie socialiste, Leroux donne vie, passion et mouvement à la philosophie. Il la transforme en religion. « Tout ce que nous dirons aux philosophes aura pour but de leur prouver que le temps de la philosophie est passé et que le temps de la religion est venu ». (*Aux Philosophes*, septembre 1831). Leroux apparaît comme un philosophe-utopiste : il est de ceux qui décident qu'une grande philosophie conduit nécessairement à l'utopie, de ceux qui voient dans l'utopie le lieu non-lieu par où sortir de la tranquillité, de la réconciliation spirituelle du discours philosophique.

Que faut-il entendre par l'institution socialiste de la philosophie? Il reste à comprendre comment l'institution socialiste de la philosophie renoue avec la question de la philosophie politique classique, celle de la recherche du meilleur régime, et bien évidemment la modifie; ce qu'évoque avec une acuité particulière le sarcasme de Nietzsche : « Platon vieux socialiste ». On est d'autant plus fondé à interroger le « platonisme » de Leroux, inventeur du terme socialisme, que ce dernier vise à mettre un terme à la querelle des anciens et des modernes. Contre l'éclectisme qui pense ses objets en faisant abstraction de l'humanité, Leroux lutte pour une acception de la philosophie en tant que philosophie sociale. Il s'agit pour lui d'interpréter philosophiquement le destin des hommes dans la mesure où ils ne sont pas de simples individus mais les membres d'une pluralité de communautés concrètes et au-delà d'une communauté invisible, l'humanité. Leroux parvient à cette réconciliation des anciens et des modernes par la mise en jeu de trois traditions, ou de trois formules philosophiques : contre le rationalisme abstrait issu d'un certain cartésianisme, il s'agit de réactiver son projet d'émancipation en le confrontant à la philosophie politique classique qui définit l'homme comme vivant politique pour retrouver par là l'idée de relation, la vie unitaire de l'humanité; enfin, il s'agit de corriger cette vision purement synchronique de la communauté par l'idée de succession dans le temps, par la formule moderne de l'homme comme être perfectible. Mais simultanément reste à interroger la rupture de Leroux avec le platonisme; résolument moderne, Leroux tente de penser ensemble la question de la conscience de soi, de la subjectivité (*cf.* son rapport à Maine de Biran) et la question de l'Association.

b) Par la philosophie, Leroux unifie les nouvelles exigences historiques, il tente la synthèse de l'utopie socialiste; pour reprendre une formule de Bazard, il tend à la « philosophiquer ». Si la question sociale qui vient subvertir la philosophie est le visage de la non-philosophie dans le champ de la philosophie, la philosophie affrontée à cet objet non classique va exercer un effet en retour sur cet objet hétérogène en transformant cette question économique, politique, en question de civilisation, en transformant cette vision d'une mutation unitaire de la civilisation en question ontologique, puisqu'il s'agit par cette voie d'atteindre à une nouvelle conception de la vie, plus encore à de nouvelles expressions de l'être. L'intervention de la philosophie dans le champ du socialisme va consister à perfectionner la tradition, à constater le progrès dans le passé et à déduire l'avenir au moyen de la loi du progrès continu. Autant Leroux salue avec enthousiasme l'inspiration prophétique des grands utopistes, autant il conserve ses distances par rapport aux solutions et aux systèmes proposés. À parcourir la critique de Leroux, les utopies feraient plutôt figure de para-philosophies. Elles pèchent par unilatéralité ; faute d'une psychologie et d'une anthropologie, elles ne voient dans l'homme qu'une seule dimension – le travail ou le désir – et réduisent ainsi l'émancipation à une formule partielle. Aussi le monde nouveau qu'elles entrevoient porte-t-il les stigmates de cette étroitesse et tendent-elles à concevoir l'organisation de la cité future sur le modèle d'une cité homogène. Faute d'une ontologie et de critères de certitude satisfaisants, les utopies manifestent, en outre, une tendance à l'unitéisme, selon laquelle les divers ordres de l'univers répondraient à un seul et même principe. Face à ces tendances, le travail de la philosophie dans le champ de l'utopie s'exerce dans des directions multiples : préserver un sens de la *complexité*, lutter contre l'homogénéisation, et au-delà, ne pas céder à l'illusion de la maîtrise. À l'écart d'une sublimation ou d'une spiritualisation du socialisme, le philosophe a pour tâche d'ouvrir le mouvement social à des questions que ce mouvement serait trop aisément porté à refuser, les estimant à l'extérieur de son horizon, sans objet, ou les considérant à tort comme définitivement résolues. Par cette ouverture philosophique, il s'agit d'orienter le socialisme vers une émancipation intégrale, au sens d'une libération plurielle. Leroux philosophe révèle les utopistes à eux-mêmes ; il pratique à leur endroit une herméneutique créatrice, inspirée, qui, soucieuse de ressaisir la parole de désir qui les anime, consisterait à les porter au-delà d'eux-mêmes, à leur faire penser ce qu'ils n'osent pas penser.

Grâce à l'intervention de la philosophie, « science de la vie », le socialisme va connaître une véritable transfiguration ; assigné à une nouvelle place, celle de la manifestation moderne de la vie de désir de l'humanité, le socialisme participe d'un mouvement qui le dépasse et le déborde, ce que Leroux nomme le circulus. La solidarité moderne est destinée à s'immerger dans un échange généralisé, l'échange de l'homme à l'homme, la venue à soi de l'être-humanité et au-delà la relation avec la vie universelle et l'ensemble des autres règnes. La pensée du socialisme chez Leroux est dans la dépendance d'une théorie philosophique de la communication ou de l'échange et qui, à aucun moment, n'efface la découverte moderne de la subjectivité. De cette conjugaison découle une pensée de l'Association résolument anti-autoritaire. C'est au terme de ces détours que nous pourrons sur quelques exemples privilégiés aborder quelques thèmes philosophiques de Leroux en évitant de les conceptualiser, ou de les unifier à l'excès pour préserver leur étrangeté. Je pense principalement au circulus, à l'idée de nutrition et à celle de survie dans l'humanité.

C. Leroux maître de vérité Le rapport poésie-philosophie

La philosophie sous l'action de ce nouveau mode de philosopher est destinée à changer de forme, à se transformer de philosophie en religion, et à nouer de nouveaux rapports avec la poésie. Deux thèmes que l'on retrouve dans un autre contexte chez Schelling qui attira à diverses reprises Leroux. On ne peut limiter la différence du philosopher chez Leroux à son opposition au philosophe fonctionnaire et à l'institution socialiste de la philosophie ; il semble qu'au-delà du philosophe de l'humanité, du philosophe utopiste, Leroux ait encore exploré une autre voie, à première vue surprenante pour un penseur socialiste ; il semble qu'il ait tenté de réactiver au sein de la modernité, et contre elle, une figure archaïque, celle du sage, celle du maître de vérité porteur d'une parole mythico-religieuse. Ici encore, on rencontre, quoique dans un registre différent, le problème de la non-philosophie tel que je l'ai défini en m'inspirant de Merleau-Ponty. Une expérience irréductible, singulière, paraît être chez Leroux à l'origine de ce réinvestissement d'une figure pré-moderne (on pense au Zarathoustra), l'expérience de l'extase. À divers moments de sa carrière Leroux a écrit sur cette question qui lui avait été révélée très tôt par son ami, le docteur Bertrand, auteur de plusieurs publications sur le magnétisme animal et sur l'état d'extase. Leroux définit ainsi cette expérience : « Sa conclusion était que le phénomène de la vision était encore un mystère. [...] Il construisit alors pendant plusieurs années de réflexions et d'observations sa belle théorie de l'extase. Son idée générale est que la nature humaine est susceptible de présenter, sous l'influence de diverses causes morales, un état particulier différent de l'état de veille, différent de l'état de sommeil, et dans lequel se manifesteraient des facultés différentes de celles qui se produisent ordinairement pendant la veille ». (*L'Espérance*, juillet 1858).

Se révèle ici certainement une dimension de Leroux peu connue, tenue à l'écart et d'autant plus fascinante qu'elle est à penser, comme le souligne Leroux lui-même, en rapport avec des questions d'ordre politique. Qu'il me suffise d'en énoncer quelques-unes :

– quel rapport poser entre l'expérience de l'extase et la prophétie, soit religieuse, soit utopique ?

– Les travaux de Gernet, Vernant et Détienne sur les figures archaïques des maîtres de vérité et sur la naissance de la philosophie en rapport avec l'institution de la cité grecque, devraient me mener à cerner quelle représentation de la philosophie, et quelle vision de son rôle dans la cité démocratique (peu propice en tant que telle à une initiation de type extatique) poursuivait Leroux à travers son insistance sur l'extase. De ce point de vue, les romans de G. Sand, fruits souvent d'entretiens fournis avec Leroux et qui mettent en scène des figures extatiques de philosophes, proches du type de philosophe qu'incarnait Leroux, devraient m'aider à progresser dans cette recherche (*Consuelo*).

– La conviction, de la part de Leroux, que c'est seulement dans la venue d'une nouvelle religion que l'émancipation moderne prendra sens et connaîtra un certain achèvement n'est-elle pas le foyer où s'alimente cet intérêt pour l'extase et ceux qui en font l'expérience, comme si une figure « archaïque », qui était au « commencement », était destinée à resurgir dans le futur.

– Comme le montre le sous-titre de *La Grève de Samarez, poème philosophique,* Leroux auteur d'un important essai sur le « style symbolique » n'a pas cessé de réfléchir sur le problème de la communication de la philosophie et de l'utopie dans la cité moderne. Et s'il tire la philosophie beaucoup plus du côté de l'art que de la science, n'est-ce pas en partie pour résoudre la question de la communication et de ce point de vue sa tentative ne doit-elle pas être comparée avec le projet de Schelling (lettre à Hegel en 1796). On le voit : la rencontre récurrente de Leroux avec Schelling n'est pas fortuite, une profonde affinité existe entre ce « programme » proche de celui du romantisme allemand et la volonté permanente de Leroux d'entrecroiser, de relier la question politique, la question de la philosophie et celle du destin de l'art. Il reste seulement à voir comment ces orientations de pensée peuvent s'articuler et s'harmoniser chez Leroux avec une pensée de la démocratie, selon laquelle l'ère des révélateurs, des esprits supérieurs, est révolue. Comment concilier la fondation d'une religion de l'Humanité et le respect du consentement de l'humanité vivante ?

– D'autre part, sensible à l'importance du problème du mal chez Leroux, à la présence de la question de la souffrance (la figure de Job dans l'œuvre de Leroux) j'aimerais avec Leroux et, à partir de lui, engager une réflexion sur les relations du socialisme et de l'irrationnel, sur ces socialismes (ces « petits socialistes » comme on parle des « petits romantiques ») qui ont accueilli l'irrationnel au sein de leur problématique plutôt que de le rejeter à l'extérieur, qui ont consenti à se laisser travailler par des questions qui défient toute maîtrise de la pensée, qui mettent la pensée au contact de ce qui rend l'exercice de la pensée proche du vertige bien plus que d'une démarche assurée. Bref, il s'agit de s'interroger sur ces formes de socialisme qui pour avoir fait droit à l'irrationnel, sans mener à un nouvel irrationalisme, veulent affronter la question de l'émancipation à l'aide d'une nouvelle « complicatio », veulent penser l'émancipation comme laissant sa part au mystère, ou plus encore, comme devant mener à un « dégagement » du mystère des limitations politico-sociales où il est retenu prisonnier.

Parmi les thèmes évoqués, il en est certains – celui de la solidarité, celui de la réversibilité, l'idée d'humanité – en rapport avec une philosophie de l'incarnation que j'aimerais reprendre en les confrontant à une problématique phénoménologique (et de ce point de vue une mise en relation s'imposera entre la pensée de Leroux et celle de Maine de Biran ainsi qu'avec les réinterprétations récentes auxquelles cette œuvre a donné lieu (M. Henry)).

C'est dire que pour traiter de la question *philosophie politique et socialisme,* à propos de P. Leroux, il ne me suffira pas de penser le rapport de Leroux à la philosophie politique classique, mais il me faudra voir jusqu'à quel point Leroux recherche dans une ontologie de la solidarité – ou dans la solidarité comme dimension ontologique – un niveau originaire de la « Koïnonia » tel qu'il pourrait permettre de relier la question de la démocratie au problème d'autrui, selon la double direction conjointe d'une critique de la violence et d'une pensée de la démocratie dont le principe serait l'amitié.

MIGUEL ABENSOUR, HUBERT TONKA

Anne Kupiec

Nous sommes à la fin des années soixante. Hubert Tonka, après avoir été membre du comité éditorial de la revue des étudiants de l'École des Beaux-arts, *Melp !*, est le directeur de publication d'*Utopie. Revue de sociologie de l'urbain*[1] qui rassemble des architectes, des urbanistes et des sociologues dont Jean Baudrillard et René Lourau. Il est alors l'assistant d'Henri Lefebvre à l'Institut d'urbanisme de la Sorbonne et participe à la création d'un département d'urbanisme à l'université de Vincennes, il donne également un séminaire au département d'urbanisme de l'université Paris-Dauphine (ex-Institut d'urbanisme de la rue Michelet, Paris VI). Les années suivantes, Hubert Tonka est directeur de collections d'architecture chez Dunod, directeur de la revue *La Vie urbaine* qui avait été créée par Henri Sellier et Marcel Poëte, puis fonde avec la fondation Claude-Nicolas Ledoux (Arc-et-Senans) les éditions du Demi-cercle, ensuite chez Champ Vallon, et, enfin, les éditions Pandora. Parallèlement, il est à la tête de L'Imprimerie quotidienne durant la décennie 1970. Il participe au *L'Ivre de pierres* qui conduit à des expositions notamment au Musée d'art moderne de la Ville de Paris (1982) puis à la Saline d'Arc-et-Senans (1984). Les activités de Hubert Tonka conduisent à la publication d'un livre *Écrire, dessiner un livre d'architecture. Autour de Hubert Tonka*[2]. Celui-ci continue à s'intéresser à l'architecture et à l'urbanisme. Ayant quitté l'enseignement universitaire, il se tourne vers l'enseignement dans des écoles d'art, institutions profondément réformées au début des années 1970 (la réforme dite Bonnier) d'abord à l'École d'art de Lorient[3] et à celle de Nantes, enfin à celle d'Angers. Il rejoint l'école d'architecture de Bordeaux (1994) pour les post-diplômes. Il est l'auteur de nombreux livres

1. À l'origine, en 1966, le groupe « Utopie » rassemblait Jean Aubert, Isabelle Auricoste, Jean Baudrillard, Catherine Cot, Jean-Paul Jungmann, René Lourau, Antoine Stinco (*alias* Arnaud Suger), Hubert Tonka. La revue commence à paraître en mai 1967 chez Anthropos (où Hubert Tonka dirigera la collection « Sociétés et urbanisme », où sera publiée *Introduction à l'urbanisme* de Marcel Poëte, avec une forte préface de H. Tonka), y participent Isabelle Auricoste, Catherine Cot puis Jean Aubert, Jean-Paul Jungmann, Antoine Stinco. À partir de 1971, et jusqu'au dernier numéro en 1974, c'est l'Imprimerie quotidienne qui réalise la revue aux couvertures colorées, les papiers et les encres le sont aussi. Les articles ne sont pas signés, mais les noms des rédacteurs figurent généralement dans les premières pages de la revue. Outre des contributions théoriques, nombreuses sont celles qui se réfèrent à l'actualité politique. Le groupe participe à des congrès et colloques, en France et à l'étranger. H. Tonka signe des articles – parfois sous le nom de Raphaël Hythlodée, le voyageur de l'*Utopie* de Thomas More – dans des revues et des catalogues d'exposition. Des membres du groupe co-organisent le concours « Inventer 89 » en 1987 (exposé à La Grande Halle de La Villette) ; Hubert Tonka et Jean-Paul Jungmann publient un livre éponyme chez Champ Vallon en 1988. La galerie Jean-Philippe Mercier et associés détient le fond des exemplaires encore disponibles de la revue *Utopie*. Le groupe cesse de se réunir en 1995. Ses archives sont dispersées, une partie vers l'université de Yale aux États-Unis, une autre à la Cité de l'Architecture et du Patrimoine à Paris.
2. CCI du Centre Georges Pompidou/Champ Vallon, 1988. Ouvrage dans lequel sont rassemblés des témoignages d'architectes dont celui de Christian de Portzamparc : « Qu'est-ce qui fait marcher Hubert Tonka ? »
3. Aujourd'hui École européenne supérieure d'art de Bretagne répartie sur quatre sites : Lorient, Quimper, Brest et Rennes.

consacrés à l'architecture (*cf. Architecture et Cie/Hubert Tonka*, éditions du Demi-cercle, 1990, 1991) et à la critique de la société toujours à cheval entre pratique et théorie.

À la même période, Miguel Abensour, chercheur au CNRS, passe des étés à Columbia University à New York, il y lit les écrits d'auteurs de la Théorie critique qui ne sont pas alors disponibles en français dont les derniers livres de Herbert Marcuse. Il prépare l'agrégation de science politique et une thèse d'État en science politique soutenue en 1973. Il est nommé professeur à l'université de Reims en 1973, où il crée un DEA de théorie politique que le rectorat refuse dans un premier temps. Il rejoint, plus tard, l'université Paris Diderot.

Comment les chemins de ces deux hommes, quasi contemporains, se sont-ils croisés ?

Sans doute au sein du groupe Utopie dont Miguel Abensour se dit « être proche », il a « eu très vite des rapports d'amitié avec Hubert Tonka qui durent toujours[4] ».

Lors de l'édition, par Sens & Tonka – maison d'édition indépendante fondée par Jeanne-Marie Sens et Hubert Tonka en 1995 – de l'ouvrage de Miguel Abensour, *De la compacité. Architectures et régime totalitaires* (1997)[5], les relations entre les deux hommes se renforcent. En effet, Hubert Tonka publie, jusqu'à aujourd'hui, la quasi-totalité des livres de Miguel Abensour qui, par ailleurs, édite la collection « Critique de la politique » de 1974 à 2016 chez Payot puis chez Klincksieck.

Les *Cahiers d'utopie*, qui paraissent de 1977 à 1984[6], imprimés par l'Imprimerie quotidienne, ne furent-ils pas le lieu d'une plus forte aimantation ? Hubert Tonka creusant le sillon amorcé avec *Utopie* tandis que Miguel Abensour, dont la thèse a pour titre *Les Formes de l'utopie socialiste-communiste : essai sur le communisme critique et l'utopie*, continue d'écrire sur l'utopie[7] et l'on repère, peut-être, des points communs entre Hubert Tonka et William Morris, tous deux utopistes et éditeurs.

Des livres de Miguel Abensour consacrés à l'utopie, d'abord édités chez d'autres éditeurs, le sont ensuite par Hubert Tonka, par exemple *Le Procès des maîtres rêveurs* ; des articles sont rassemblés dans les recueils *Utopiques* notamment depuis les années 2000.

C'est ainsi une vingtaine de livres qui a été publiée par Hubert Tonka y compris les éditions posthumes souhaitées par Miguel Abensour.

Écoutons Hubert Tonka.

4. Miguel Abensour, *La Communauté politique des « tous uns »*. Entretien avec Michel Enaudeau, Paris, Les Belles Lettres, 2014, p. 18.

5. Il convient de noter que l'intérêt de Miguel Abensour pour l'architecture paraît limité à celle des régimes totalitaires, ce qui n'est évidemment pas le cas pour Hubert Tonka.

6. Sont présents des membres du groupe Utopie : Isabelle Auricoste, Jean Baudrillard, mais aussi Yves Stourdzé.

7. Par exemple : « Pierre Leroux et l'utopie socialiste » en 1972 ; « L'histoire de l'utopie et le destin de sa critique » en 1973 ; « Le procès des maîtres-rêveurs » en 1978 ; « La cité future et le tourment de l'infini », *Le Monde* en 1980 ; « Utopie socialiste, une nouvelle alliance de la politique et de la religion » en 1981 ; « William Morris, utopie libertaire et novation technique » en 1982 ; « Marx : quelle critique de l'utopie ? » en 1992 ; « Utopie et démocratie » en 1997 ; « Le guetteur de rêves. Walter Benjamin et l'utopie » en 1999.

MIGUEL ABENSOUR SOUS LA FIGURE DE L'AMITIÉ

Amitié	d'une rencontre au hasard.
Confiance	dans la discussion nous entendions de l'un et de l'autre un son juste.
Partage	lors de réflexions au détour, lors de lectures heureuses ou désastreuses, dans les fragments de temps se constituent, hors de nous, un accord, plus musical que philosophique, parfois en contrepoint, question de se rassurer, d'aborder un continent que l'on ne connaît pas, l'espérance.

L'art de l'amitié est aussi difficile que l'art de la fugue.

Merci de m'accueillir dans ce numéro consacré à Miguel Abensour. Je vais essayer de répondre à vos questions au plus près du réel, de l'expérience, des espérances. Je ne souhaite pas discuter de l'œuvre elle-même pour maintes raisons qui appartiennent aux idées que je me fais du penser, ce serait inapproprié ici de m'en expliquer, je ne retiendrai que l'une d'elles : parce que je suis trop proche, affectivement et temporellement, parce que la théorie, les idées, les pratiques sont circonstancielles et faisant partie de l'émulsion je ne puis en parler autrement qu'en communauté ; elle existe, tous ses membres ne connaissent pas toujours le pourquoi, celui-ci étant fait d'intuition et de réflexion.

Ici, je resterai un intuitif fondamental, entendre un intuitif dressé sous le joug de l'histoire ; la période qui fut la nôtre, à Miguel et à moi, ne nous épargna pas, en bonheurs comme en malheurs, nous fûmes, comme le note Guy Debord, « dans le bruit de la cataracte du temps ». J'estime qu'à partir de l'utopie, ce drôle de truc, il nous faut laisser la théorie libre, la laisser vaquer – ce que l'actuelle époque ne semble guère encline à favoriser. Où sont « les urbains urbanistes et pensifs penseurs » de Boris Vian ?

Hubert Tonka
3 novembre 2024

Cahiers philosophiques (CP) *: Comment s'est faite et a eu lieu votre rencontre avec Miguel Abensour ?*

Hubert Tonka (HT) : Je ne m'en souviens plus exactement ! Et pourtant je n'ai pas la mémoire qui flanche !
À coup sûr pas dans un cercle, nous n'en fréquentions pas, c'était même plutôt le contraire, on les évitait. Nous nous sommes rencontrés sans doute dans l'un des nombreux grumeaux de notre existence d'alors. Époque riche, fin des avant-gardes, montée contre les totalitarismes, abondance, levée des libertés sociales, politiques, sexuelles, avènement des émancipations non contingentes… mais aussi début des ombres, restructuration des profiteurs, modification du mode de production… Et bien d'autres choses encore.
On bougeait beaucoup !
Nous voulions comprendre ce fatras !
Dans les années soixante Miguel Abensour est au CNRS, il passe ses étés à Columbia University à New York (USA), il lit les écrits d'Herbert Marcuse, dans sa langue ; dans ces mêmes années Hubert Tonka fréquente les avant-gardes culturelles et politiques, il apprend à penser auprès d'Henri Lefebvre – qui fut le vrai déclencheur de la pensée de l'utopie chez le jeune homme de pas encore vingt ans que j'étais ; il lit les écrits d'Herbert Marcuse, dans leurs traductions.
M. Abensour ausculte l'utopie, la mal aimée, cette étrange notion, vilipendée à droite comme à gauche, ce faisant il se rapproche des non-penseurs, il imagine un nouveau lieu où la critique agira et permettra la relecture à nouveaux frais des attendus, des conformités, toujours aidé par ce que la lassitude, comme la mode, laisse choir sur le chemin de l'histoire.
H. Tonka adopte l'utopie comme lieu de la question, comme notion diabolique, comme lieu de la remise en question, où la question de la vie quotidienne se manifeste comme lieu d'émanation, comme imaginaire d'une nouvelle vie.
Avec une bande de refusardes et de refusards se crée une revue qui entend relever le défi de l'abstraction bienheureuse des savoirs et de l'absolutisme des sciences au profit d'une action. Retrouver le penser dans la praxis et non régenter la praxis par le penser afin d'aboutir à sa forme d'expression et de réalisation : la *poïesis*. La revue portera le nom *Utopie*, nom honni, une forme de provocation tous azimuts, mais surtout d'une gauche sclérosée. Elle deviendra le groupe Utopie où à l'inverse des avant-gardes politico-culturelles en vogue, même proches, les Utopiennes et les Utopiens étaient libres d'en être ou de ne pas en être.
M. Abensour, comme il l'a dit (dans *La Communauté politique des « Tous uns »*, Paris, 2014, Les Belles Lettres) s'en sentait très proche.
Ni M. Abensour ni H. Tonka ne savent qu'ils marchent de concert dans le grand interdit. Sans se connaître ils battent les mêmes contrées, l'un avec la philosophie, l'autre avec l'urbain, l'un comme l'autre avec des rêves et des matières. Ils se savaient dans un lieu inconvenant avec tous les risques de mésinterprétations et leurs conséquences d'isolement. Ni l'un ni l'autre n'ignorait la pression de l'idéologie marxiste – bien loin des conceptions de Karl Marx – qu'il nous fallait reprendre au plus près ! Le bolcho-stalinisme comme tous les totalitarismes n'apprécient ni les rêveurs ni les penseurs.

Les chemins se sont croisés parce qu'ils devaient se croiser.
La jonction se fera et durera.

M. Abensour, dans *La Communauté politique des « Tous uns »* (*op. cit.*) : il y a « eu très vite des rapports d'amitié avec Hubert Tonka, qui durent toujours ».
La rencontre, elle, se fit en 1964.

***CP** : Qu'aimeriez-vous nous dire de votre relation et de votre amitié philosophique avec lui ?*

HT : Notre relation connut un grand avantage, une union des contraires fondée sur un accord, selon une intuition qui se réalisa petit à petit : l'utopie – que nous ne connaissions qu'en l'apprenant, qu'en l'approfondissant, que nous appréciions qu'en l'expérimentant en tous temps et en tous lieux.
Je ne sais pas si on peut nommer nos accords d'amitié philosophique, amitié ne supporte pas le qualificatif ! Nous avions un énorme accord théorique vivant, pas cadavérique comme le sont souvent les idéologies, les religions.
Peut-on imaginer un demi-siècle sans désaccords, sans orages, sans joies excessives, sans hésitations, sans regrets, sans… je ne sais pas encore quoi… Bien sûr que non. C'est là où l'amitié joue, c'est là sa différence avec l'amour qui contient le désaccord !

***CP** : Vous avez fondé seul ou avec des amis plusieurs maisons d'édition. Qu'entendez-vous par « édition » et quelle était l'orientation de cette action ?*

HT : De 1960 (du bulletin de l'ACA [Amicale de compréhension des arts] via À l'imprimerie quotidienne (regroupement d'unité éditoriale) à 1987 (Éditions du Demi-cercle), éditer correspond à l'action politique, à l'exercice de la liberté, à la concrétisation de tous nos songes, à l'expression de toutes nos utopies, à des expérimentations en tous genres d'où devait éclore demain ! De 1987 à 1995 ce fut un travail intermédiaire fondé sur l'illusion « militantisme culturel » et commerce. Ainsi je participais à l'instrumentalisation de la culture, l'économie culturelle avec son lot d'ingénieur culturel, d'économiste du patrimoine matériel et immatériel… la conception mitterrandienne du socialisme. Heureusement les maîtres, souvent bornés, heureusement, y mirent un terme, point tant pour des raisons financières que pour des raisons théoriques.
Ensuite fut créé Sens & Tonka, éditeurs (1995), financé par ses fondateurs. Pour Jeanne-Marie Sens ce fut le littéraire, pour moi la théorie culturelle et politique. C'est là que nous rejoint, en 1997, comme auteur cette fois, M. Abensour qui avait décidé, son enseignement lui en laissant davantage le loisir, de constituer des ouvrages qu'il avait imaginés au cours du temps et des articles. C'est ce que nos éditions viennent de terminer.

***CP** : C'est en faisant traduire et en éditant des ouvrages que Abensour a pu devenir un des principaux passeurs de traditions allemandes de textes jusque-là peu connus en France.*

Comment cette activité d'éditeur – aussi celle de revuiste – vous semble-t-elle participer de son œuvre propre ?

HT : Pour nous sortir de la situation des années soixante-dix, il nous fallait discuter, interroger, lire, voyager, chercher ce que l'on ne voyait pas, ce que l'on nous avait caché, ou, pire, masqué… La dissimulation est la force des idéologies, le presque-vrai ! La seule solution était une fois les découvertes et les dévoilements faits, de fabriquer des haut-parleurs, publier donc pour pouvoir discuter, c'était là notre façon de vaincre les idéologies totalitaires et convaincre de nos idées.
Donc, publier d'abord. Il y a plusieurs façons de faire paraître, pour M. Abensour, collection comme revues furent confiées à des partenaires de confiance (jusqu'à une trahison, comme ce fut le cas lors de la vente de Payot il y a peu). De mon côté j'ai toujours prôné l'indépendance, l'autonomie (ce n'est pas pour autant le paradis). Tant pis. J'aime à penser sans entraves.
Qu'importe le liquide pourvu qu'on ait l'ivresse. Celle de F. Nietzsche, le moment de la perte et l'ouverture de l'intuitif. Éditer c'est soit établir les convenances, imposer les catégories conformes, soit c'est sortir de soi, de ses idées qui deviennent vite étriquées. Pour M. Abensour c'était, au-delà d'une activité chronophage, un bol d'air continuel. Son expression de revuiste allait dans ce sens, la revue nous permettait d'aller plus vite en besogne, et nous savions le temps compté. Ce garçon calme était un homme pressé.

***CP** : Dans « De la compacité », article publié en 1996 dans la revue* La Part de l'œil, *que vous avez repris en 1997 en vos éditions, le premier de la Collection Miguel Abensour, M. Abensour propose une interprétation philosophique du phénomène totalitaire à travers son lien avec l'architecture.*
Ce texte peut être lu comme une reprise et une réélaboration de la thèse de Walter Benjamin qui, à la fin de « L'œuvre d'art à l'ère de sa reproductibilité technique », détermine la teneur des fascismes comme « esthétisation de la politique ».
Abensour repense l'architecture, et en particulier celle d'Albert Speer, comme un art qui peut donner des ordres et fonder une domination totalitaire : art des masses qui permet d'instituer et de façonner un espace social, et de mobiliser un peuple dans la forme du Tous-Un.

HT : Si c'est une reprise c'est plutôt celle de Marinetti 2 : la beauté fonde le fascisme, celle de la guerre qui met en branle la technique « pour une nouvelle poésie, pour une nouvelle sculpture » (in *Manifeste, à propos de la guerre d'Éthiopie*), la sculpture pour Georg W. F. Hegel est l'avant-dernier art. L'architecture, elle, les rassemblant tous, l'art ultime. Nous pouvons imaginer que le texte (la langue) du fascisme se réalise en celle-ci, ou est-ce celle-ci qui le réalise, lui donne corps historique ? Les régimes dits totalitaires regorgent d'exemples. Ne lui a-t-on pas prêté la parole ? N'a-t-on pas parlé « d'architecture parlante » ? Ledoux-Lequeu-Boullée, les maîtres de l'architecture « révolutionnaire » néo-classique. Dans le cénotaphe à Newton (Étienne L. Boullée) réalise le mot de Victor Hugo, l'architecture est un « livre de pierre ».
Quant à « esthétisation », W. Benjamin fait une balance avec « politisation », esthétique/fascisme, politique/communisme, cela me semble un peu court.

L'esthéti-*sation* ou la politi-*sation* sont des actions en vue de la domination. Dans les cas des régimes qui la pratiquaient sous différentes couleurs, rouge et brun, celles-ci trouvaient leur meilleure action dans l'architecture. Les Églises tenaient le contrôle, par une sidération sublime, les croyants ; elles ont compris, il y a déjà longtemps, par la hauteur, par l'espace enfermé, elles ne pouvaient que sublimer les piètres sentiments. L'écriture laisse croire alors que l'architecture laisse ressentir : l'immédiat. Églises, cathédrale parlent à tous, partout. Le summum, soit dit en passant, est le gothique, magnifique « livre » sacré (Erwin Panofsky), aussi l'immense défi à Dieu, Santa Maria del Fiore (Florence), acte fabuleux, avec l'aide des sciences et des techniques, qui permit à Filippo Brunelleschi de joindre Dieu et depuis l'architecte est devenu son Équivalent : *Deus ex machina*. Enfin notons les effets de la magnificence d'une oppressive beauté déclenchant de la guerre, le baroque, art jésuite dont on connaît la pensée de conquête.
Ainsi l'affaire de l'architecture est un *ultima* matériel inscrivant le pouvoir dans l'histoire. Le dernier avatar de cette longue histoire est incarné par les Grands travaux du président de la République française, François Mitterrand.
L'architecture est un art de masse parce que c'est un art qui transforme l'espace en temps, parce qu'il inscrit (écrit) de façon lisible l'esprit (*cf.* les églises d'art roman, Claude Gaignebet) d'un régime, le totalitaire rend suraigu le message. Les palais attirent l'amour des populaires. Les ruines sont de beaux souvenirs (l'art de la ruine est anglo-saxon et les Romantiques en ont profité pour tirer une larme sentimentale et tenter d'infléchir l'ordre social). L'architecture relève du compact parce qu'elle est l'art total, arts, us et coutumes et imaginaires.
Donc, M. Abensour avec l'aide de Friedrich Nietzsche, a vu juste car le fascisme n'a pas de théorie, le nazisme itou, mais une histoire archaïque douteuse et terreuse ; le bolchevisme fut une dérive scabreuse du socialisme détruisant toute forme de raison. Seule l'architecture comme Beau pouvait édifier ces mythes grandiloquents et gommer les ignominies – qui se révéleront quand même, là aussi elle gagne car ne pas omettre que c'est l'art des cénotaphes, des tombeaux.

CP *: Abensour ouvre-t-il ici une voie singulière et inactuelle, aux antipodes des philosophies politiques qui se réclament aujourd'hui encore d'un certain wagnérisme, en traçant une ligne de partage entre sa pensée radicalement démocratique et révolutionnaire (ou révoltiste) d'une part, et la mise en œuvre d'un sujet-communauté organisé autour d'une nouvelle Mythologie (nationale-spirituelle dans le cas de Wagner) d'autre part ?*

> L'*architecte* ne représente ni un état apollinien ni un état dionysien : chez lui, c'est le grand acte de volonté, la volonté qui déplace les montagnes, l'ivresse de la grande volonté qui a le désir de l'art. Les hommes les plus puissants ont toujours inspiré les architectes ; l'architecte fut sans cesse sous la suggestion de la puissance [...] L'architecture est une sorte d'éloquence du pouvoir par les formes, tantôt convaincante et même caressante, tantôt seulement donnant des ordres [1].

1. Friedrich Nietzsche, *Le Crépuscule des idoles*, « Flâneries inactuelles », § 11, trad. fr. H. Albert, Paris, GF-Flammarion, 1985, p. 135. *Cf. Nietzsche and « An architecture of our minds »*, éd. A. Kostka et I. Wohlfarth Los Angeles, Getty Institute, 1998. Miguel Abensour, *De la compacité. Architecture et totalitarisme. Le cas Speer* [1997], Paris, 2009, Sens & Tonka, p. 9.

Je ne suis pas assez branché aux jus philosophiques et à leurs modes pour donner une réponse. Le retour de la philosophie au premier plan de tout ne permet plus une sage réponse [Rires]. Partiellement : Oui, M. Abensour a une pensée démocratique (comme pour l'utopie tout qualificatif l'annulerait) et révolutionnaire – je laisse courir la révolticité qui est une manière pas très aimable d'interroger les idées d'un ancien « ami » ! L'issue du nœud gordien n'est ni la nostalgie ni le regret ni la négation des pratiques passées. Devant est devant. Le défi est là – et uniquement là.

***CP** : Miguel Abensour a été directeur de programme au Collège international de philosophie (CIPh) et président du CIPh entre 1983 et 1986. Nous aimerions savoir s'il vous a parlé de cette institution singulière, de la place de celle-ci dans son engagement philosophique et politique et de la manière dont elle croisait la trajectoire de sa réflexion sur l'agir politique et sur ce qu'il appelait l'intelligence du social ?*

HT : Oui, souvent. L'institution rejoignait nombre de ses vœux. Nous n'étions pas dupes ; en tant qu'utopistes nous savions que l'institution (la théorie d'Antoine Saint-Just) par définition n'est pas parfaite, elle a pour elle qu'elle est modifiable par l'expérience, issue de l'expérience elle doit accompagner l'expérience, par contre elle offre le flanc à la déviation normaliste, à des volontés abusives, ce qui efface, parfois, la singularité, ni elle évite l'usure (nous savons que le chemin de l'académisme est le moins chaotique qui soit), malgré cela elle reste ouverte et reprenable à tout instant, elle suit les circonvolutions de l'esprit et des volontés, ainsi en va-t-il de l'intelligence du social. Sachant que, comme le disait Jean Baudrillard, que « la masse est plus intelligente que l'ensemble des intelligences qui la constitue ».

***CP** : Miguel Abensour aborde les pensées d'Adorno et de Benjamin, en particulier, sous un angle extrêmement original. Il ne les lit pas à l'aune d'un programme épistémologique, la tentative d'articuler différentes sciences humaines, ni du projet d'ajointer marxisme et psychanalyse. Il y voit l'avènement d'« un nouvel esprit utopique », si bien que l'analyse du retournement en son contraire d'un mouvement émancipatoire qu'ils livrent s'accompagne de la mention de « lignes de fuites ».*
Le motif du nouvel esprit utopique permet également d'inscrire Adorno dans d'autres constellations, en le rapprochant de Bloch par exemple.
Dans quelle mesure cela vous semble-t-il renouveler en profondeur l'interprétation de l'œuvre d'Adorno ?

HT : M. Abensour ne lisait jamais à l'aune des convenances, ni n'actait les petits arrangements entre coquins du moment, même de notre tribu, ce qui lui permettait d'extraire ce que comporte au-delà des simagrées des obligations sociales, politiques et intellectuelles, de novateur un texte. C'est ainsi qu'il renouvela tant de regards sur bien des idées toutes faites. Ne lui a-t-on pas reproché d'avoir rétabli des idées qui étaient classées scabreuses ? C'est cela même l'esprit d'utopie, voyager librement et voir librement ce qui est à voir.

Ceci étant dit, je ne peux pas répondre à ces questions. Je ne connais pas bien les finalités de Theodor W. Adorno. C'était là un point de non-convergences, plutôt de distinction. Je lisais T. W. Adorno pour lui faire plaisir. Je n'entrais pas dans sa pensée. M. Abensour avec patience m'expliquait, c'était intelligent, je ressentais qu'il avait la sensation de parler à une bûche; je le croyais, mais relativement car je ne voyais pas où était la porte qu'il voulait que j'ouvre. J'avais une dent, la posture dogmatique d'Adorno pendant le mouvement étudiant, j'y préférais la position ouverte d'un Marcuse ou d'un Lefebvre. Ensuite, Adorno/Benjamin, c'est ce que j'entends, ce n'est pas ce que j'ai vécu. Ce que n'arrangea pas leur correspondance (1996, en français). Et encore moins celle, parallèle de Gretel Adorno et W. Benjamin. Je me trompais un peu. À la lecture de *Sur Benjamin* de T. W. Adorno en 1999, je l'ai trouvé très touchant, mais j'ai entendu une petite musique, une touche de condescendance amicale qui, assez présente, m'a empêché de me réconcilier. Je semble devoir être de plus en plus seul ! Si je dois être le dernier eh bien j'assumerai d'être celui-là.

Par contre Ernst Bloch, c'est autre chose, un preneur de risque avant nous et surtout pour nous. E. Bloch reste quelque part comme son utopie et son espérance un mal aimé. Je ressens cela dans la simagrée (qui perdure après la traduction) d'utiliser l'allemand pour camoufler le français : *Hoffnung* au lieu d'*espérance*, comme si celle-ci était une maladie honteuse, ou trop proche d'une théologie de l'espérance (Jürgen Moltmann)... La peur d'une contamination religieuse ou d'un messianisme blochien ? Et si l'espérance (qui n'est pas sans ambiguïté ni mésusage notoire notamment sous sa forme « espoir », cela est aussi une qualité de la langue comme l'ont montré Victor Klemperer et Éric Hazan[2]), donc, si l'espérance n'était pas la lumière de l'utopie, un maintien de la complexité nécessaire de la solution vers l'émancipation des peuples et la liberté raisonnée ?

Je ne sais pas si M. Abensour m'aurait suivi là.

***CP** : Les écrits de Miguel Abensour nous frappent par leur discrétion au sujet de la psychanalyse, discrétion qui tranche avec l'importance qu'elle a revêtu dans le moment philosophique auquel il a participé mais aussi avec celle – extrême – qu'elle possède pour les théoriciens de la première École de Francfort dont il a été un si grand lecteur.*

Pourtant, comme le note Martine Leibovici dans sa préface au livre de Charlotte Beradt, Rêver sous le IIIe Reich, *Abensour s'étonne de l'absence de la référence à cet ouvrage dans les travaux sur le système totalitaire de Arendt qui connaissait pourtant bien Beradt, comme si elle refoulait l'hypothèse d'une servitude volontaire informée par la psychanalyse. Selon Abensour, cela s'expliquerait par « une mise en garde contre les réductions analytiques et les tentatives de parler de servitude volontaire, par exemple en termes de "masochisme primaire" en effaçant du même coup la dimension politique »[3].*

2. *LQR* (Lingua Quintae Respublicae), *La Propagande du quotidien*, Paris, Raison d'agir, 2006.
3. M. Abensour, « H. Arendt : la critique du totalitarisme et la servitude volontaire ? », dans E. Enriquez, *Le Goût de l'altérité*, Paris, Desclée de Brouwer, 1999, p. 51, cité par C. Beradt, *Rêver sous le IIIe Reich*, trad. P. Saint-Germain, Paris, Payot et Rivages, 2004, p. 20.

Cette juste remarque de Abensour à propos de Arendt, ne pourrait-on pas la lui retourner à propos de ses propres travaux ? En effet, s'il a constamment cherché à approfondir la question de la servitude volontaire, pourquoi selon vous n'a-t-il jamais vraiment abordé ce que la psychanalyse pouvait apporter pour développer la thèse de la Boétie ?

HT : Nous en parlâmes peu. J'ai été attentif à la théorico-pratique de Jacques Lacan. Quelques amies et amis et moi-même nous fûmes proches de La Borde, plutôt via Félix Guattari que Gilles Deleuze, et la revue *Recherches*.
Quant à M. Abensour sa référence fut Donald Winnicott.

Je connais mal la question Arendt-Beradt-Abensour-Leibovici. Par contre comment ignorer qui est Charlotte Beradt ? Henrich Blücher, communiste, elle aussi l'a connu avant qu'il ne rencontre H. Arendt. Puis H. Arendt lui demanda de traduire en allemand *The Human Condition*, enfin elle fut amie proche du couple…
J'ai le souvenir d'un *Rêver sous le IIIe Reich* qui ne lâchait rien sur la question de l'interprétation des rêves, alors que H. Arendt lui proposa, selon Martine Leibovici, elle refusa fermement. Visiblement, ce qu'elle esquisse dans le chapitre premier, Ch. Beradt tenait à un « état », une collection de « racontes » qui valent par ce qu'ils disent et ce que l'on en comprend comme dans la vie quotidienne ordinaire. Ce livre livre, apporte quelque chose, délivre (libère), des récits fabriqués à partir de simples songes nocturnes, notés et répétés, peut-être dit Ch. Beradt, inventés. Pareil pour Victor Klemperer, *LTI, La Langue du troisième Reich*. La langue du troisième Reich n'était pas une production de mots relevant pour être compris de *witz*, des mots d'esprit tels que Freud les dévoile. Sous le joug on ne rêve pas de ce qui fut de soi mais de ce que l'on fait de moi.
Les rêves n'appartiennent pas à la psychanalyse mais au vif de la vie, comme le souligne Ch. Beradt : sous la guerre ou dans les camps, rêve-t-on ? Répondons : Pourquoi ne rêverait-on pas ?
Maintenant pourquoi H. Arendt a « oublié », malgré son accord formel, sans doute parce que le constat ne fait pas partie de sa conception philosophique qui est essentiellement interprétative, que l'ordinaire, la simplicité (*cf.* M. Leibovici, qui cite qu'« elle [Ch. Beradt] aurait préféré […] traduire de la littérature dans le loisir et l'amour » [4] plutôt que *The Human Condition*. *Idem* pour la servitude volontaire où elle ne peut concevoir qu'il puisse exister une acceptation car les raisons qui la fondent lui échappent. La « fable » que nous conte M. Leibovici est très claire : « Charlotte Beradt [...] prend d'emblée le parti d'écarter [...] toute approche psychanalytique [...], d'assumer qu'il puisse y avoir des "rêves politiques", [...] des rêves rêvés sous l'impact de la frayeur diffuse typique de la situation [...] ». Ch. Beradt est là bien plus proche d'E. Bloch, qui démontra il y a longtemps que le fascisme arrivait par les choses les plus simples de l'existence, par les revues des brodeuses plutôt que par des traités de philosophie ou les pesants argumentaires des politiques, H. Arendt envisage rarement le simple de l'existence.

4. Dans C. Beradt, *Rêver sous le IIIe Reich*, *op. cit.*, p. 11 et 12.

Concernant votre remarque sur le manque de psychanalyse chez M. Abensour, notamment à propos de la servitude volontaire, la question est grave. Si on accouple la servitude volontaire à la psychanalyse ou si l'on prononce à partir de « l'acceptation » une interprétation, il y a de forte chance que, individualisée, elle ne signifie plus rien, elle devient un trauma ! Au mieux, elle relèverait, alors, de la clinique, foin du politique, ce qui serait l'annuler et la transformer, le contrat non tenu, la possibilité du refus en « résilience », c'est-à-dire en acceptation, supprimant la « volonté », pour ne laisser que la servitude (simple !) Ce que les notes de M. Abensour laisseraient entendre dans le carnet Servitude Volontaire II (Archives IMEC. Carnet publié dans Étienne de La Boétie, *Le Discours de la servitude volontaire*, Paris, Klinscksieck | Droz, 2023).
Nota un peu hors question : La « servitude volontaire » est dans l'esprit de la langue un mal-nommé, comme « utopie » d'ailleurs dont le mésusage se retourne contre le projet contenu.

CP *: En 2004, Abensour fait paraître aux éditions du Félin un livre sur Marx,* La Démocratie contre l'État. Marx et le moment machiavélien, *dans lequel il dégage à partir d'une relecture des textes de Marx de 1843 les linéaments d'une pensée de la démocratie anti-étatique, insurgeante et anarchique, déplaçant ainsi le lieu de l'agir politique de l'État à la société. Cette découverte, dans les textes de Marx, d'une pensée de l'intelligence politique de la société civile s'articule ouvertement à une relecture de Machiavel ainsi qu'à une critique de la domination totalitaire d'inspiration arendtienne et lefortienne.*
Que pensez-vous de ce nexus très original qui porte la signature de Miguel Abensour entre Marx et Arendt ?

HT : Pas de pensée utopique raisonnable [Sourire] sans *Manuscrits de 1844*, et ses préliminaires immédiats. Nous fûmes utopiens parce que « jeunes marxistes » (1962). Ce texte, puis les *Grundrisse* post-soixante-huit, firent l'effet d'une bombe ! Bientôt réarmés par le Sixième chapitre du *Capital*[5]. Nous pouvions commencer la marche pour la destruction du communisme bolchevique.
La découverte de M. Abensour vint en 1997, elle fut déterminante. Malgré cela ça n'arrêta pas l'écrasement par le communisme, le totalitarisme rouge eut raison du nom même. Nous devions reprendre K. Marx à la racine, pas sur les illusions d'un parti. En ce moment ça frétille après le moment d'un Marx universitaire, académique mais nous ne sommes pas encore au point de pouvoir agir à nouveaux frais. Marx c'est beaucoup de pratique fondant la théorie, l'agir marxien est aussi important que le penser marxien. Là, M. Abensour comme Marcuse, nous manque beaucoup. Je ne sais pas s'il prend place entre Arendt ou Marx, c'est une vision trop scolastique. Il faut retrouver les dialectiques capables sur le plan théorique (pas philosophique) et pratique d'infléchir les idées, refonder une praxis pour fomenter une nouvelle *poéïsis*.

5. Karl Marx, *Le Chapitre VI. Manuscrits de 1863-1867.* Le *Capital*, livre I, « GEME », Paris, Éditions sociales, 2010.

***CP** : Une telle articulation paradoxale permet-elle de nouer ensemble un double principe d'anarchie nécessaire d'une part pour penser l'invention de la démocratie contre tout fondement ou fondation étatique au sens de Marx, d'autre part pour résister au désir de Basiléa consubstantiel à la philosophie politique (de Platon à Heidegger et au-delà) au sens de Arendt ?*

HT : Je ne sais pas s'il y a articulation et si elle est paradoxale.
Brièvement je ne sais pas répondre, il y a un tel méli-mélo d'analyses, d'expertises, de théories en tout genre qu'à la fin on ne sait plus. La surabondance détruit l'intelligence d'une situation et cela au profit de l'état des choses qui s'impose comme une naturalité.
Le chef en son royaume est ce qui permet de contrecarrer la démocratie (qui n'a pas à être réinventée), elle est dorénavant présente partout mais toujours comme un prétexte, dissoute en un sentiment.
Il ressort de ce chaos une naturalité du commandement. Y a-t-il encore État, de l'État, un État ou est-ce une représentation, une baudruche, ou est-ce une entreprise, un centre d'aiguillage ou une machine à ingérer et à recracher du discours sirupeux ? En fait le commandant commande à du vide assis sur du vide. Je crains que depuis un certain temps on parle du sexe des anges. On se remplit le bec de démocratie et en donnant la becquée à la philosophie politique on entend ses vieux refrains. L'opinion politique devient un sentiment plus ou moins loin du politique, sans « genre ». Le bulletin de vote devient un billet d'amour et la scène politique une scène conjugale. Le retour de Platon l'antidémocrate restaure l'aristocratie qui, elle, applique en « interne » la démocratie afin d'adapter les élites au mieux de la naturalité du développement du monde de gouvernement du mode de « production-consommation ».
Au lieu d'une pensée politique une pensée psychologique, la masse est remplacée par l'individu, ainsi s'impose le chef, l'expert, le Sachant instaurant l'obéissance.

***CP** : Nous aimerions vous interroger également sur le rapport de Miguel Abensour à Nietzsche.*
Bien que souterraine, cette référence nous semble importante. Il propose d'abord de reprendre l'affirmation d'Adorno selon laquelle Nietzsche participe de la tradition de la liberté.
Dans « Lire Pierre Clastres à la lumière de Nietzsche ? », on perçoit également tout l'intérêt qu'il porte à la critique de l'État chez Nietzsche.
Quelle importance revêt pour vous ce fil nietzschéen dans la pensée de Miguel Abensour ?

HT : Outre le bel exergue de F. Nietzsche ouvrant *La Compacité* et l'article « À la lumière », le philologue n'est pas toujours apparent. M. Abensour suit Pierre Clastres. J'ai l'impression que pour les deux c'est un vivre avec des êtres plus importants en présence discrète ou secrète plutôt qu'en aveu tonitruant, pour plaire au moment, pour faire qu'on est dans l'époque. C'est donc d'un F. Nietzsche au fil léger présent sans jamais brûler les idées. Ténu ne veut pas dire délaissé ou oublié ! Dans « À la lumière » et dans *l'Entretien avec l'Anti-Mythes*, P. Clastres dit avoir lu F. Nietzsche mais sans qu'il prenne une place prépondérante – sauf *La*

Généalogie de la morale sans lequel il n'aurait pas compris la réalité de l'État et le jeu de la guerre.

Toute la pratique de M. Abensour me semble-t-il se trouve là, reconsidération radicale des idées comme un matériau concret, des pratiques auscultées à la loupe, recomprendre ce qui fut compris afin de dégager de nouvelles compréhensions, tout le contraire de l'académisme, pure expression de la domination de la raison. L'indiscutable n'est pas notre lieu.

Le fil ténu vaut pour Pierre Leroux, William Morris, Robert Owen, et même T. More et K. Marx. La pensée de M. Abensour est une pensée de la considération et des penseurs et des acteurs à équivalence.

***CP** : En 2019 paraissait aux éditions Sens & Tonka un texte posthume de Miguel Abensour consacré à Stendhal,* La Lumière et la boue. Le Rouge et le noir à l'ombre de 1793. *Abensour arrache ce roman aux interprétations d'Allan Bloom ou de Tzvetan Todorov qui en font, l'un et l'autre, un roman d'ambition étranger à la Révolution, il montre comment la Révolution française et les événements de 1793 constituent l'armature du* Rouge et le Noir. *La figure de Julien Sorel, plébéien révolté, permet à Abensour de mettre au jour un imbroglio héroïco-amoureux, qui fait apparaître la manière dont l'agir politique se joue paradoxalement sur deux scènes, celle de l'histoire et celle de l'amour.*

Quelle est en ce sens la fonction révolutionnaire et politique de la littérature selon Abensour ?

L'agir politique peut-il être pensé comme se déployant de cette manière double et allégorique à travers deux scènes, dont il n'est pas interdit de penser qu'elles permettent de faire surgir et d'interroger une certaine dimension inconsciente de l'agir politique ?

HT : Délaissons les versions littérantes et conservatrices des littérants sans littératures. Nous n'allons pas esthétiser la littérature. Ceci étant il est vrai que si M. Abensour pratiquait la lecture et l'écriture obliques, la philosophie rencontre les plus grandes difficultés avec la littérature comme Platon avec la Tragédie. La littérature bavarde, ceci est propice aux élucubrations comme aux interprétations, aux précisions comme à l'évoqué, comme au troublé… La poésie sur laquelle une certaine philosophie plus ou moins contemporaine lorgne se retrouve un peu dans la même situation. Il n'y a pas pire compréhension de Friedrich Hölderlin que celle de Martin Heidegger qui est une bûche ne comprenant rien au poétique même quand on la brûle.

Le montage de M. Abensour est si clair, si évident que les stendhaliens l'ont globalement refusé. Cela n'est pas exceptionnel, il se passe la même chose chez les laboétiens. Il ne s'agit pas d'admirer parce que « c'est bien » (Stendhal comme La Boétie) mais parce que cela permet de construire un nouvel édifice de la pensée. Surtout si la position est claire. Sans râper, sans gommer, sans négliger le moindre détail de l'historiette que forme un jeune lettré plébéien, précepteur d'enfant d'une femme d'un autre monde mais de chair, ce que nous vivons tous, pur matériel au destin, en plus, dramatique, tout ce qu'il faut pour fabriquer de l'Histoire. Ensuite il y a des couches de lecture dont aucune ne domine l'autre. J'eus été stendhalien je me serais réjoui de la partition abensourienne, le dessein noir, le sang vengeur, l'Histoire qui conduit le destin, l'inexorabilité de la vérité du moment. La belle histoire qui tourne mal, chargée de trahison et de vengeance, entrant dans des convulsions des modifications sociales et politiques. Le récit littéraire est plus complexe et plus riche que le récit philosophique qui est précis, exsangue, finalement évident ! Il n'y a pas de fonction révolutionnaire de la littérature, simplement parce qu'elle est toujours, même l'enfantine, politique. M. Abensour attaque le texte, le trouble, l'interprète comme s'il s'agissait d'un exposé, d'un traité social : le pauvre, déplacé, aimant l'aimante, honteux pour lui abusive pour l'autre, etc., il montre à la lumière les faits et la thèse qu'il déduit de la non-théorie, sans jamais cacher ou annuler le trouble de la langue écrite raconteuse, d'un des grands maîtres du faux-fuyant, de la mésentente tendue sur la prise aux sentiments. Stendhal (1783-1842) tire la bourre à Balzac (1799-1850) ou inversement, l'époque est à la littérature directe, où un chat est un chat mis dans la simple vie d'un chat capable de bouleverser le monde. M. Abensour est là comme un prestidigitateur qui sort de son chapeau l'illusion que l'on repoussait : la montée inexorable du moderne, au-delà des existences d'une nouvelle société. J'en tire que nos vies racontent ce qui sera divinisé en théorie, en concept de conception. *La Lumière et la Boue* (ce titre n'est pas de M. Abensour, mais de moi) chasse la symbolique des notions, des couleurs, joue l'Histoire avec l'histoire afin de mieux envisager le monde. Le jeu du simple et de sa modernité aboutira dans les vers parfaits de Baudelaire (1821-1867) pour exploser dans les avant-gardes artistiques et sociales. C'est là l'importance de la littérature (même un peu fanée).

***CP** : Une dernière question sur l'intérêt manifeste de Abensour pour la pensée de William Morris.*
Dans son remarquable essai « William Morris : utopie libertaire et novation technique », il parle du « merveilleux utopique » de l'auteur; ailleurs, il définit une utopie visant « à éveiller, à électrifier les désirs pour qu'ils s'élancent vers leur libération ».
Quelle a été selon vous l'importance de la lecture de ce penseur-praticien dans la réflexion de Abensour sur l'utopie ? En quoi avoir pris au sérieux une pensée utopiste peu appréciée et marginalisée en philosophie l'a-t-il amené à relire autrement la tradition marxiste ?

HT : W. Morris comme P. Leroux sont l'incarnation de ce qu'est devenue au cours du temps l'utopie : un utopien a la tête dans les nuages et les pieds dans la boue. Dans les années soixante-dix, élaborant sa thèse, il base son travail sur le communisme critique sur les acteurs-penseurs du Royaume-Uni car on y trouve un lien entre pratique et théorie qui pour M. Abensour fonde l'utopie, ce que l'on retrouve dans les luttes ouvrières, pratiques et théoriques à la fois, que nous connaîtrons sous la forme de socialisme utopique et que nous retrouverons dans les luttes étudiantes. Le « merveilleux utopique » vaut la fantasmagorie de la marchandise de Marx et de l'illumination de Benjamin, une réalisation libertaire de l'esprit, avec tout ce que cela peut comporter d'effets divers, bienfaiteurs comme nocifs, ce qui implique une dialectique continue plus que l'application véridiste du scientifique.

L'utopie est une fête de l'imaginaire d'où sort l'espoir (pour résumer), cela n'est pas étonnant qu'elle soit peu appréciée, dénigrée, ridiculisée comme l'imaginaire particulièrement par la philosophie et le marxisme scientifique.
Comme le dit la dernière phrase de *L'Île d'Utopie* (1516), de Thomas More : « Je le souhaite plutôt que je l'espère ».

Paris, le 27 novembre 2024, révisé le 5 décembre 2024

ABENSOUR ÉDITEUR
Politique de la lecture ou production du lecteur émancipé

Patrice Vermeren

J'ai connu Miguel Abensour dans le train entre Paris et Reims, où il venait de fonder le Centre de philosophie politique de la faculté de droit et de science politique, dans une université où le Recteur Alice Saunier Seité (qui disait qu'à l'Université de Reims, il n'y avait que des communistes, des Juifs et des homosexuels, et qui supprimera le DEA d'Abensour en 1979) avait tué le département de philosophie en remplaçant Alain Badiou parti à Vincennes par Ivan Gobry, secrétaire du mouvement catholique intégriste « Laissez-les vivre » et nullité philosophique notoire, tandis que j'étais chargé des cours de philosophie et d'épistémologie dans le département de sciences économiques. C'était pour moi le temps de la revue *Les Révoltes Logiques*, avec Jacques Rancière, Jean Borreil, Geneviève Fraisse, Stéphane Douailler, Patrick Vauday et quelques autres avec lesquels nous avions créé le Centre de recherches sur les Idéologies de la Révolte, soit celui du détour par les archives, singulièrement celles du peuple et de la parole ouvrière ; et aussi celui de la défense de l'enseignement philosophique attaqué par le ministre Haby, ce qui m'avait amené, en raison de notre pratique généalogique, à remonter aux professeurs suspendus ou révoqués sous la Restauration, la monarchie de juillet et le second Empire.

C'est ce qui fut la première matière de mes conversations dans le train avec Miguel, je lui parlais de Victor Cousin, lui de Pierre Leroux et de Joseph Ferrari. Issu d'une famille modeste, ayant suivi très jeune à Reims les cours de Badiou, Borreil, Regnault, après être passé par les khâgnes parisiennes et les séminaires de Canguilhem et Desanti, et les combats post-soixante-huitards, puis nommé professeur de philosophie à l'école normale d'instituteurs de Troyes, je n'avais aucune ambition de carrière académique. C'est Miguel qui me mit dans la tête de rédiger une thèse de doctorat et de me présenter au CNRS. Je n'ai jamais suivi un cours du professeur Abensour, mais à l'occasion de nos rencontres il pouvait me proposer de l'accompagner chez Bela Elek, le neveu de Tomas Elek, membre du groupe Manouchian fusillé par les Allemands avec les autres résistants qui figuraient sur l'Affiche rouge, et libraire collectionneur de toute la littérature gauchiste, ou chez Maximilien Rubel au moment de la sortie du volume des textes philosophiques de Marx en Pléiade (c'est à cette occasion que j'ai rencontré pour la première fois

Louis Janover), de même qu'il n'a jamais cessé de m'envoyer les livres de sa collection « Critique de la politique », une générosité qui m'a toujours paru illégitime, de sorte que souvent j'achetais un ou deux exemplaires du livre que j'avais reçu pour en faire cadeau à mes amis chiliens sous la dictature militaire ou mes étudiants haïtiens. Et ce faisant il m'a fait découvrir une autre bibliographie philosophique que celle qui m'était familière. C'est le premier point sur lequel je voudrais insister, le caractère intempestif de la collection « Critique de la politique » pour un jeune professeur de philosophie (post) soixante-huitard. Et intempestif peut vouloir dire depuis Nietzsche et Françoise Proust deux choses, ou bien penser et agir non contre, mais à l'inverse de son temps, ou bien prendre à rebours son temps, par son revers : lorsque le regard, la pensée, l'action, se portent sur le présent, dans la finalité d'avoir prise sur lui, ils n'en sont pas contemporains. Ce qui signe l'inactualité du présent, et de la collection « Critique de la politique ».

Ce qui m'apparaît tout d'abord, c'est à quel point la tradition des prophètes de la liberté que sa collection va illustrer est singulière par rapport au corpus de ce que l'on peut nommer avec Alain Badiou le moment philosophique français : l'épistémologie historique de Bachelard/Koyré/Canguilhem, l'histoire des systèmes de pensée de Foucault, le marxisme d'Althusser, le psychanalysme lacanien, la déconstruction derridienne. Il y a bien sûr l'école de Francfort (Foucault a tenté de rendre compte de sa propre découverte tardive de celle-ci en disant que dans la théorie critique allemande, il s'agissait d'examiner un peu la même chose que dans l'histoire des sciences en France : une raison « dont l'autonomie des structures porte avec soi l'histoire des dogmatismes et des despotismes – une raison, par conséquent, qui n'a d'effet d'affranchissement qu'à la condition qu'elle parvienne à se libérer d'elle-même » (*Dits et écrits*, II, p. 435) ; il y a Lefort, et singulièrement ses écrits sur Machiavel, et Hannah Arendt, qui pour ma génération étaient pratiquement hors du champ philosophique ; il y a Clastres et La Boétie, que seul Deleuze parmi les penseurs du moment philosophique français aura lus et commentés, et qui lui permettent de faire jouer Rousseau et Saint-Just contre Hobbes se représentant l'Etat de nature comme un chaos ou un état a-politique et pensant la politique comme instauratrice de l'ordre ; il y a Levinas, un autre contre-Hobbes, celui-ci soucieux de justice, mais que ma génération n'aura connu que par le biais de Derrida ; il y a Leroux et Ferrari, soit des écrits critiques de l'institution philosophique parce que son dispositif spéculatif est orienté contre l'idée qu'un autre monde soit possible. Qu'est-ce qu'une tradition ? Une tradition pose une origine qui est soit mythique, soit réelle, pour Miguel sans doute ce serait la Révolution Française, et sa collection revient régulièrement sur elle, depuis les *Considérations destinées à rectifier les jugements du public sur la Révolution française* de Fichte, en 1974, *Régicide et révolution, le procès de Louis XVI*, de Michael Walzer, en 1989, ou Sophie Wahnich : *La Révolution n'est pas un mythe*, en 2017. Une tradition définit ensuite une orthodoxie par exclusion de ce qui n'est pas elle, et il est clair que ce qui est exclu ici, c'est la philosophie politique académique, au profit d'une critique de la raison politique.

Une tradition enfin légitime un présent qui peut être soit la répétition du même, et alors on a un traditionalisme, soit l'invention du nouveau, et ici il faut souligner avec Florent Périer la place qui est donnée aux expériences pratiques historiquement attestées de contestation de la domination politique.

Une seconde considération pourrait être empruntée à Horacio Gonzalez, le directeur de la bibliothèque nationale argentine, qui a écrit une très belle contribution au colloque d'Anne Kupiec et d'Étienne Tassin, dont on a une autre version publiée au Chili par Claudia Gutierrez sur le processus de libération des textes. Il a d'ailleurs traduit *La démocratie contre l'État* en castillan, et aussi publié *L'éternité par les astres* de Blanqui avec la préface d'Abensour et de Valentin Pélosse et celle de Rancière. Il explique dans « Le processus de libération des textes » comment Abensour, sous condition de l'interpellation « Avez-vous lu Saint Just ? » ou « Nos contemporains ne lisent plus Pierre Leroux », procède à un sauvetage de textes méconnus ou oubliés, y compris dans la mémoire de leurs propres auteurs, faisant resurgir un autre texte, parce qu'ils sont la preuve en acte d'un sentiment utopique. Avec comme finalité non pas d'imposer une lecture orthodoxe de ces textes, mais de permettre au lecteur émancipé d'effectuer sa propre lecture, parce que c'est l'appropriation par le lecteur du texte méconnu ou caché qui provoque comme effet son émancipation. Miguel Abensour rappelle que Pierre Leroux était typographe et qu'il dit qu'il faut cesser d'avoir une vision matérielle du livre, car « Nous sommes dans nos livres » : la magie des livres est de donner des idées, et aussi de faire parler les morts comme s'ils étaient des vivants ; le livre est partie prenante du circulus des idées. De même Levinas débanalise le livre : le livre définit une modalité de notre être : l'homme comme être pour le livre et animal prophétique, capable d'inspiration utopique. La question que pose Gonzalez à Abensour et à sa collection « Critique de la politique » est celle des effets que produit l'intempestif, et des puissances inédites de résistance qu'il peut libérer.

Enfin, s'agissant de rendre compte de la singularité intempestive de la collection « Critique de la politique », il faut marquer l'écart de celle-ci avec les autres collections philosophiques. Dans *La communauté politique des tous uns*, Miguel Abensour revient sur *Négations* de Herbert Marcuse, en écrivant qu'il s'agit « d'une pratique de la philosophie qui, face à une œuvre donnée, tout en tenant compte des déterminismes sociaux et historiques qui l'ont affectée, travaille à dégager son contenu, sa teneur de vérité, *ici et maintenant* ». Cela me renvoie aussi à une référence qu'il fait régulièrement à Feuerbach (*Nécessité d'une réforme de la philosophie* (1842) : « Une philosophie qui n'est que l'enfant du besoin philosophique est une chose ; mais une philosophie qui répond à un besoin de l'humanité est autre chose ». Et sur l'exemplaire qu'il m'a offert de son édition de *Contre la philosophie universitaire* de Schopenhauer, il m'a écrit cette dédicace : « Pour Patrice, avec toute mon amitié et en souvenir du Collège international de philosophie, des assauts directs ou obliques contre la philosophie universitaire ». Pour autant il ne s'agit pas tant de pratiquer la philosophie contre l'Université, mais « *à côté* d'elle, trouvant peut-être dans cet *écart* la chance, l'audace d'une invention, d'un sens de la *complicatio*, d'une sensibilité non démentie à ce qui résiste au concept », écrit-il dans sa préface.

C'est donc d'une collection qui revendique de construire une tradition des prophètes de la liberté, procédant – et ceci à contre-courant – du sauvetage ou de la traduction de textes méconnus ou oubliés, dans l'idée régulatrice de produire un effet intempestif d'émancipation sur ses lecteurs, qu'hérite avec testament et fidélité Michèle Cohen-Halimi. J'avais tenté dans un livre de montrer comment l'œuvre philosophique critique de Miguel Abensour était commandée par l'impératif : *Penser contre* (Sens & Tonka, 2019). À lire *Gestes critiques* de Georges Didi-Huberman, défense et illustration de la mise à l'épreuve de la constellation de l'imagination critique, le dernier et beau livre de la collection dirigée par Michèle Cohen-Halimi, comme la thèse de Miguel Abensour : *Le Nouvel Esprit Utopique*, que viennent enfin d'éditer Hubert Tonka et Anne Kupiec, on peut mesurer combien cet impératif se noue avec ce que Georges Navet appelait « une politique de la lecture comme vigilance ».

Patrice Vermeren
Laboratoire d'études et de recherches sur les logiques contemporaines de la philosophie, Université Paris 8.

PARUTIONS

MIGUEL ABENSOUR, *DE L'ÉPINEUSE SERVITUDE VOLONTAIRE*
Paris, Sens & Tonka, 2024

Claire Pagès

Édité par Anne Kupiec et Hubert Tonka, le volume rassemble l'ensemble des textes que Miguel Abensour a consacré à la question de la servitude volontaire. À partir de ces travaux, en les complétant et en les remaniant, il avait le projet le consacrer un livre à la servitude volontaire. Le présent ouvrage présente en annexe les ébauches de plans qu'il imaginait pour le manuscrit. Sa mort nous a privés de ce qu'aurait pu être *La tradition de la liberté et la question de la servitude volontaire. De l'épineuse servitude volontaire* répare ce tort, en réunissant les différentes pièces du dossier, six textes principaux consacrés à l'énigme de la servitude volontaire, aux usages, bons et mauvais, de cette hypothèse formulée par La Boétie, ainsi qu'à des confrontations de la servitude volontaire avec des interrogations à la fois proches et distinctes qu'on trouve chez Spinoza, Rousseau ou Arendt. L'hypothèse de la servitude volontaire n'a cessé de requérir Miguel Abensour, depuis l'édition en 1976 du *Discours de la servitude volontaire,* à laquelle il travailla, dans la collection qu'il dirigeait chez Payot, « Critique de la politique ».

Rappelons que La Boétie, dans le *Discours,* cherche à comprendre « comment il se peut que tant d'hommes, tant de villes, tant de nations supportent quelquefois tout d'un Tyran seul, qui n'a de puissance que celle qu'on lui donne, qui n'a pouvoir de leur nuire, qu'autant qu'ils veulent bien l'endurer, et qui ne pourrait leur faire aucun mal, s'ils n'aimaient mieux tout souffrir de lui, que de le contredire »[1]. Autrement dit, ce sont les sujets qui en fonction de bien étranges dispositions travaillent à forger leurs propres chaînes[2]. Comme le reformule Abensour : « [...] pourquoi nous gens d'en bas produisons-nous la servitude, pourquoi combattons-nous pour notre servitude comme s'il s'agissait de notre salut ? »[3]. Dans les textes réunis ici, Abensour, loin de vouloir imposer une interprétation ou apporter une solution à ce mystère, explore une question destinée à ses yeux à rester ouverte, ce qui impose de débusquer toutes les manières de désamorcer la question. Il a été accompagné dans cette tâche par les travaux de Claude Lefort et Pierre Clastres. L'édition de 1976 a permis de tirer le texte de La Boétie de

1. É. de La Boétie, *Le Discours de la servitude volontaire*, Paris, Payot, 1976, p. 174.
2. M. Abensour, *De l'épineuse servitude volontaire*, Paris, Sens & Tonka, 2024, p. 50.
3. *Ibid.*, p. 22.

l'obscurité où le maintenait toute une série de lectures problématiques qui n'avaient d'autres effets que de noyer chaque fois un peu plus la question politique, lieu propre de l'interrogation des hommes sur leur destin ou leur être social. Force est de constater, note Abensour, que ceux qui prétendent connaître la solution de l'énigme « se révèlent immanquablement être des candidats à l'occupation du lieu du pouvoir »[4].

Si l'hypothèse laboétienne est qualifiée de « scandale », d'« énigme », d'« inconcevable » ou de « monstruosité », c'est que la servitude volontaire désigne un état d'assujettissement dont la cause est intérieure (et non plus extérieure comme c'est le cas dans l'esclavage). Autrement dit, le sujet y est l'agent de sa propre servitude. L'un des grands contresens tient alors à ramener la question de la servitude volontaire à une histoire de tyrannie. En effet, interroger la servitude volontaire, c'est pour Abensour, comme W. Reich avant lui dans *La psychologie de masse du fascisme*, refuser d'invoquer simplement le fait que les masses soient dans l'illusion ou la méconnaissance, qu'elles aient été trompées, etc. La problématique classique de la domination explore la manière dont le pouvoir établit et maintient sa domination sur la multitude, par quels tours, secrets et instruments. L'hypothèse laboétienne de la servitude volontaire, au contraire, pour Abensour, prend la question politique par « en bas », en envisageant que la domination provienne des dominés eux-mêmes[5]. Aussi Abensour interprète-t-il l'hypothèse laboétienne comme « renversement de la problématique classique des arcanes de la domination »[6] : « Là est donc le scandale, dans le fait que les esclaves ne seraient ni trompés, ni abusés, mais consentants. Le scandale va bien au-delà du consentement, l'acceptation des esclaves est une adhésion active, voire frénétique »[7]. En retournant la théorie classique de la domination, se trouvent aussi transformées les données de l'émancipation.

La servitude volontaire est une question résolument politique pour Miguel Abensour. Il affirme le caractère éminemment politique de l'hypothèse qui ne concerne qu'un collectif et d'abord un peuple. Ou plutôt la servitude volontaire est un mouvement collectif qui implique des libertés multiples et pas « une intrigue qui se déroule d'individu à individu »[8] : l'énigme sourd du fait que ce sont *les hommes* – et non l'individu seul – dans la configuration spécifique qu'ils forment, qui pourchassent leur servitude. La force susceptible de produire de la servitude volontaire s'exerce sur les « tous uns ». C'est ainsi « la pluralité humaine [qui] s'avère irrémédiablement fragile »[9]. Cela écarte à ses yeux nombre de transpositions de l'hypothèse dans d'autres champs. Voir partout la servitude volontaire (dans l'amour, l'éducation, le travail) reviendrait aux yeux d'Abensour à en banaliser l'idée, en venant la confondre avec les questions de l'hétéronomie et de l'aliénation. De même que cela empêche d'en proposer des généalogies psychologiques ou analytiques qu'il présente

4. M. Abensour, *De l'épineuse servitude volontaire*, *op. cit.*, p. 53.
5. *Ibid.*, p. 94.
6. *Ibid.*, p. 99.
7. *Ibid.*, p. 134.
8. *Ibid.*, p. 132.
9. *Ibid.*, p. 153.

comme des « réductions »[10]. Abensour voit là une pente du commentaire contemporain de La Boétie de diluer la servitude volontaire dans le social ou encore dans l'individuel et le subjectif.

La Boétie inaugure en effet une critique de la domination. L'hypothèse de la servitude volontaire ne vaut que depuis un indéfectible amour de la liberté, depuis « un attachement inébranlable à l'idée que l'homme est un être-pour-la-liberté »[11]. Aussi appartient-elle à ce qu'Abensour nomme « tradition de la liberté ». D'ailleurs la situation de servitude volontaire, contrairement au contrat d'esclavage volontaire par lequel un peuple pourrait se donner contractuellement à un tyran, est réversible : le renversement de la servitude en liberté est toujours possible[12] ou comme il l'écrit du tyran « il est défait de lui-même, pourvu que le pays ne consente point à la servitude. Il ne s'agit pas de rien lui arracher, mais seulement de ne lui rien donner »[13]. Le désir de liberté fait alors le départ entre bons et mauvais usages de l'hypothèse : le bon usage est défini comme un usage « selon la liberté, résolument orientée à la liberté »[14].

Cela permet d'écarter l'interprétation de la servitude volontaire en termes d'amour de la domination ou de tendance grégaire. Consentir à la domination ne signifie pas pour le peuple être incapable de la haïr et de la combattre[15]. L'hypothèse de la servitude volontaire s'oppose ainsi radicalement à celle de l'esclavage volontaire qui présuppose une disposition naturelle à la servitude. L'énigme vient de la proximité ou de l'intrication du désir de liberté avec le désir de servitude ou du risque permanent de voir le désir de liberté se renverser dialectiquement en son contraire. La liberté est donc fragile exposée qu'elle est à des aventures qui lui font courir le risque de s'abolir et de basculer soudain en son contraire.

Faire la critique des mauvais usages de la servitude volontaire n'empêche nullement de réfléchir à la façon dont la question de la servitude volontaire peut être réactivée dans des contextes très différents de celui décrit par La Boétie, par exemple en régime totalitaire à partir de la critique de la domination totale conduite par Arendt dans *Les origines du totalitarisme*[16]. Les textes rassemblés permettent non seulement de soumettre la question de La Boétie à l'épreuve de la différence des temps, mais aussi de mettre en évidence que, sans citer jamais La Boétie, certains penseurs, certes peu nombreux, ne se situent pas moins dans une perspective proche : Arendt, par exemple, quand elle analyse l'emprise de la logique dont l'attrait a pour fond le sentiment de désolation. Le malencontre, soit l'inversion entre la liberté et la servitude, peut-il posséder plusieurs figures au nombre desquelles le premier *Discours* de Rousseau – hypothèse que David Munnich soumet à Abensour ? Procédant par différence plutôt que par assimilation, Abensour signale à chaque fois ce qui distingue de telles figures ou spécifications

10. *Ibid.*, p. 72.
11. *Ibid.*, p. 72.
12. *Ibid.*, p. 86.
13. *Ibid.*, p. 179.
14. *Ibid.*, p. 130.
15. *Ibid.*, p. 33.
16. *Ibid.*, p. 45.

de l'interrogation de La Boétie de la servitude volontaire. Ainsi insiste-t-il sur la manière dont Spinoza remodèle l'énigme de la servitude volontaire : « Tandis que pour La Boétie, l'irruption de la servitude volontaire se fait par une logique interne, immanente à la pluralité humaine – le *tous uns*, sous le tropisme (l'enchantement et le charme) du nom d'Un se défait pour laisser la place à une figure inédite du *tous Un* – pour Spinoza, le moment de l'institution, du pacte est incontournable et déterminant. Seule une certaine logique institutionnelle, seule une certaine forme de pacte sont de nature à rendre possible la servitude volontaire »[17].

Résister à toutes les formes de domestication de l'hypothèse laboétienne qui conduisent à reconduire le problème à celui du désir de domination, impose pour Abensour de résister aux arguments qu'on peut trouver chez La Boétie lui-même qui ressortissent à la théorie classique de la domination. Cela exige, selon lui, de résister à l'argument de la coutume, autrement dit à l'idée que l'habitude a le pouvoir de nous apprendre à servir, de nous faire « avaler le venin de la servitude »[18]. Si la coutume était dotée d'une telle puissance, on devrait renoncer à la possibilité de renverser la tyrannie. Comme Lefort pour qui cette raison est « minée avant d'être produite »[19], Abensour soutient qu'il s'agit là d'un argument employé par le tyran afin de convaincre le peuple du caractère inéluctable de sa servitude.

Claire Pagès

17. M. Abensour, *De l'épineuse servitude volontaire, op. cit.*, p. 120-121.
18. C. Lefort, « Le nom d'Un », dans É. de la Boétie, *Discours de la servitude volontaire*, p. 247-307 ; *ibid.*, p. 190.
19. *Ibid.*, p. 277.

PARUTIONS

FRANÇOIS NOUDELMANN, *PEUT-ON ENCORE SAUVER LA VÉRITÉ ?* « Voix libres », Max Milo, 2024

Barbara de Negroni

Le point de départ du dernier livre de F. Noudelmann est l'analyse des problèmes posés par la notion de « faits alternatifs » : il prend l'exemple d'une déclaration effectuée en janvier 2017 par le nouveau porte-parole de la Maison Blanche. Ce dernier prétendit, contre l'évidence des images et des témoignages, que la cérémonie d'investiture de Donald Trump avait battu tous les records d'audience. Et cette affirmation erronée a été soutenue au nom d'« *alternative facts* », comme s'il y avait sur cette cérémonie d'ouverture deux points de vue, aucune preuve ne pouvant départager les deux versions. Nous quittons le régime classique de la propagande politique dans les systèmes totalitaires, où l'opposition entre la vérité et le mensonge continue à fonctionner par renversement, où un journal comme la Pravda (titre qui signifie la vérité en russe) impose une réalité unique fondée sur des mensonges, pour sombrer dans un monde du relativisme où la légitimité d'un point de vue, reposant sur un jugement moral, l'emporte sur la vérité factuelle. Cette dilution de la vérité a des effets politiques : la vérité alternative que l'élection de 2020 a été volée par Joe Biden à Donald Trump est encore crue par une grande partie de l'opinion américaine ; il s'agit alors d'enquêter et sur ce changement de statut de la vérité et sur la compréhension des mobiles qui conduisent à exiger la vérité.

Une première partie du livre analyse sur tout ce qui fait aujourd'hui décliner la notion de vérité. Si les réseaux sociaux peuvent démocratiser l'information en fournissant des documentaires et des témoignages, ils sont aussi un des plus grands vecteurs des désinformations et des infox. Le ressenti l'emporte dans l'art sur la vérité, et les *sensitive readers* modifient les livres pour préserver les publics de toute émotion négative. Il y a une appropriation culturelle de la vérité en considérant que l'histoire d'un groupe identitaire (qu'il soit fondé sur une communauté d'ethnie, d'orientation sexuelle, de classe sociale etc.) ne peut être écrite que par des membres de ce groupe, et qu'une pièce de théâtre représentant cette histoire doit nécessairement comporter des acteurs appartenant à ce groupe, ce qui a pu conduire à annuler certaines représentations, comme si les cultures étaient des propriétés exclusives. Enfin se jouent dans nos sociétés libérales des formes de censure morale : non plus une censure verticale, telle qu'elle est pratiquée par les régimes totalitaires ou autoritaires, mais une censure horizontale, bien plus insidieuse, exercée par la société elle-même qui organise, par des effets de consensus moral, la répression de tout ce qui déroge à l'opinion majoritaire. Il s'agit alors de tordre la réalité pour la faire correspondre à une société du bien, de refouler tout ce qui pourrait donner une mauvaise image de communautés qui doivent être respectées. Cette censure manipule le langage, oblige à utiliser un langage biaisé, et là encore peut transformer des œuvres d'art du passé dont l'acceptabilité morale aujourd'hui n'est plus celle de leur époque. Les censeurs révisionnistes réécrivent Twain ou Steinbeck, au lieu de maintenir le texte en ajoutant des notes explicatives ; une mise en scène à Florence a modifié la fin de *Carmen*, de façon à éviter que les spectateurs applaudissent un féminicide, en confondant ainsi les ovations pour la musique et les ovations pour l'histoire racontée.

De plus des pratiques littéraires ont troublé depuis une quarantaine d'années les distinctions entre vérité et mensonge : dans l'autofiction, l'exofiction, l'egohistoire la vérité est déconnectée du réel pour se référer à la relativité du point de vue, au ressenti et à la sincérité de l'auteur. En substituant la catégorie d'autofiction à celle d'autobiographie, on autorise l'écrivain à jouer constamment sur deux tableaux : il n'y a plus de vérité ni de mensonge, il y a un pseudoréel qui est désormais le vécu et que chacun peut vivre et raconter sans aucun souci d'en garantir la vérité. L'exofiction quant à elle permet de fabriquer des vérités exotiques, ainsi Marguerite Duras efface dans l'affaire Villemin toute frontière entre le réel et la fiction au nom d'une empathie fantasmée, et accuse Christine Villemin sans avoir la moindre preuve. Et l'intelligence artificielle nous laisse imaginer un monde où le simulacre va devenir indétectable, où il y aura de plus en plus de *deepfakes*, comme ces fausses vidéos récentes, que ce soit une vidéo porno de Taylor Swift, ou une vidéo de Zelensky annonçant la reddition de l'Ukraine.

Cette disqualification de la vérité a également des racines philosophiques, ce que François Noudelmann appelle le moment nietzschéen de la pensée française : toute référence à la vérité apparait comme incongrue, puisqu'on considère qu'il n'y a pas de faits mais seulement des interprétations, et que toute forme d'énoncé vrai est ramenée à une procédure d'énonciation.

Va alors se poser le problème de savoir s'il est encore possible de sauver la vérité, si, malgré la diversité des points de vue et des sensations qu'éprouvent les humains dans leurs relations aux choses, il existe bien une réalité sur laquelle une vérité peut être émise par tout être humain. Est-il possible de légitimer de nouveau les notions de fait et de vérité ? Il n'est pas question pour F. Noudelmann de revenir à une philosophie traditionnelle de la vérité : tout en critiquant la déconstruction, il veut tenir compte de ses acquis ; redonner une importance à la notion de fait ne signifie pas en revenir au positivisme.

F. Noudelmann y parvient en soutenant une thèse paradoxale : il y a d'abord le mensonge et ensuite la vérité. En effet le réel n'est ni vrai, ni faux, il est ; pour qu'il soit perçu et pensé comme vrai, il faut un jugement. La séparation du vrai et du faux émerge dans une conscience par la négation ou l'indignation. Wittgenstein considérait qu'il faut commencer par l'erreur et lui substituer la vérité parce que la vérité ne peut pénétrer lorsque quelque chose d'autre occupe sa place; il faut donc découvrir la source de l'erreur sans quoi entendre la vérité ne nous sert à rien. De la même façon avec le mensonge, c'est l'indignation et pas seulement le constat logique d'une erreur qui conduit à dénoncer le faux et à réclamer une vérité de fait.

Le livre prend alors l'exemple de Zola lors de l'affaire Dreyfus pour montrer comment se forge l'impératif de vérité. Le mensonge de l'idéologie conservatrice et libérale selon laquelle la réussite sociale et la misère ne relèvent que de la nature des individus a conduit Zola à écrire des romans expérimentaux reposant sur une enquête scientifique et sociologique. Lors de l'affaire Dreyfus il ne devine pas tout de suite qu'il s'agit d'une erreur judiciaire, mais après une longue enquête il montre dans « J'accuse » que la vérité émerge comme le résultat du mensonge : c'est le mensonge qui déclenche la fureur contre l'injustice et une ferveur à prouver le vrai. Mais il est nécessaire, puisque la vérité est revendiquée par tous de distinguer entre les passions qui sont source de vérité et celles qui sont source d'aveuglement; la passion de la vérité doit s'asseoir sur la raison, la logique et l'expérience.

Il est donc important de comprendre que la religion de la vérité est l'ennemie de la vérité, en voyant le risque d'un fonctionnement autocentré de la vérité théorique. Ainsi G. Agamben, après avoir théorisé l'état d'exception qui serait à la base du gouvernement des États modernes d'Hitler à Gunatanamo, a pu voir en 2020 dans le Covid19 une invention des États pour mettre en place des mesures sécuritaires et tester des moyens gigantesques de contrôle des populations. Si la vérité n'est qu'une construction mentale, elle nourrit les délires paranoïaques.

La passion de la vérité relève aussi d'une politique et il faut alors distinguer entre deux types de passions : une passion absolue qui veut imposer une vérité totale et illimitée à une société; une passion factuelle qui restreint son investigation à un champ limité. Et il faut aussi interroger l'indignation elle-même, dont les motivations peuvent être obscures; Montaigne a bien montré comment le doute permet de se méfier des perversions de l'indignation. Cette pratique du doute est évidemment compatible avec l'affect et l'engagement : qu'on songe à l'indignation de Montaigne devant les « mécaniques victoires » des Espagnols, et leurs crimes motivés par « la négociation des perles et du poivre ».

Ce livre a été publié en septembre 2024 avec une couverture représentant les profils de Kamala Harris et de Donald Trump. Et il est clair que l'issue de l'élection américaine montre l'urgence de la question posée par F. Noudelmann, et les risques d'une vérité qui ne peut être sauvée. Ce risque semble d'autant plus grand aujourd'hui où nous voyons l'offensive menée par la Big Tech, et en particulier par Musk et Zuckerberg, pour refuser toute réglementation du numérique. Au nom du premier amendement de la constitution américaine, les notions de fait et de vérité apparaissent comme autant de prétextes pour réussir à censurer et à limiter la liberté d'expression. Mais le livre donne aussi des pistes sur des démarches possibles qui permettent de faire à nouveau luire la vérité dans la nuit : l'enjeu de la vérité apparaît comme fondamental sur un plan politique, et F. Noudelmann montre comment le moteur d'une résistance au relativisme généralisé est l'indignation face au mensonge.

Si on peut trouver que certaines analyses de F. Noudelmann pourraient être approfondies, s'il va un peu vite sur ce qu'il appelle le moment nietzschéen de la pensée française, ce livre a le grand intérêt de poser de façon claire, et accessible à un très large public, des questions fondamentales pour le monde contemporain. Et il donne ainsi des matériaux précieux pour travailler avec des élèves de terminale ou de première année de classes préparatoires : on imagine fort bien que des extraits pourraient être travaillés en terminale ou fournir de bons textes pour des exercices de contraction.

Barbara de Negroni

ABSTRACTS

Lectures de Miguel Abensour

Critique of Domination, Emancipation, Utopia. Miguel Abensour as a Reader of Adorno

Katia Genel

This paper highlights two dimensions in Adorno's political thought, identified by Abensour on the basis of Adorno's negativism: his thought on emancipation which, beyond the critique of domination, defines the conditions of a democratic society, and utopia, tensed between ideal and catastrophe, where the « little people » become a figure of resistance against terror. For Adorno, politics is rooted in the experience of individuals confronted with the administered world, from which the possibility of a society free of distress and productivism is negatively opened up. His political thinking questions the vital conditions of democratic society and the social conditions of the good life.

Abensour, La Boetie and the Unthought of Political Philosophy

Sophie Marcotte-Chenard

The redefinition of the tasks of political philosophy unfolds in Miguel Abensour's thought from a renewed dialogue with the work of Etienne de La Boetie. In this paper, I will show that the understanding of what political philosophy ought to be, of its questions, and of its fundamental dynamics, requires returning to that traditional yet forgotten writer. To take La Boetie's « thorny » hypothesis into account implies to rethink the premisses of the classical theory of domination, the limits of political philosophy's « return » to the morrow of the totalitarian experience, and the foundations of modern political rationalism. As a figure of resistance, La Boetie acts in the Abensourian thought as a critical referent and as a warrantor of a new view of political philosophy.

Miguel Abensour – Against the State

Claire Pagès

This paper intends to show the importance of the « against the State » motif in Miguel Abensour's political thought, a motif that seems to run through his whole work, from the hypothesis of voluntary servitude to his reading of Clastres, from his critique of Hegel to the interpretation of Marx's *Kreuznach Manuscript*, from the critique of bureaucracy to his reflections on democracy. He successively explores various figures in the struggle against the State, while stressing some ambiguities in the reading of this anti-statist perspective, which gives the « issue of the political » a resolutely oppositional twist.

The Other Scene. Miguel Abensour on Stendhal

Xavier Bourdenet

Miguel Abensour's analysis of Stendhal's *The Red and the Black*, is an invitation to view in the 1830 novel the pervasiveness of a properly revolutionary heroism derived from the source of 1793. The latter would be *the other scene* of the novel, its utopia, as an imaginary scene which borders and innervates the present scene. But as Restoration made it ineffectual in the political realm, this heroism would be transferred into another, private and no longer public, realm : that of love. In ascribing a possible heroism at the very heart of the 19th century, Stendhal would then lead to Baudelaire and his theory of « modern life heroism », according to such a fruitful insight.

A Difficult Dolitical Reading of Levinas with Miguel Abensour

Michel Olivier

This paper attempts to analyse the political use of Levinas' work proposed by Abensour. By articulating the political and the ethical, by claiming that politics finds in ethics both its original meaning and its limit, its ultimate call and its unavoidable incompleteness, Levinas raises politics so high that Abensour sees it as a kind of electroshock, a radicality which shatters the fatigue of political reason and defeatism. But how to prevent that the sparkle of transcendence which awakens the political imagination be betrayed by its projection in history ? Can the ethical upheaval of the subject before the Other become, with Abensour, a permanent shaking of the institutions without any betrayal? Reading Levinas with Abensour consists in questioning what remains of ethics once it has been projected onto the multitude.

From the « Critique de la politique » Series to Miguel Abensour's Library

Anne Kupiec

In Miguel Abensour's library are held thousands of books, including the some hundred works he published from 1974 to 2017, in the series « Critique de la politique » he had created half a century ago with the publisher Payot. Some of the books, not many, in his library are interestingly heavily annotated, and catch attention. One could then consider they were significant books for Abensour and might perhaps be related to the series he edited.

FICHE DOCUMENTAIRE

1er TRIMESTRE 2025, N° 180, 156 PAGES

Ce numéro des *Cahiers philosophiques* est consacré au travail philosophique et éditorial de Miguel Abensour disparu en 2017.
Dans la rubrique « Introuvables », on lira un texte de Miguel Abensour sur Pierre Leroux qui procède du séminaire donné au cours de l'année 1985 au Collège international de Philosophie (CIPh).
La rubrique « Situations » donne à lire un entretien avec l'éditeur Hubert Tonka.

Mots clés

critique de la politique ; démocratie ; dialectique ; domination ; émancipation ; Emmanuel Levinas ; État ; Étienne de La Boétie ; héroïsme ; Le Rouge et le Noir ; marxisme ; négativité ; philosophie politique ; Pierre Clastres ; Pierre Leroux ; production ; Révolution ; Sens & Tonka ; servitude volontaire ; socialisme ; Stendhal ; Theodor W. Adorno ; Théorie critique ; utopie ; Walter Benjamin.

Vrin - Cahiers Philosophiques
116 p. - 14 × 23 cm - 2022
ISBN 978-2-7116-6019-3, 13 €

Lieux de l'utopie

Sébastien Roman (coord.)

« Il est plus facile d'imaginer la fin du monde que la fin du capitalisme », écrivait en 2003 le théoricien politique Fredric Jameson dans la *New Left Review.* Ce numéro consacré aux « Lieux de l'utopie » paraît dans un contexte politique, économique, social et écologique qui laisse de plus en plus paraître les impasses du modèle de production dominant. Cela modifie-t-il et de quelle manière la place et le rôle de la fiction utopique, toujours corrélée à une prise de conscience que l'ordre des choses ne peut demeurer en l'état?

L'aspiration à « faire utopie » ici et maintenant entend être une réponse à l'urgence, face à l'inertie des manières de penser et d'agir. Les « utopies réelles » et les « utopies concrètes » qui ont cours aujourd'hui en certains lieux du monde offrent-elles des imaginaires alternatifs susceptibles d'élargir le champ des possibles ? À quelles conditions peuvent-elles conserver leur dimension utopique et ne pas se transformer en un modèle contraignant, statique et clos sur lui-même ?

Theodor W. Adorno

Michèle Cohen-Halimi (coord.)

Ce numéro consacré à Theodor W. Adorno donne un aperçu précis de sa démarche philosophique, de la manière dont il trace progressivement la voie de la dialectique négative par le jeu de lectures critiques qui s'étayent les unes les autres. [...] Kant, Nietzsche, Marx aussi bien que Freud sont lus et mis à contribution pour parvenir à délivrer la dialectique de son essence affirmative et réussir à viser la concrétude sans la dissocier artificiellement des rapports sociaux et des conflits qui s'y déploient. L'interprétation divergente du concept hégélien d'expérience par Heidegger et Adorno manifeste leur opposition inconciliable et le choix affirmé, contre la pensée de l'être, d'une métaphysique renouvelée.

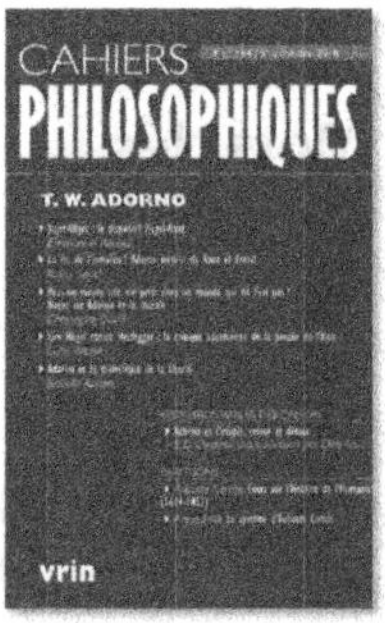

Vrin - Cahiers Philosophiques
128 p. - 14 × 23 cm - 2019
ISBN 978-2-7116-6005-6, 12 €

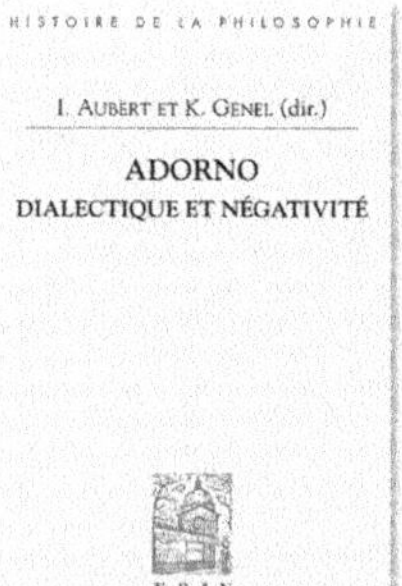

Vrin - Bibliothèque d'Histoire de la Philosophie
380 p. - 13,5 × 21,5cm - 2023
ISBN 978-2-7116-3054-7, 30 €

Adorno. Dialectique et négativité

Isabelle Aubert et Katia Genel (dir.)

La *Dialectique négative* est l'œuvre magistrale de Theodor W. Adorno, philosophe majeur du XXe siècle et illustre représentant de l'école de Francfort. Publié en 1966, cet essai continue d'intriguer à bien des égards. [...] Les contributions réunies dans le présent volume introduisent à un livre qui a parfois été jugé hermétique, en revenant sur les différentes interprétations dont il fait l'objet. Elles s'attachent à éclairer la façon dont la dialectique négative renouvelle la critique de la métaphysique et la critique sociale, autant que ses enjeux en théorie de la connaissance et en philosophie politique. On découvrira la manière dont Adorno se situe par rapport à d'autres philosophes majeurs (Hegel, Kant, Heidegger) et sa lecture d'écrivains comme Proust ou Beckett.

CAHIERS PHILOSOPHIQUES

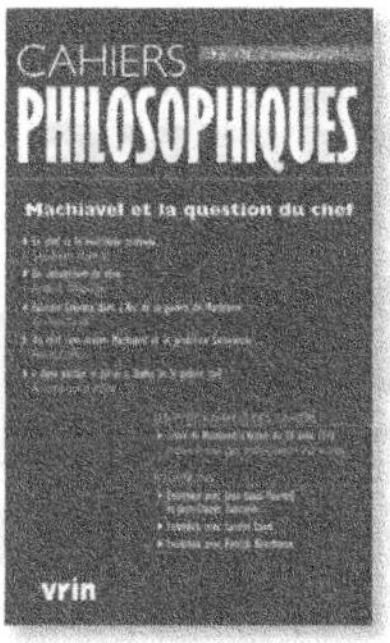

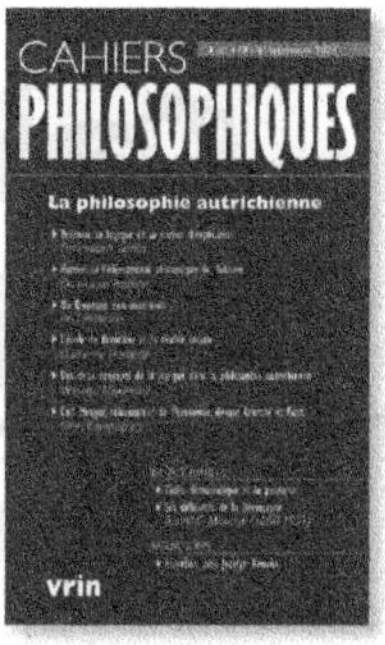

Derniers dossiers parus

Rêve et imagination : approches antiques
Numéro 159 – 4e trim. 2019

Embarras de la démocratie
Numéro 160 – 1er trim. 2020

R. Carnap
Numéro 161 – 2e trim. 2020

L'ornement
Numéro 162 – 3e trim. 2020

Penser par diagrammes
Numéro 163– 4e trim. 2020

Après la vérité?
Numéro 164– 1er trim. 2021

Varia
Numéro 165 – 2e trim. 2021

Auguste Comte
Numéro 166 – 3e trim. 2021

Lieux de l'utopie
Numéro 167 – 4e trim. 2021

Ginzburg et les croyances
Numéro 168 – 1er trim. 2022

Actualité de Spinoza
Numéro 169 – 2e trim. 2022

Günther Anders
Numéro 170 – 3e trim. 2022

Simone Weil
Numéro 171 – 4e trim. 2022

Aux frontières de l'espèce
Numéro 172 – 1er trim. 2023

Épistémologie épicurienne
Numéro 173 – 2e trim. 2023

Montaigne et la vie du corps
Numéro 174– 3e trim. 2023

Foucault et « l'effet Nietzsche »
Numéro 175 – 4e trim. 2023

La modélisation
Numéro 176 – 1er trim. 2024

Le sens de la musique
Numéro 177 – 2e trim. 2024

Machiavel et la question du chef
Numéro 178 – 3e trim. 2024

La philosophie autrichienne
Numéro 179 – 4e trim. 2024

Cahiers Philosophiques

BULLETIN D'ABONNEMENT

Par courrier : complétez et retournez le bulletin d'abonnement ci-dessous à :
Librairie Philosophique J. Vrin - 6 place de la Sorbonne, 75005 Paris, France
Par mail : scannez et retournez le bulletin d'abonnement ci-dessous à : abonnement@vrin.fr
Pour commander au numéro : www.vrin.fr ou contact@vrin.fr

RÈGLEMENT
❑ France
❑ Étranger

❑ Par chèque bancaire :
à joindre à la commande à l'ordre de Librairie Philosophique J. Vrin
❑ Par virement sur le compte :
BIC : PSSTFRPPPAR
IBAN : FR28 2004 1000 0100 1963 0T02 028
❑ Par carte visa :

_ _ _ _ _ _ _ _ _ _ _ _ _ _ _ _
expire le : _ _ / _ _
CVC (3 chiffres au verso) : _ _ _

Date :
Signature :

ADRESSE DE LIVRAISON
Nom
Prénom
Institution
Adresse

Ville
Code postal
Pays
Email

ADRESSE DE FACTURATION
Nom
Prénom
Institution
Adresse
Code postal
Pays

ABONNEMENT - 4 numéros par an

Titre	Tarif France	Tarif étranger	Quantité	Total
Abonnement 1 an - Particulier	46,00 €	60,00 €		
Abonnement 1 an - Institution	52,00 €	70,00 €		
			TOTAL À PAYER :	

Tarifs valables jusqu'au 30/06/2023
* Les tarifs ne comprennent pas les droits de douane, les taxes et redevance éventuelles, qui sont à la charge du destinataire à réception de son colis.

Achevé d'imprimer en juin 2025 par *La Manufacture - Imprimeur* – 52200 Langres
Imprimé en France – N° d'imprimeur : 250389 – Dépôt légal : juin 2025